安徽省皖北文化研究中心重点课题
“挖掘皖北经济文化资源，重构新时代阜阳形象”
（项目编号：xdhzpt201705）阶段成果

淮河历史文化丛书 | 吴海涛 李良玉 主编

淮河流域名城古镇

李 强 马曼曼 著

黄山书社

图书在版编目(CIP)数据

淮河流域名城古镇/吴海涛,李良玉主编;李强,马曼曼著.
—合肥:黄山书社,2019.12
(淮河历史文化丛书)
ISBN 978-7-5461-8887-4

Ⅰ.①淮… Ⅱ.①吴… ②李… ③李… ④马…
Ⅲ.①淮河流域-乡镇-介绍 Ⅳ.①K925.4

中国版本图书馆CIP数据核字(2020)第000911号

淮河历史文化丛书·淮河流域名城古镇
HUAIHE LISHI WENHUA CONGSHU HUAIHE LIUYU MINGCHENG GUZHEN

吴海涛 李良玉 主编
李 强 马曼曼 著

出品人 贾兴权
责任编辑 周振华
责任印制 李晓明 李 磊
装帧设计 观止堂_未 氓
出版发行 黄山书社(http://www.hspress.cn)
地址邮编 安徽省合肥市蜀山区翡翠路1118号出版传媒广场7层 230071
印 刷 合肥锐达印务有限责任公司
版 次 2022年4月第1版
印 次 2023年3月第2次印刷
开 本 700 mm×1000 mm 1/16
字 数 240千字
印 张 13.5
书 号 ISBN 978-7-5461-8887-4
定 价 54.00元

服务热线 0551-63533706
销售热线 0551-63533761
官方直营书店(https://hsss.tmall.com)

总序

淮河，是我国中原腹地的一条古河流，自古就与黄河、长江、济水并称为“四渎”，在早期中国的地位举足轻重，在当代仍被列为我国七大江河之一。用“源远流长，博大精深，兼容并包，影响深远”来形容淮河文化，绝不为过。淮河流域在我国数千年的文明发展史上，始终占有极其重要的位置。淮河流域不但在地形、降水、气候上表现出明显的过渡性质，而且具有相对封闭又便于交流的地域形态，独流入海的淮河使得该流域成为一个相对完整的文化体系。淮河流域东部面向大海，西部深入中原腹地，涵盖中原文化区、海岱文化区，其南又有宁镇文化区，正处在东、西、南、北文化交汇之处，因此形成了十分复杂的古文化面貌，表现出特有的多元性、过渡性和开放性。淮河流域在5000多年的中华文明史中孕育了灿烂辉煌的文化遗产，这些丰富多彩的历史文化不仅代表了中华文明的卓越成就，还彰显了淮河流域在古代社会的重要地位，更对中华文明的形成产生了重要作用。

“说史自省，研古鉴今。”研究传统文化是为了更好地造就新文化、服务新文化，为今天大力发展社会主义精神文明服务。本套丛书以淮河流域历史文化为研究对象，以“淮河文化的历史溯源”“淮河历史文化的纵向传承与变迁”“淮河历史文化的横向内涵与外延”“淮河历史文化的自身特征”为四个子系统，运用“全息史观”理论，多角度、全方位系统考察淮河文化的历史发展与演变，探讨淮河流域历史文化的内涵、外延。同时，通过与其他区域文化的比较，细致研究淮河流域历史文化的特征。该研究可以进一步促进和深化淮河历史文化的研究，拓展我国区域社会历史文化研究的空间，丰富区域社会文化史研究的内容，进一步推动我国文化史研究向前发展。

学术界对淮河流域历史文化的研究取得了相当不错的成绩。然而，今天看来，淮河流域历史文化研究还存在一些比较薄弱的环节，主要表现在：其一，淮河历史文化整体性研究不足，研究深度有待提高，系统性的资料挖掘和整理还比较缺乏。其二，相对于经济史研究而言，淮河流域文化史研究有待加强。一方面，各个时期、各专题研究存在不平衡的现象；另一方面，就研究角度而言，对历史时期淮河流域治乱兴衰与文化传承间的关系研究涉及较少，对淮河流域文化传承与变迁的深层次原因等问题研究不够深入。其三，研究成果资鉴性不明显。淮河流域文化变迁史昭示着中国文明的兴衰。淮河流域文化传承与变迁是一个漫长过程，而影响这种变迁的因素又是至为复杂和不断变化的。在种种因素中寻找出某些有规律性的现象，总结经验教训，找出症结所在，并为该地区今后文化的可持续发展提供历史借鉴，是既有学术价值又有现实意义的课题。其四，影响不足。碎片化、个案化、学术化较强，使得关心、关注淮河流域的读者对其缺乏整体性、连贯性、易接受性的了解。

本套丛书共包括《淮河流域早期文明》等八本书，分别是：

《淮河流域早期文明》：淮河流域地处我国东部之中，气候温和，土地肥沃，雨量适中，物产丰富，人杰地灵，开发历史悠久，是我国经济、文化较早繁荣发达的地区之一，也是中华文明的早期起源地之一。沂源人、许昌人化石是我国较早的猿人化石。该流域也以发达的稻作农业和丰富的礼乐文化而著称于世，从史前到夏商周三代，都成为中华文明的重要源头之一。在中华文明的形成过程中，作为三大集团（华夏、东夷、苗蛮）之一的东夷集团扮演了不可或缺的角色。先秦时期东夷文化产生、发展、繁荣直至融入华夏文明的过程，其实质是与中原华夏文明及其周边诸文化之间相互交流、碰撞、融合的过程。春秋时期淮河流域就有了水利开发的历史，而且还取得了很大的成就。楚庄王时，孙叔敖在淮河流域兴修水利。吴王夫差开挖邗江，沟通江淮。邗沟连同后来修建的菏水、鸿沟运河，都是中国早期运河。淮河流域在先秦时期就处在政治、经济、文化的中心地位，史前时期的农业、手工业、家畜饲养以及历史遗存（如聚落、建筑）是其物质文化的重要基础；文字、音乐、思想等则是精神层面的典型表现。淮河流域还是中华思想的发源地。孕育于淮河流域的这些文化因素，不但起源时间早，而且发展程度较高，为早期中华文明的形成作出了重要贡献。

《淮河流域民俗风情》：淮河流域生产习俗是民众在长期的生产实践中

创造、享用的物质文化事象。生产习俗具有周期性、延续性、区域性特征。迎春活动隆重，农业的禁忌、祭祀多样。手工业尊崇行业祖师爷，师徒关系严格。商业开张敬财神、重禁忌，庙会活动兴盛，会馆与商会较多。淮河流域服饰官民有别，贫富悬殊。日常米面同食，以面食为主，日常菜肴贫富有差异，饮酒在饮食中占有重要地位。建房有禁忌，喜聚族而居。民众远行多择吉日、晴日，出行的禁忌风气较浓。淮河流域有幼儿诞生庆贺的习俗，满月、百天、周岁都要庆贺。给长者祝寿是中华民族尊老敬老的传统之一，民间甚为重视且气氛祥和。婚姻重礼仪，重视贞节观，下层民众的婚姻困难较多。丧葬讲究礼仪，贫富人家丧葬有差异。淮河流域对岁时节日极为重视，并形成自己的特色。初一吃素饺意为素素净净过年。正月十五吃元宵意谓和和美美。清明节给坟"添土"延续着怀念故人的思绪。端午节吃粽子、佩带香袋等既是对屈原的纪念，也是对饮食文化的沿袭。七夕节是我国传统节日中最具浪漫情调的。中秋节讲究团圆，体现了亲情最重。重阳节敬老、爱老成为全社会共识，传承了自古以来中华民族尊老的美德。淮河流域祈求城隍神保佑民众风调雨顺、安居乐业。宗族建立祠堂，希冀先祖护佑。淮河流域与水患、蝗灾、民生有关的神灵如龙王、刘猛将军、河（湖）神、风神等祭祀之风兴盛。祭祀名宦实际上是对正直、业绩突出官员的崇拜。民间信仰有诸多功利性、实用性。流域内崇武风气长期盛行，至近代尤为突出，传承至今。

《淮河流域名家大族》：一个家族如若保持数十年甚至数百年而不衰，与该家族重视家训、家风以及家谱有着极为密切的关系。正如钱穆先生指出的："一个大门第，决非全赖于外在之权势与财力，而能保泰持盈达于数百年之久；更非清虚与奢汰，所能使闺门雍穆，子弟循谨，维护此门户于不衰。当时极重家教门风，孝弟妇德，皆从两汉儒学传来。"本书选取曲阜孔氏家族、龙亢桓氏家族、亳州曹氏家族、颍川钟氏家族、淮南廖氏家族、凤阳汤氏家族、寿县孙氏家族、淮安丁氏家族、太邱刘氏家族、颍州程氏家族等历史时期淮河流域较为具有代表性的十个家族，梳理其发展脉络，阐释其家训、家风，归纳其繁衍不衰的内在原因，研判其在社会历史发展中的作用。这不仅有助于人们了解这段历史，传承弘扬中华民族传统家庭美德，也可为当前社会主义精神文明建设提供有益的借鉴。

《淮河流域灾害与治理》：人和自然关系的和谐，经济发展和人口、资源、环境之间的互相适应，生产发展，生活幸福，生态美丽已经上升为国家战略。这些正是环境变迁史或灾害史关注和研究的重要内容。12 世纪以前，淮河是独流入海的，尾闾也十分通畅，水旱灾害比较少，民间也流传着“走千走万，不如淮河两岸”的赞誉。12 世纪以后，由于黄河夺淮的影响，淮河水系遭到巨大的破坏，下游入海河道逐渐变为地上河，无法排泄淮河洪水，许多支流发生了变迁或淤废，造成淮河流域经常河水泛滥，受灾严重，尤其是中下游地区。面对灾害，历代统治者虽然也采取过一些治理的措施，实施了一些应对之策，但未能扭转淮河对人民危害巨大的局面，灾害反而愈演愈烈，致使淮河成为一条名声在外的害河。新中国成立后，尽管淮河的灾害仍在持续，但在党中央治淮方针的指引下，数千万淮河儿女几十年如一日艰苦奋斗、团结治水，淮河的治理取得了举世瞩目的伟大成就。新中国在治理水灾方面已经走出了历史上经常出现的因灾致荒、由荒致乱、因乱而水利失修、因水利失修而易生灾害的怪圈。淮河既是中华民族多灾多难的缩影，同时也是中华民族团结奋斗、战天斗地大无畏精神的展现，更是新时代党和人民政府为民造福、改造自然的一座永恒的丰碑。

《淮河流域历史人物》：淮河流域是我国古代著名的帝王之乡，蚌埠怀远诞生了夏后帝启，江苏宿迁孕育了西楚霸王项羽，沛县是西汉开国皇帝刘邦的故乡，亳州为三国曹魏政权曹丕的发迹之所，凤阳则走出了布衣皇帝朱元璋。伴随着这些君主帝王而建功立业的文臣武将也如群星璀璨，如张良、萧何、韩信、英布、鲁肃、吕蒙、诸葛亮、李善长、徐达、常遇春等。淮河流域历史悠久，人文荟萃，开放、包容的社会环境，使各种思想文化在此交流碰撞、混生杂融，并不时迸发、孕育出影响中华文明进程、改写中国历史的深刻思想与睿智哲学。涡水流域是道家文化的肇兴地，道家的创始人老子、庄子都诞生于淮河流域的涡水蒙地。此外，这里还诞生了管子、曹操、华佗、嵇康等一代先哲。近代以来，淮河流域风云激荡，英雄人物辈出。晚清时期，捻军首领张乐行在雉河集起义抗清，军阀始祖苗沛霖割据淮上，盘踞一方。这里还涌现出一批朝廷重臣，诸如两广总督徐广缙、光绪帝师孙家鼐、清末名将马玉昆、长江水师提督程文炳、新疆巡抚袁大化。民国时期淮河流域也孕育出一批致力革命的仁人志士，比如同盟会元老柏文蔚、程恩普，开国元勋周恩来总理。作为将军摇篮的鄂豫皖苏区也横跨淮河流域，许世友、李德生、洪学智、皮定均等一百多位将军都是从这里走出来的。近代以来的淮河流域也是多姿多彩的，银行家周作民、实业家倪道杰、亦官亦商的孙多森、史学家萧一山、考古学家罗振玉、文学家蒋光慈、画家李可染、新闻学家戈公振，等等，他们都用精诚、睿智与努力书写着人生的传奇。

《淮河流域名城古镇》：本书选取淮河流域的安徽、江苏、河南、山东四省近 30 个历史名城古镇，分上、下两编，分别介绍。全书在充分调研的基础上，对这些名城古镇的建置沿革、水陆交通、城镇变迁、历史遗迹、历史名人、民风民俗、传统美食以及文化艺术等进行较为翔实的介绍。该研究可以丰富淮河流域名城古镇历史文化的研究，有利于读者了解淮河流域名城古镇深厚的历史文化，也为地方政府合理利用名城古镇丰富历史文化资源以及保护名城古镇文化的多样性与独特性提供理论参考。

《淮河流域战争风云》：淮河流域独特的社会经济条件，受到各类政治集团的关注，成为各类政治力量争相控制的地区，也成为中国历史上战争多发地。据统计，中国历史上较为著名的战役有两百余次，发生在淮河流域的约占四分之一。有些战役规模之大，影响之远，深刻改变了中国历史的发展，推动了王朝的更替。淮河流域战争多发频发的原因是多方面的，既有自然地理因素，也有社会阶级因素，同时也与淮河流域所处的战略经济地位密切相关。本书从四个方面介绍了淮河流域发生的著名战役战争，根据其影响、性质将其分为部落之战与诸侯争霸、王朝争战与南北相持、农民起义与农民战争、抗日烽火与解放战争，以点带面，以战役发生、经过为论述角度、节点，辅之背景及影响、意义、后果等，来考察这一时期战争的性质及历史地位。在此基础上，探讨淮河流域战争多发的因素及其战略地位与影响，给人们提供一个观察、了解、评价这一区域历史发展与历史地位的新角度，推动淮河流域历史研究向多视角、多维度纵深发展。

《淮河流域非物质文化遗产》：淮河流域的非物质文化遗产有着悠久的历史和深厚的文化底蕴，有民间文学、传统美术、传统技艺、戏剧曲艺、武术医药等多种文化类型。这些文化遗产不仅种类繁多，内涵丰富，还具有独特的地域特征。淮河流域的非物质文化，有自己的脉络，有自己古老的阵势，它与祖祖辈辈生活在淮河两岸人民的生活紧密结合，同我们血脉中的基因难以割舍，是与生俱来的原真性、原生性文化。非物质文化遗产和自然遗产、物质文化遗产一样具有突出意义和普遍价值。非物质文化是一种具有特殊价值的人类文化活动，以文化形式存在于人类的活动、表现之中。作为一种精神活动，非物质文化遗产如果没有人继承，就会随着掌握它的特定人群甚至特定个人的放弃、灭失而消亡。作为遗产，非物质文化必须有人继承才能得以传承。我们要保护、传承非物质文化遗产，让它成为我们民族文化的巨大资源。

本套丛书由吴海涛和李良玉教授策划，由阜阳师范大学历史文化与旅游学院历史学专业骨干教师分工编写。我们力求将知识性、学术性、通俗性、可读性融为一体，期望更多读者加深对淮河历史文化的了解。淮河历史源远流长，淮河文化博大精深，这是我们编写组短时间内无法完全涉及的。本丛书一定有诸多不足之处，敬请读者指正！

目录

上编

淮河流域的历史名城

第一章
安徽的历史名城

淮河在安徽境内长约430千米，流域面积6.71万平方千米。 安徽是淮河流域的核心区域。 淮河流域有着悠久的历史，创造了灿烂的文化，也孕育出诸如寿县、亳州、阜阳、凤阳等历史名城。 它们是淮河流域历史名城的代表。

第一节　千年魅力楚都　一城人文典故——寿县

寿县位于安徽省中部，淮河南岸，八公山南麓，是安徽省第一批入选国家历史文化名城的三个城市之一。 寿县历史悠久，文化灿烂，人杰地灵，历来是政治、经济、军事要地。

一、“四次为都，十次为郡”

寿县第一次为都城是蔡国迁都于州来(下蔡)。 蔡国是春秋时期一个很小的国家，一直在各大强国的夹缝中求生存。 公元前493年，蔡国为了逃避楚国的袭扰，也是为了寻得吴国的庇护，就把都城从原来的河南上蔡迁到了州来，更名为下蔡，上下呼应也是为了纪念原来的都城。 公元前491年，蔡昭侯要去朝见吴王，蔡国大夫们怕他再次迁都，就指使人杀死了蔡昭侯，拥立蔡昭侯之子朔为国君，史称蔡成侯。 公元前473年，吴国被越国所灭。 失去了吴国的庇佑，当时的蔡国为了生存，又找到了越国，希望建立友好关系。1996年在寿县境内一个蔡国墓葬里出土了越王者旨於赐剑，这把剑是越王勾践为他的儿子鼫与打造的一把佩剑。 鼫与曾经在位六年，他就把这把佩剑赠予了蔡国，体现了两国友好的邦交关系。 蔡国命运多舛，为求生存，立国六百年，或朝楚暮齐，或朝吴暮越，依附强国，多次迁都，几度兴亡，在寿县建都四十六年，历经五代国君。 最终蔡国还是没有逃脱被灭国的命运，公元前447年，楚灭蔡，地复入于楚。

第二次为都城是楚国为躲避秦国的兵锋而迁都寿春。 楚考烈王二十二年(前241)伐秦失利后，为避秦东进锋芒，未待秦国反攻楚国本土，楚考烈王就采纳了相国春申君黄歇的建议，将都城从陈(今河南淮阳)迁到寿春(今安徽寿县)。 由于没有遭到战争的破坏和敌人的掠夺，他们这一次迁都在物质上也就没有多大损失。 楚国的王公贵族们进入寿春城的时候，他们把财物也都带了过来。 司马迁在《史记》中称："楚东徙都寿春，命曰郢。"这是文献中最早出现的"寿春"名称。 楚国迁都寿春后，又经历了考烈王、幽王、哀王、负刍四代，历时十八年，寿春很快成为舟楫如梭、商贾如云的繁华都市，所以《史记·货殖列传》称"郢之后，徙寿春，亦一都会也"即是指此。 这也是寿县历史上规模最大、影响最深远的一次建都。

公元前223年，秦破楚克郢，虏楚王负刍，楚亡。 越二年，秦划江淮及其以南地区为九江郡，置寿春县，为郡治。 在公元前206年项羽分封天下时，立英布为九江王，统治九江、庐江二郡，九江郡治寿春。

西汉初年，建立淮南国。 英布叛死后，汉高祖立子刘长为淮南王，定都于寿春，这是寿县第三次为王都。 此后第三位淮南王刘喜、第四位淮南王刘安也是以寿春为都，前后历时七十多年。 公元前122年，汉武帝以刘安"阴结宾客，拊循百姓，为畔逆事"等罪名，派兵进入淮南，自知罪无可赦的刘安被迫自杀。 汉武帝收淮南国，改为皇家郡县，寿春城又被降为寿春邑，成为九江郡治所。

东汉末年，袁术称帝，仍定都寿春，这便是寿春第四次为都。 袁术，字公路，汝南汝阳(今河南周口西南)人，出身豪门，其家族背景"四世三公"，门生故吏遍布天下。 群雄割据时期，袁术和袁绍兄弟二人一南一北，成为各路诸侯之中实力最强者。 随着实力的增强，袁术又从孙坚处得到了传国玉玺，逐渐有了野心，认为这是天意，便在百官的怂恿之下，于建安二年(197)二月称帝，建都于寿春，国号仲家，史称"仲家皇帝"。 袁术在位不到三年，引火烧身，众诸侯群起而攻之，寿春大战后，袁术落荒而逃，元气大伤，最终送命。

三国时，江淮为战略要冲，寿春为魏淮南郡治所，兼扬州治所。西晋初，徙扬州治所于建邺(今南京)。永嘉时划扬州西部地区为豫州，寿春为淮南郡治所，隶于豫州。南北朝时，宋改寿阳为睢阳，为豫州治所，兼南梁郡治。齐代宋，寿县复称寿阳，为豫州治所。北魏略淮南，再称寿春，为扬州治所兼淮南郡治所。梁克寿春，为南豫州治所兼南梁郡治所，并析寿春南部地置安丰县。东魏据淮南，寿春复为扬州治所。北齐代东魏，扬州刺史镇寿春。及陈，复以寿春为豫州治所。北周拔寿春，为扬州治所和淮南郡治所。

隋开皇八年(588)置淮南行台尚书省，治所寿春。大业三年(607)改置淮南郡，寿春为郡治所。宋太祖时，寿州隶于淮南西路。宋徽宗政和六年(1116)升寿州为寿春府，府治所在北寿春(下蔡)，领五县。南宋绍兴十一年(1141)金兵渡淮陷寿春、安丰，下庐州，宋军克之。次年，宋金相约以淮河为界，淮北属金。金以下蔡为寿州，置防御使，隶于汴京路(后改称南京路)。宋则置安丰军，军治在安丰县，寿春隶之。绍兴三十二年(1162)复置寿春府，隶于淮南西路，寿春为府治，领四县，兼制安丰军。乾道三年(1167)改寿春府为淮南西路安丰军，治所寿春。开禧二年(1206)金兵复下淮南，占寿春等地。嘉定初，宋金议和，仍以淮水为界，寿春归于宋。

元初，置中书省与十一行省，淮南各府、县均隶属于河南行中书省。至元十四年(1277)置安丰路总管府，治所寿春，领五县。次年改寿春为散府，领三县。至元二十八年复为总管府治，领一州、五县。至正二十四年，即宋(韩林儿)龙凤十年(1364)，朱元璋据江淮称吴王，以寿春为寿州治，隶于临濠府。

二、寿县古城:中国保存较完善的七座古城之一

公元前241年冬，楚国迁都于寿春。寿春不但是当时楚国政治、经济中心，而且是楚和东南各族人民融合的中心，成为当时楚国最为繁盛的地方，

留下了大量珍贵的遗产，如朱家集楚王墓数以千计的楚器，还有各级贵族墓葬的各式器物。零散出土的重要器物，除鄂君启金节外，还有大贲铜牛、铜衡、铜尺、铜剑和鄂爰、陈爰以及其他各式金币。公元前223年，秦王嬴政派王翦在蕲南之役中大败楚国，攻占寿春，楚亡。楚都寿春，虽仅为都十八年，但作为淮河流域重要的都会，它的发展是贯穿了整个战国时期的。它对当时楚国的历史发展作出了贡献，对后世影响深远。

秦朝统一全国，以寿春为首邑，置九江郡，辖境自寿春沿淮而南。西汉灭异姓王后，刘邦立少子刘长为淮南王，王都寿春，领秦九江郡故地。后来，淮南王刘安以淮南为基地，招揽人才，发展经济，使国力大增。后因反叛，武帝元狩元年(前122)，淮南、衡山二王被诛，国除。汉武帝改淮南王国为九江郡，郡治寿春邑，辖境仅有寿春邑以东沿淮南及沿江十五县地。在战国楚及秦代的发展基础上，又经两代淮南王近七十年的经营，城垣周长扩展到三十余里，成为统领江淮大地的首要城邑，极为繁盛。经过西汉末年衰乱，寿春城邑有所衰落。东汉初，九江郡治东移于阴陵。随着江东和江南各地的逐步发展，此地开发东南的基地作用也逐步有所减弱。

寿县古城墙是中国保存较为完好的古城墙之一。今存城墙为宋嘉定时所修，城基坚固，气势雄伟，迄今保存完好。嘉庆《寿州志·城郭》记载："周迁治下蔡时，故城大抵毁坏，今城或是熙宁间所重筑，嘉定间许都统重修。"许都统重修之前的古城墙，外壁为较薄的夯土墙，顶部仅宽70厘米，内壁为厚而疏松的填土，坡度也较缓。考古人员在今牛尾岗进行考古勘探时就看到了旧城墙的材质，因夯土上叠压的地层有北宋"元丰通宝"钱，推定其修制年代在唐至北宋。这段城墙遗址夯土内有白瓷片。此次城墙修筑，在四个方面有所改变，即缩减城圈、包砌城砖、创置楼橹、疏浚壕堑。许都统此次修筑的城墙，奠定了后来寿春城墙的基础。此后，寿县城墙又经历了几次修补：嘉熙元年(1237)，杜杲修补城橹。淳祐九年(1249)，邢德再次修补楼橹。明建文元年(1399)，指挥袁贤重修寿州城，奠定了明清两代州城的基础。明代王九思《渼陂集·寿州修城记》、嘉庆《寿州志》中记载，此次重修，增加了城墙厚度"阔两丈"，城门四名也已确定：东门称为宾阳，南门称为通淝，西门称为定湖，北门称为靖淮。

明清时期，寿州战事相对较少，但饱受水患之苦，有记载的水灾不下几十次。水灾发生后，就要设法重修或加固城墙，人们在防洪方面想出更多的办法来。寿州城墙特殊的防水体系也堪称一绝。首先，增固城墙。西北城墙濒临淮水，最易损坏，多次整修，现已不存古城墙砖。东北、东南城墙虽经现代维修，城墙外坚内厚，外壁下部为石砌，上部为砖砌，内部是厚实的夯土。在日常维修时，不断增加内部夯土的厚度。灾后重建时，用砖砌加固。其次，创建石岸。寿州城墙外原有护城土岸，可以起到一定的洪水缓冲作用。明嘉靖十七年(1538)，御史杨瞻创建护城石岸，“自西南角楼起，至东南角楼止，共三千丈有奇，通砌以石，重合以灰”，保护了受洪水冲击的城墙。最后，修涵洞，建月坝。寿州城外原有三个涵洞，到了万历时已多处不通畅，知州杨涧重修涵洞。清乾隆二十年(1754)，知州刘焕重修涵洞并创建月坝。月坝即涵洞上圆桶形护堤，外用砖砌，周围培土，南边建有两个水闸。月坝成功抵制了洪水，使涵洞既能排水，又可防止大水倒灌。光绪十年(1884)，知州陆显勋也重修涵洞，现城墙东北涵洞上“崇墉障流”的题刻即为督工钱禄所题。

寿县城内存有大量的古建筑遗址，据 2006 年文物普查时统计，共有各类古建筑遗存 32 处。在这些古建筑中，最有文物价值的便是宗教建筑。报恩寺坐落在城内东北隅，旧名崇教禅院、东禅寺，明洪武年间改为今名。据嘉庆《寿州志》记载，此寺始建于唐贞观年间(627—649)，迄今已有 1300 多年的历史。全寺占地总面积 1.47 万平方米，建筑面积 1.25 万平方米，其规模之大，建筑之雄伟，在江淮大地上可谓首屈一指。飞角流丹的大雄宝殿，是报恩寺的主建筑物，建在一米多高的石基上，更显威严庄重。殿面阔五间，进深三间，殿门前有长廊，立石质方形廊柱，柱面有花鸟浮雕。门东一柱础上有“石羊抵头”雕刻，画面生动逼真，此为“寿州内八景”之一。大殿内东、西、北三面是省级重点保护文物泥塑十八罗汉和唐、宋、明、清四代的木雕、铜铸造像等几十尊，神态各异，栩栩如生。大殿门两旁墙上嵌着大书法家赵孟頫所书的“南无释迦牟尼佛”七个大字和清书法家梁巘为此七字作跋的两方石刻。大殿东侧是僧祖堂及涤尘精舍，两侧是禅堂、维那寮。穿过大殿，即来到第三进院，毗庐阁居高临下，肃穆典雅。穿过西侧园门，即来到新建的“碑园”。在这里可以尽情欣赏历代名人碑刻，一饱眼福。

报恩寺的庭院正中是宋塔地宫，原为九级的北宋舍利砖塔，后倒塌六级，残存的三级因为残旧无法修复，又危及游人安全，只得拆除。这座地宫虽然面积不大，但里面有美轮美奂的壁画、佛像，地宫中央还放着一个石匣，里面是精巧的鎏金银椁、金棺和“重佛舍利”。金棺是用六片黄金薄片铆合而成的，长不过10厘米，最高处7.8厘米，重91.5克。金棺通体有锤揲精细花纹，棺首的下部还有入门的“台阶”，两侧各站着一个栩栩如生的侍者，做工极其精美。虽然是用来盛放舍利子的佛教器物，但金棺棺体上有精美的牡丹花纹，体现了当年出资制作金棺的佛教信徒的审美。国内不少地方也曾发现过金棺，但如此形制、做工如此精美的，也仅此一件。同时被发现的鎏金银椁虽然遭到了严重腐蚀，但文物专家们发现，其做工之精美更胜金棺。棺体上采用了高浮雕工艺塑造了释迦牟尼像，神采灵动，巧夺天工。报恩寺地宫及金棺银椁等文物的发现，在当时引起了极大的轰动，尤其是金棺银椁表现出的极高的艺术价值，更是令文物专家惊叹。金棺银椁都被确定为国家一级文物。

寿县城内还有华东地区最大的清真寺，总面积5600多平方米。它始建于明代天启年间，糅合了中西建筑风格，虽历经几百年风雨，但仍保存完好。主体建筑无相宝殿的前后两殿为明清合璧之作，以“勾连搭”式衔接。寺内有三进重院，前院正门为大中门，正中是主建筑物无相宝殿，即礼拜殿，殿前有石台。寺庙富丽堂皇、气势雄伟，银杏树绿荫蔽日。

州署旧址是城内的行政建筑胜迹，明清两代寿州州署均设于此，位于县城东街。它始建于明洪武初，天顺年间，知州罗训在旧址上重建。清康熙以来，几次重修扩建过，厅堂楼台坊馆石舍林立。大才子袁澍路过寿春时，见州署内梅花盛开，吟得佳句“难得天下花事新，东君着力护花身”。据光绪《寿州志·州署图》记载，当时州署的围墙近方形，中轴线上大堂居中，堂前为“仁寿坊”，吏、户、礼、兵、刑、工诸曹治室东西序列。前为“仪门”，仪门前为“谯楼”，门、楼间相对两井，一名“济渴泉”，一名“清暑泉”。两侧东边为土地祠，西边为“监门”“狱神祠”“老号”。谯楼前为照壁，照壁两端有两门，东曰“寿域”，西曰“春台”。大堂后，北向依次为二堂、宅门、上房，最后为熙春台。今尚存谯楼、熙春台、两泉及部分碑碣，明天顺时建，拱形砖石结构。拱券甬道若城门，券楣上尚存州人张树侯书丹之“古寿春”篆体石刻。熙春台位于后院，为康熙二年(1663)知州黎士毅“因水台旧址改筑”，时“高可五丈”，意在“俯视城中”，时时“见百姓如在几席耳”。台落成后，黎士毅之兄信州推官黎士宏作《熙春台记》。道光二十七年(1847)，知州饶元英建亭于台上，并在亭之西南角柱阴刻篆书联曰：“霞布星罗天开寿域，花明麦秀人乐春台。”除联藏“寿春”之名，又取《文选·潘岳〈闲居赋〉》注《老子》曰“众人熙熙如登春台”之意。另外，署内尚存光绪十一年(1885)寿州周辛炳所立之“出示严禁以挽颓风事”碑，是研究寿地风俗文化的珍贵资料。

三、寿、凤同城而治百余年

“寿、凤同城而治”指的是寿州和凤台县的县治(县政府)都在寿州城内，这在中国官制和区划史上是较为奇特的现象。为何要析寿州置凤台县呢？其原因有三：一是寿州幅员过大。据康熙《江南通志》，清初寿州面积逾两万平方里，在皖北仅次阜阳(颍州)。二是其民刁顽，民风尚武好斗，私铸等不法行为频仍。三是地处冲要，事务繁巨。寿州位处淮河中游，为水陆要冲，南来北往者多驻足于此。由于州域广远、民风剽悍，寿州素为事务繁杂之地。雍正十年(1732)九月，两江总督尹继善奏请朝廷“分疆而治”，以加强对地方的控制。雍正十一年(1733)三月，朝廷决定析寿州所属下蔡县地及州城北门以外地置凤台县，并划州城东北隅六坊为凤台县治。其界为自宾阳门北侧西行入箭道巷，沿东侧向北经准提庵巷入西大寺巷，沿北侧向西入北大街，沿东侧向北越街入紫城街，沿北侧西行至街尾向北止于城垣。

寿州、凤台同城而治，但州、县之方位、土质、民生、民习、吏治、官用等有异，彼此行政也应有不同，同处一城却难免互相掣肘甚至倾轧，有损于行政效率和政府控制力。故凤台新置时，就有移治下蔡之议。下蔡位寿州城北三十里，濒淮而治，为水陆要隘，但明朝以来，该城破坏严重，仅存城址。因此，重修下蔡而治之，工费、劳力繁巨，难以成事。后来，以寿城为治的弊端日显，又有人以顾家桥“最为适中”而讨论于此筑城。顾家桥处县境中，为蒙城、亳州、颍上、寿州之交地，地势高阜，带夏、淝河以为固，“虽地势不为雄阔，然三里之城、七里之郭亦足以容之”。由于其地素无城垣基址可因，新建城池不易，终于没有下文。嘉庆时，知县李兆洛再议凤台治所问题，建议在阚疃设置衙署，未果而终。

同治四年(1865)，安徽巡抚乔松年会同两江总督曾国藩，奏请将凤台县治移驻下蔡镇，“凤台本从寿州分出，原为地方辽阔，分设一县，而仍与寿州同城，殊为无益。查寿州城北三十里之下蔡镇，为沿淮极要之区，地隶凤台。拟请将凤台县治即移于下蔡镇，其向管城内之六坊地段民人，即令拨归寿州，以一事权而清界限”。不久，此议得到清廷同意。凤台县便结束了和寿州同城而治的局面，两地的行政治所彻底分开。

清代寿州隶属于凤阳府管辖，学子参加科举考试也要赴凤阳应考，寿州、凤台同城而治，两县的童生有两千五六百人。然而寿州城到凤阳有两百多里路，远一点的如马头集、王氏集甚至有四百余里，“应试者大半寒士，往返维艰”，特别是寿州至凤阳府会经过上窑河，河面宽广，加上考生蜂拥争渡，常有“沉覆之患”。鉴于这种情形，知州朱士达在道光七年(1827)捐廉银一千两倡建寿州考棚，地方士绅孙克依捐献自家畦地作为考棚地基。就这样，在官民的共同努力下，以18528两工料银的代价完成了此项工程。道光十四年(1834)，安徽巡抚学政正式批准寿州、凤台两地的学子就近应试，并派考官“按临寿州，考试寿、台生童”。今天，寿州考棚旧观无存，曾作为考棚标志性建筑的文峰塔，也只残存基座。考棚旧址在今天的棋盘街县委大院对面，1960年冬，县委在旧址上新建了办公楼。

四、“一城人文半城孙”

中国近代历史上，曾出现过一些声名显赫的大家族。其中，寿州的孙家因耕读传家，后代又多从事领风气之先的近代实业，成为名门望族，被当地百姓誉为“一城人文半城孙”。

这个家族的显赫，始自状元孙家鼐。孙家鼐(1827—1909)，字燮臣，号蛰生、容卿、澹静老人，清咸丰九年(1859)状元，与翁同龢同为光绪帝师。孙家鼐的曾祖孙士谦曾任乾隆年间的刑部郎中，祖父孙克伟是贡生，父亲孙崇祖亦是池州府的教谕。孙家鼐的父亲治家极严，要五个儿子都走读书做官的道路。皇天不负苦心人，他的五个儿子后来都成为朝廷所倚重的能臣，“一门三进士、五子四登科”。五兄弟中有四个侍郎，孙家泽是礼部侍郎，孙家铎是户部侍郎，孙家怿是工部侍郎，孙家丞是吏部侍郎。只有孙家鼐做到了工部尚书、礼部尚书、吏部尚书，又是清末朝廷的第一任管学大臣、光绪皇帝的老师，并创办了京师大学堂(北京大学前身)，朝廷恩赐他在家乡建造“太傅第”。

孙家鼐当状元，还有一段有趣的传说。殿试中，咸丰皇帝命他以大清王朝的兴盛写一副对联。孙家鼐稍加思索，挥笔立就：“亿万年济济绳绳，顺天心，康民意，雍和其体，乾见其行，嘉气遍九州，道统维羲皇尧舜；二百载绵绵奕奕，治绩昭，熙功茂，正直在朝，隆平在野，庆云飞五色，光华照日月星辰。”对联既含歌颂清王朝之义，又巧妙地把咸丰以前清朝皇帝的年号顺治、康熙、乾隆、嘉庆、道光嵌于其中，气势宏大又浑然天成。咸丰皇帝当即击案称妙，钦点孙家鼐为状元。

如果说科举道路成就了寿州孙氏家族的门庭荣耀，那么与豪门联姻则更加增添了孙氏家族的光彩，也进一步丰富了寿州孙半城深厚的历史文化内涵。孙家鼐的曾孙女孙琪方，嫁给了孔子的第七十七世孙孔德成(世袭衍圣公)，孔德成后来在台湾当了考试院院长。孙家鼐家族和权倾一时的李鸿章家族共有两次联姻。李鸿章侄子李经畬的姐姐嫁给了孙家铎的次子孙传樾，而李经畬的儿子李国成又娶了孙家铎的孙女。除此以外，孙家与袁世凯家族、扬州何氏家族、四川总督刘秉璋家族、合肥龚氏家族都有直接或间接的姻亲关系。孙家与同朝的名宦互相联姻，有利于家族势力的稳固和扩张，也保证了其家族的利益和地位。

孙氏家族率先创办近代工业企业，引领时代风气。中日甲午战争后，北京政治局势风云迭起，孙氏家族的后人感于仕途莫测，欲寻求新的出路，于是便开办了中国第一家最大的机器面粉工厂——阜丰面粉厂。阜丰面粉厂开创时期的总董是孙家鼐的亲侄孙传檙，总理孙多森，协理孙多鑫。孙多森专程到上海考察，决定仿效英国资本增裕面粉厂在上海投资建厂。旋由孙多鑫雇用翻译赴欧美选购生产面粉的机械设备，最终在美国爱立司厂订购了全套面粉工厂的机械设备(这也是中国民族资本从欧美进口的第一套面粉机器)，同时以重金聘用该厂技师来上海设计安装，培训技艺，指导生产。阜丰面粉厂在筹办过程中，利用孙氏家族的官场地位，以及清政府正在奖励实业的有利时机，向商部立案注册，并由孙家鼐奏呈慈禧援例免税，很快就得到批准："概免税厘，通行全国。"1900年春季，阜丰面粉厂正式开机生产。从此国产机器面粉上市，结束了中国只能生产土面粉的历史。

孙多森在任阜丰总经理期间，还向业外发展，创办了其他一些企业，如1915年在北京创办了官商合办的通惠实业公司，1918年在山东烟台创办了通益精盐公司，在哈尔滨创办了通森采木公司。特别是1916年孙多森创办的中孚银行，从阜丰投入了大量资金，使中孚的资本额从开办时的1万股10万元扩增至2万股20万元，成为孙氏家族控制的金融企业。这时候的孙氏家族从创办阜丰面粉厂进而发展成为"通孚丰财团"，在近代实业界大放异彩。

在时代的狂澜下，孙家也不可避免地出现了革命家式的政治人物。孙一中在第一次国内革命战争时期就参加了中国共产党，是黄埔军校第一期学生、周恩来的战友，参加过北伐战争和南昌起义，曾任叶挺独立团一营营长。1929年到洪湖地区，参与组建红六军，任红六军军长，与周逸群、贺龙一起领导创建湘鄂西革命根据地。1931年任红三军参谋长兼第七师师长，与贺龙率部西进，开辟鄂西北革命根据地。1932年夏，在"肃反"中被夏曦诬陷杀害于湖北监利瞿家湾(今属洪湖)。今天，当人们讲述着洪湖赤卫队的故事，吟唱着"洪湖水浪打浪"时，一定不会忘记和周逸群、贺龙一起创建洪湖革命根据地的寿县孙家走出的青年军事将领孙一中。

从寿县走出的职业革命家孙大光，从16岁开始投身党的秘密工作，为了民族的独立和解放，九死一生，作出了重要贡献。中华人民共和国成立后，历任交通部部长、地质矿产部部长，为开辟中国远洋运输事业和改善公路、内河运输，促进中国地质矿产事业的发展，作出了卓著贡献。他对家乡深深眷恋，1986年秋天，他看到家乡教育设施仍然十分落后，便毅然将精心珍藏的文物和字画捐献给安徽省博物馆和地方教育事业，以助学济困。他的一生，“磊落星月高，苍茫云雾浮”，体现着共产党人的彻底革命和无私奉献精神。

而政治人物中最为传奇者当为孙少侯，他虽身处高墙深院，却对封建家族的清规戒律异常不满，坚决支持康、梁变法。他曾变卖家产，与柏文蔚等组织团体宣传革命，抨击清廷，并加入同盟会，在江苏、安徽策动新军起义，因谋划刺杀两江总督端方而被捕下狱。端方是孙家鼐的学生，他知道孙少侯是孙家鼐的侄孙，因此孙少侯杀不得。他苦思冥想多日，终于想出一个绝招。他将家中一名长得标致可人的丫鬟收为养女，再把这个养女许配给孙少侯，还奉送了丰厚的嫁妆，以期拢住孙少侯。辛亥革命后，孙少侯出任安徽省第一任督军，其后却一反革命常态，为袁世凯效命，担任“筹安会”副理事长，支持袁世凯复辟帝制，完全站到革命的对立面，让世人侧目。袁世凯死后，孙少侯被指控为帝制祸首之一遭通缉，避居天津，从此不再意气飞扬。

孙氏家族也不乏艺术人才。孙仰农和孙瑞方是京剧名票，与余叔岩交往甚密。孙多诠是诗人、书法家，他哀悼孙中山的挽联被誉为海内名联：“路改中山，园改中山，城县改中山，中山不死；名满天下，政满天下，哀悼满天下，天下一人。”当然艺术人才中最动人的还数徐悲鸿的学生、画家孙多慈。她的前半生因与徐悲鸿的爱情而成为传奇，后半生则因绘画而光耀台湾。乃至多年后，有人向徐悲鸿索要书法条幅，他铺开宣纸，不假思索，随手就写下一首七言绝句：“一片残阳柳万丝，秋风江上挂帆时。伤心家国无限恨，红树青山总不知。”这首诗的作者正是孙多慈。1953 年，徐悲鸿在北京病逝。同在台湾的徐悲鸿原配夫人蒋碧薇将噩耗告诉了孙多慈，孙多慈闻讯即刻脸色大变，眼泪夺眶而出。这是蒋碧薇在徐、孙恋多年以后唯一一次与孙多慈的对话，但竟是告知她徐悲鸿的死讯。

五、丰富的非物质文化遗产

寿州锣鼓、旱船、跑驴等雅俗共赏的民俗文化表演，展现了寿县传统文化的魅力。寿州锣鼓是淮河流域民间艺术的代表和缩影，很多曲目都是以寿县这座历史文化名城发生过的重要历史事件、历史人物和民风民俗为题材，生动地展现古城深厚的文化底蕴。寿州锣鼓演奏的乐器，不限于鼓、锣和钹，通常有大筛锣、大腰鼓、大钹、小钹、小锣、云锣，品种多，表现力丰富。走驴，是一人执驴形道具扮骑驴妇女、另一人扮赶驴人的双人社会舞蹈。表演者多扮成农村少妇，把驴形道具系在腰间，上身做骑驴状，以腰为中心，左右小晃身，下身用颤抖的小步蹭动，模拟驴的跑、颠、跳、踢、惊、犟等动作和神态。演员上下身动作的强弱、大小、高低要相呼应，并与另一扮演赶驴的人相配合。跑旱船是一种汉族民俗文化，表演者中有一名“艄公”划桨引船，在前头带路，做出各种各样的划船动作。而乘船者在表演中，往往是走快速碎步，这样能使船身保持平稳的状态前进，犹如在水面上漂动的船一样。

民以食为天。寿县美食，由来已久。被誉为“东方龙脑”的豆腐，诞生在寿县古城北侧的八公山。五代谢绰《宋拾遗录》记载：“豆腐之术，三代前后未闻。此物至汉淮南王亦始传其术于世。”南宋大理学家朱熹也曾在《素食诗》中写道：“种豆豆苗稀，力竭心已腐。早知淮南术，安坐获泉布。”诗末自注：“世传豆腐本为淮南王术。”淮南王刘安，是西汉高祖刘邦的孙子，公元前 164 年被封为淮南王。刘安雅好道学，欲求长生不老之术，广招方术之士在八公山造炉炼丹求寿。他们取山中珍珠泉、大泉、玛瑙泉的泉水磨制豆汁，又以豆汁培育丹苗，不料炼丹不成，豆汁与盐卤化合成一种芳香诱人、白白嫩嫩的东西。当地农夫取食，居然美味可口，取名“黎祁”，后改称为“豆腐”。刘安无意中成了豆腐的老祖宗。自从刘安发明豆腐后，八公山下就成了名副其实的“豆腐之乡”。这里的山民以其得天独厚的自然条件，自古以来几乎都以制作豆腐为生，代代相传，豆腐生产技艺得到不断继承和完善，从而达到炉火纯青的地步。到明清时期，八公山下已有陆家班、来家班、黄家班等多个豆腐生产世家。

改革开放后，八公山下的大泉村拥有村民 700 余户，家家会做豆腐，其中 450 户为经营豆腐的专业户，日产销量 5 万余斤。大泉村夜间磨轮辘辘，豆香四溢，成为远近闻名的豆腐村。自 20 世纪 80 年代开始，淮南每年都要举办“中国豆腐文化节”。节庆期间，国内外专家、学者都会来到大泉村，寻豆腐之根，研讨八公山豆腐制作技艺的科学原理，大泉村因此声名远播，从此成为旅游热点。现在，八公山豆腐制作工艺和烹饪技艺，已被列入国家非物质文化遗产名录。

寿县被列入非物质文化遗产名录的美食，还有寿春“大救驾”。“大救驾”是一种极富传奇色彩的糕点，驰名淮河南北。传说在五代十国时期，后周的周世宗柴荣征伐南唐，命大将赵匡胤率兵攻打南唐重镇寿春。寿春守将刘仁赡坚守城池，赵匡胤攻了九个多月无法破城，急火攻心，病了，茶饭不进。有个巧手妇人用白面、白糖、香油等精心制作了一种点心，香味扑鼻，外形诱人。赵匡胤一见，食欲大增，连吃几顿后，病体大愈。病好后，赵匡胤十分高兴，得知妇人是南唐城里人，便说：“这几天城门将破，你在家门上挂艾为记，我不杀你。”随后，赵匡胤亲冒矢石，终于攻破城池，这就是历时三年之久的“寿春之战”。制饼妇人得到赵匡胤的信息回城后，为了城里百姓都能安全，便把每家大门都插了艾草，待周兵攻进城来，果然秋毫无犯。后来赵匡胤黄袍加身，做了宋朝的开国皇帝，与大臣们谈及寿春之战时，感叹道：“亏了寿春好饼！真是救了朕的驾也！”当即安排将这种糕点颁为贡品，赐名“大救驾”，让地方上贡献纳。自此以后，“大救驾”的名称和制作方法便流传下来。如今，寿县城里的糕点师傅依据当年妇人的制作方法，用面粉、白糖、猪油再加以桂花、青红丝等几十种辅料，制作出的“大救驾”呈扁圆状，经素油酥炸，形成内外几十层的酥脆薄皮，内陷中有冰糖、菊脯、核桃仁等衬料，吃起来脆而不硬，油而不腻，清香爽口。“大救驾”不但有其优良的品质和独特的风味，而且还具有保质期长、便于携带、食用方便的优点。它既可以摆上高档餐桌，又可以作为日常食用的早点或夜宵，还可以作为旅行途中的便餐。

此外，寿县还有“南塘瓜子”“雨前椿芽”、蒿薹、银鱼等美味小吃。徜徉在寿县古城街巷，聆听着寿州传说故事，品尝着地方美食，实乃人生一大快事。

第二节　三曹故里　药都亳州

亳州，简称亳，古称“焦”“谯”“谯郡”等。亳州地处华北平原南端，位于安徽省西北部，淮河第二大支流涡水穿境而过。帝喾为帝始都亳，商汤灭夏复都亳，曹魏封谯设陪都，红巾起义建“宋”国，亳州因此称为“三朝古都”。同时，亳州人杰地灵，群英荟萃，有庄子、建安三曹（曹操、曹丕、曹植）、神医华佗等。另外，亳州历史遗迹众多，有华祖庵、陈抟庙、魏武祠、运兵道、花戏楼等。1986年，亳州被批准为国家历史文化名城。

一、悠久的建城史

亳州历史悠久，文化厚重。根据《史记》记载，传说中的上古时代，帝喾代颛顼为帝，都于亳。西汉孔安国曰：“亳郡，高辛氏之所郡也。”明嘉靖年间《亳州志》记载：“亳郡，高辛氏之所都也。”这些记载都说明传说中的五帝之一帝喾曾都于亳地，而商王朝奉帝喾为高祖，《史记》载：“自契至汤八迁，汤始居亳，从先王居。”商朝帝王为追寻帝喾的脚步，遂于公元前16世纪在今亳州市谯城区北境建都，被后世称为“南亳”。至北周建德六年（577），北周灭北齐，南兖州归于北周，而作为南兖州的治所所在，小黄（即今亳州市谯城区）亦属北周。因小黄县为帝喾、商汤故都，故周静帝于北周大象元年（579）以“遥取古南亳之名以名州”，改南兖州为亳州，治所仍位于小黄。从此，亳州之名便流传开来。

亳州城池建造，还要从西周时期说起。西周时期，周武王封神农后人于亳州，在此置谯国，并修筑焦城。春秋时期，陈国在境内建焦城，焦城城墙高一丈，长三百丈，城池近正方形，是现亳州城的前身。周景王十七年（前528），楚平王为防止国人叛乱，加强楚国北方的防卫，又在焦城的基础上修建谯城，当时筑的城垣夯土现在仍清晰可见。三国初年，谯城成为曹魏“陪都”。

唐朝时期，亳州城商业繁荣，城垣高筑，盛极一时。北宋大中祥符七年

(1014)，宋真宗赵恒拜谒太清宫驾临亳州城，赐城西门为“朝真门”，门楼为“奉元楼”；北门为“均禧门”，门楼为“均庆楼”，北门外涡河桥名“灵津渡”，改亳州奉元宫为明道宫。北宋末，金军掘开开封附近的黄河大堤，河水南侵，淹没亳州城，城垣倾圮严重。南宋宝祐二年(1254)，蒙哥汗令汝南王张柔率山前八军戍亳，重筑亳州城。元末，红巾军起义中，刘福通拥立韩林儿在亳州称帝，建立“宋”政权，以亳州为都三年。

明洪武初，筑土城，设衙署。明宣德十年(1435)，指挥周广将原土城改建为砖城，并加修女墙，疏浚城濠。城垣高二丈五尺，基宽九尺，马道宽五尺，周长九里三十步。外有护城河，内有城壕，深各一丈，有桥通之。因城形似卧牛，故名“卧牛城”。弘治十一年(1498)，知州刘宁增设城楼、角楼各四个，城铺楼五十四个。四个城楼直线对称，下有拱券门和扭头门，东城楼名“望仙”，西城楼名“朝真”，南城楼名“武胜”，北城楼名“吉庆”。明清时期，随着商业的发展，城区渐形成城里、北关、河北三个部分。

清雍正十二年(1734)，知州卢见曾对城垣加以整修，改东城楼名为“起凤”，西城楼为“来紫”，南城楼为“太和”，北城楼为“望华”。乾隆二十六年(1761)，知州王鸣重修城垣，又改东城楼为“长垣”，西城楼为“观稼”，南城楼为“资庆”，北城楼为“云津”。嘉庆十八年(1813)和道光二年(1822)，两次重修亳州城垣。咸丰七年(1857)，自州城东北至西北隅建护城砖圩一道，圩高一丈七尺，长一千零八十丈。圩墙共设八个门，当地人称为“栅栏门”。同治六年(1867)，于涡北城区建一土圩，名“德聚圩”，东起董家街，西至分司街，北起火神庙，南至涡河岸边，周长一千零八十丈。光绪二十年(1894)，改修为砖圩。至新中国成立前，城垣、砖圩尚基本完整。

20世纪50年代初，城垣、砖圩逐渐被当地居民自行拆毁。1956年平整北面城垣，其后，其他垣、圩相继铲平作他用。1986年亳州市被批准为国家级历史文化名城，1987年于原址重建城北门和城楼。

二、丰厚的历史遗存

悠久的历史和灿烂的文化，给亳州大地留下众多名胜古迹和宝贵的文化遗产。亳州境内现有各级文物保护单位220余处，其中国家级重点文物保护单位7处，省级以上重点文物保护单位38家。国家级重点文物保护单位——花戏楼，砖木镂雕双绝，建筑巧夺天工，令人赞叹不已。被誉为“地下长城”的曹操运兵道，纵横交错，巧妙相连，堪称古代军事史上的奇迹。还有郭沫若亲题馆名的华祖庵，庵祠完整，古朴典雅，药香满园。

亳州花戏楼，原名大关帝庙，亦称山陕会馆。由于戏楼的砖雕、木雕、彩绘多以地方戏曲折子戏为主要内容，所以俗称花戏楼。亳州花戏楼始建于清顺治十三年(1656)，位于亳州城北关隅咸宁街，花戏楼路的最北边。花戏楼为山西商人王璧、陕西商人朱孔领发起筹建，后经康熙、乾隆两朝共百余年多次扩建。1988年1月13日被国务院批准为第三批全国重点文物保护单位。

亳州花戏楼，以其砖雕、木雕称绝。其砖雕位于大关帝庙山门正面墙壁，属晋派微雕艺术。即使人物小如花生米粒，也能栩栩如生，神态各异。在寥寥数十平方米的水磨砖上，雕有52幅作品，共雕人物115个，禽鸟33只，走兽67只，组成《李娘娘住寒窑》《三顾茅庐》《白蛇传》《郭子仪做寿》《吴越争霸》《达摩渡江》《老君炼丹》《魁星点元》等各幕戏曲故事和民间典故。

花戏楼戏台上方的藻井中有彩绘九幅，绘有“龙凤呈祥”“鹤舞朝阳”“鹿灵献寿”等彩绘图案。抱柱之间有两重大枋，枋上有木雕，主要内容是三国戏文十八出，比如《长坂坡》《割须弃袍》《七擒孟获》《击鼓骂曹》《三气周瑜》《曹操刺董卓》《空城计》《千里走单骑》《华容道》《凤仪亭》等。由于木雕的彩绘使用的是民间已经失传的“一色三套平涂”的彩绘技法，所以历经岁月风霜却仍色彩艳丽，显示出古时彩绘技艺的高超。

谯望楼，位于城里。清光绪《亳州志》云：“谯望楼，魏武所建，子建作《画角三弄》。”画角就是古代的一种乐器，形如竹筒。明代国子监祭酒胡俨在《谯楼画角三弄记》中说：“画角之曲有三弄，乃曹子建所撰。其初弄曰：‘为君难，为臣亦难，难又难。’次弄曰：‘创业难，守成亦难，难又难。’三弄曰：‘起家难，保家亦难，难又难。’”楼早圮，遗址犹存。如今，亳州市在原谯望楼遗址附近的运兵道出口建设谯望楼。谯望楼是一座仿汉主体建筑，地下一层，地上六层，地上六层分别为建安文学馆、序厅、书画厅、服饰厅、乐府厅、赋诗厅。地下一层为地下长城——曹操运兵道的展厅。

咸平寺，在城里大寺巷口西北。清道光《亳州志》云“初建于唐，名崇因寺”，俗称“大寺”。但据寺内出土石碑记载，此寺建于北魏年间，北齐称建崇寺，北宋改称咸平寺。明洪武二十八年(1395)、嘉靖二十三年(1544)曾两次重修，经楼碧宇，巍然庄严，气势恢宏，为亳州第一名寺。寺内藏有赵孟頫“北陇耕云，南溪钓月”石刻和梁巘《贝叶经题跋》《姜公救灾记》等石刻。据乾隆三十五年知州孙维龙《重修咸平寺碑记》所记载，咸平寺原规模宏大，“寺前三门，门三涂，殿崇九楹，阶五级。千佛阁峙其后，高数仞”。由廊而东为资庆阁，由东而北有春秋阁、文昌阁、地藏王殿，其西为诸僧斋舍，东为住持之室——方丈，方丈左有精舍数楹，为游人休憩之处。寺内原塑十八罗汉、四大天王，毁于1953年和“文革”时期。

华祖庵，又称华祖庙，是祭祀东汉末年杰出的医学家华佗的庙祠。华祖庵始建于唐宋年间，整座院落分为庙祠、故居、古药园三部分。庙祠的照壁上是郭沫若手书的“华佗纪念馆”字样，里面供奉华佗塑像，碑廊上镶着古今名人为华佗题写的诗文。庙祠内外双狮雄踞，古木虬枝盘空，殿宇辉煌，肃穆庄严。古药园内，种满芍药、牡丹、白菊等药草，成为中华药都的一个缩影。

道德中宫，又名老祖殿，在今亳州市老子殿街，始建于唐，重建于明万历年间，为纪念老子的宫观。内有老子《道德经》石刻，并陈列有关老子的文献资料。宫前有问礼巷，传说是当年孔子向老子问礼之地。现有山门三间，上题“道德中宫”四字，中殿礼人祖，后殿奉老子，有高3.1米的老子像。东院有殿三间，敬鲁班，门题“紫气东来”，西院有殿三间，敬财神，门题“青牛西渡”。道德中宫现已被列为省重点文物保护单位。

三、“三曹”故里

历史的画卷中，总会有一些人留下浓重的色彩。东汉末年的亳州，有这样三个人：为父者，策马扬鞭，南征北战，统一北方，千百年来褒贬不一；为兄者，励精图治、体恤民情，可惜天妒雄主，英年早逝；为弟者，天资聪颖，才气过人，七步成诗名动天下。 这三人便是曹操、曹丕、曹植。

1.清平之奸贼，乱世之英雄——曹操

曹操(155—220)，本名吉利，字孟德，小名阿瞒，豫州刺史部谯(今安徽亳州)人。 东汉末年杰出的政治家、军事家、文学家、书法家，曹魏政权的奠基人，被尊为魏武大帝。

曹操不仅是建安时代政治上的明星，还是文坛的领袖，是魏晋文学的代表人物，被鲁迅誉为“改造文章的祖师”。 曹操的诗悲凉慷慨，气韵沉雄，继承了汉乐府诗的风格，开创了一代文风，喜欢用诗歌、散文来抒发自己的政治抱负。 中平元年(184)，曹操大败黄巾军，随后迁为济南相。 后又迁为东郡太守，拜为议郎。 当时，东汉官场黑暗，吏治腐败，曹操不肯迎合权贵，遂托病回归乡里，隐居亳州，春夏读书，秋冬弋猎。 不附权贵，忧怀天下，这深深地体现了曹操的政治抱负和平生志向。

作为曹操故里的亳州，曹操曾多次治军于此。 建安七年(202)正月，曹操驻军谯县，颁布《军谯令》。 建安十四年(209)三月，曹操至谯县，做轻舟，治水军。 七月，曹操率水军自涡河入淮河，出淝水，驻军合肥，开芍陂屯田。 十二月，曹操引军还谯县。 现今，亳州城西北隅有拦马墙和饮马坑遗址，其中拦马墙高 1.5 米，长 30 米，其南有一大水塘为饮马坑。 拦马墙西有一条长 1 华里的马场街，这一遗址便是曹操当年饲养军马的地方。 当然，曹操在亳州留下的军事遗迹中，最有名的便是地下运兵道。 运兵道位于亳州古城地下，以大隅首为中心，向四面延分别通达城外，是曹操根据军事需要而专门修筑的地下军事战道。 运兵道立体分布，结构复杂，是我国现存历史最古老、保存最完整的地下大型军事设施，也是古代地道战术的总汇，被誉为“地下长城”。

2.文武兼备，有为君主——曹丕

曹丕(187—226)，字子桓，沛国谯县(今安徽亳州)人。 曹操次子，曹操与正室卞夫人的嫡长子。 三国时期著名的政治家、文学家，曹魏的开国皇帝。

亳州也是曹丕曾经挥马扬鞭的地方。 延康元年(220)七月，曹丕驻军于谯县，在邑东大飨六军及家乡父老百姓，日夕方散。曹丕下令立“大飨碑”于城东，刻字记事，并免谯县租税二年。魏黄初二年(221)，曹丕诏以谯(县)为陪都。是年，曹丕大徙民众至谯县屯田。黄初六年(225)五月，曹丕至谯县，八月，率军自谯循涡入淮伐吴。曹丕在位时期，打击东吴，抑制蜀汉，平定了青州、徐州一带的割据势力，最终完成了北方的统一。

曹丕自幼文武双全，博览经传，通晓诸子百家学说。多次临谯，自然也有作品与亳州有关。比如，建安八年(203)，曹丕至谯县，作《临涡赋》。曹丕在诗、赋、文学皆有成就，其诗一变其父悲壮之习，颇有文士之气，情感更为细腻，语言更为工丽，音韵更为和谐，形式更为多样。其《燕歌行》是现存最早的七言诗。此外，曹丕的《典论·论文》是中国最早的文学理论与批评著作。今存《魏文帝集》二卷。

3.才据八斗曹子建，七步成诗天下惊——曹植

曹植(192—232)，字子建，曹操与武宣卞皇后第三子，曹丕的弟弟。曾封为陈王，死后谥“思”，故世称陈思王。

曹植天资聪颖，才气逼人，早年即有“绣虎”的雅号，颇得曹操喜爱。当年谯望楼筑成，曹操命曹植作歌以记之，曹植便作《画角三弄》，深得操意。但曹植在政治上是失败的，是失意文人的典型。其诗歌哀而不伤、窈窕深邃、温丽悲远，兼有其父气盛之势和其兄华丽之风。在建安文人中，曹植作为建安文学的代表人物之一与集大成者，不仅是第一位大力写作五言诗的文人，也是其中留存作品最多、对当时及后代的影响最大、后人评价最高的人。在两晋南北朝时期，其文章被推尊为典范。谢灵运曾说道：“天下才有一石，曹子建独占八斗。”“诗仙”李白亦对其推崇备至，说道：“曹植为建安之雄才，惟堪捧驾。天下豪俊，翕然趋风，白之不敏，窃慕余论。”总之，曹植是历史上少见的文学天才，堪称旷世奇才，古来罕见。其代表作有《洛神赋》《白马篇》《七哀诗》等，皆收录在《曹子建集》中。

四、明清时期繁荣的商业

亳州历史上经济繁荣、手工业发达，是黄淮之间的贸易重镇。亳州依涡河水运，春秋时期即邻县物产重要交流地。唐宋时，成为“南北通衢，中州锁钥”。明清至民国初年，亳州商业十分繁荣，成为苏鲁、豫皖、山陕、湖广等省商品的集散地，是皖北地区一大商埠。

亳州商业的繁荣主要得益于其地理条件，有涡河航运之利，上连惠济河至开封，下注淮入江。陆路交通也十分发达。根据明代黄汴的《一统路程图记》和程春宇的《士商类要》记载，途经亳州和以亳州为终点的陆路有两条，水路有一条。陆路一条为淮安府由荆山至亳州，另一条由徐州经永城至亳州。水路是由淮安经南河至汴城。

康熙年间，文学家钮琇在《觚剩》一书中写道：“亳之地为扬豫水陆之冲，豪商富贾，比屋而居，高舸大艑，连樯而集。花时则锦幄如云，银灯不夜，游人之至者，相与接席携觞，徵歌啜茗。一椽之僦，一箸之需，无不价踊百倍，浃旬喧宴，岁以为常。”虽然记载可能有些夸张，但也一定程度上说明了亳州商业的繁荣。当时，亳州城内会馆众多，店铺星罗棋布，且城内商品多集中经营，形成一物一街、一品一巷的格局，逐渐形成了白布大街、竹货街、打铜巷、耙子巷、牛市、驴市等专业市场。同时，亳州手工业部门齐全，作坊、匠铺遍及城乡，主要有纺织、白酒酿造、粮油加工、纸扎、制毡、制作家具、农具等。

清朝时期，依靠便利的交通，亳州逐步发展成全国的四大药都之一。当时，来自山陕、徽州、两湖、浙江、金陵等地的药商汇集于此。药材市场内，药商摩肩，行栈毗连。到了清末，亳州有药行20余家，它们资本雄厚，销售动辄三十票、五十票(每票一万斤)，客户遍及多个省市，常住客商几十家，往来红车数百辆。

亳州商业繁荣还有一个表现，是会馆和钱庄的出现。亳州商业发达，晋商、徽商、两湖商人汇集于此。随着来亳经商人员增多，商人们为了各自经营方便，及时交流商业信息，妥善解决纠纷，维护权利等，纷纷筹建会馆。亳州的商业会馆，最多时有30余处，这些建筑大多建于清朝。最早的山陕会馆，始建于清顺治十三年(1656)。商业的发展，自然也需要金融支持，亳州的钱庄，最早也是山西人开的，至孙殿英祸亳前，亳州已有钱庄32家。现留存最有名的钱庄，当属亳州明清老街上的南京巷钱庄了。沧海桑田，物是人非，至今仍存的会馆和钱庄旧址，便是亳州历史上商业繁荣的最好印证。

五、美酒与美食

一方水土一方人，文化烙印身上存。 无论走到哪里，具有亳州特色的饮食习惯已深深扎根于每一个亳州人的精神世界里。 亳州地区历史悠久，文化底蕴深厚，自古以来便流传着许多特色酒食。

1.古井贡酒

古井贡酒是亳州传统名酒，属于亳州地区特产的大曲浓香型白酒，有“酒中牡丹”之称，被誉为中国八大名酒之一。 古井贡酒四次蝉联全国评酒会金奖，荣获中国名酒称号。 1988 年在第 13 届巴黎国际食品博览会上荣登榜首，2013 年古井贡酒酿造遗址被国务院列为国家重点文物保护单位，2013 年古井贡酒荣获 2013 品牌中国华谱奖。

古井贡酒具有 1800 多年的酒文化历史。 据考证，古井贡酒始于建安元年(196)。 当时的魏国丞相曹操将家乡亳州的特产“九酝春酒”①及酿造方法献给汉献帝，自此，该酒便成为历代宫廷用酒。 南北朝时，在亳州的减店集(今古井镇)，人们发现一口古井，井水清冽甜美，人们用此井水泡茶，茶水爽口润喉，回味无穷，用此井水所酿之酒，十里飘香，因此古井声名大噪，被称为“天下名井”。 明代万历年间，阁老沈鲤在万历帝的庆典上，把“减酒”当作家乡酒献给圣上，万历帝饮后赞不绝口，钦定此酒为贡品，命其年年进贡，“贡酒”之名由此而得。

2.亳州牛肉馍

相传亳州牛肉馍在清朝时便产生了，是花戏楼附近的李姓回民所创，至今李氏传人仍在制作，一百多年来一直深受人们喜爱，是药都的特产之一。牛肉馍是直径 35—40 厘米、厚 3—5 厘米的圆形饼，因此要把它放在特制的圆形平底锅内，并兑上清香油用文火细炕，且需不断地翻转，约 30 分钟即可。熟透的牛肉馍外壳油亮亮、光灿灿的，入口时能发出脆响，里面的馅儿分多层，层层鲜嫩而不油腻，口味绝佳。

---

① 曹操在《奏上九酝酒法》中说:“臣县故令南阳郭芝,有九酝春酒。”

牛肉馍因其独特的美味深受人们喜爱，也正因为如此，它一直历久弥新。每天清晨，城区各个牛肉馍的摊点都会荡漾着扑鼻的香味。人们边吃边聊，就像广东人喝早茶一样富有诗意。亳州牛肉馍在亳州人心里犹如河南人对胡辣汤、四川人对火锅一样，深深印刻在每一个亳州人的心底。

六、中华“药都”与养生文化

亳州，天下道源，华佗故里，同时又是中国四大药都之一，自古以来便与中医药和养生文化有着千丝万缕的联系。来到亳州，你可以看到，数万亩芍药、牡丹争相开放，药香弥漫；千人共聚一处，习做五禽戏，讲演练武；药商络绎不绝，千金一掷，只为得到心仪的药材。亳州，不愧为中华药都和养生之地。

1.中华药都

作为中华药都之一，亳州有着悠久的医药种植历史。周初，周武王褒封神农氏后裔于焦(今亳州市城区)，置焦国。后神农后裔在此建神农衣冠冢，种植药材以疗疾病。汉代以后，当地已广泛种植中草药，且经久不衰。东汉杰出医学家华佗在家乡谯县(今亳州市谯城区)辟药园、凿药池、建药房、种草药，并首创麻沸散，在世界上最早实施外科麻醉手术。明清时期，亳州中药材种植种类增多，面积扩大，尤以白芍为最。清初，亳州种药农户有2000多户，乡间种植药材以顷亩论。清朝人刘开有诗云：“小黄城(今亳州市谯城区)外芍药花，十里五里生朝霞。花前花后皆人家，家家种花如桑麻。”就是对当时亳州广泛种植中药材的生动描绘和真实写照。清初，亳州成为“南北通衢，中州锁钥”，境内的涡河优势得天独厚，使亳州成为苏鲁豫皖商品集散中心和中药材集散地，并逐步发展成全国的四大药都之一。各地药商纷纷到亳开店设坊，街面上，前店后坊式的药店、商、行、号、栈鳞次栉比。

新中国成立后，在历次全省中成药、饮片的产量质量大检查中，亳州草药名列前茅。特别是改革开放以来，亳州中药产业发展迅速。1995年1月12日，国家主席江泽民为亳州题词“华佗故里，药材之乡”，进一步提升了药都亳州的知名度和影响力。

随着药材销售业务的扩大，老药材市场的管理和基础设施不能满足药材市场的发展。2010 年 4 月，康美药业从原世纪国药股份有限公司手中收购并接管了亳州市中药材交易市场。在亳州市政府的大力支持下，康美药业斥资 30 亿元在亳州南部新区着手打造建立国际化现代化的中药材专业市场——康美(华佗)亳州中药城。该中药城于 2013 年 11 月 24 日盛大开业，占地为 1000 亩，建筑面积 120 万平方米，是目前全球最大的一站式中药材交易中心。康美(华佗)亳州中药城的建立，在国内同行业引发了聚集效应，上海雷允上、张仲景药业、珍宝岛药业、九州通药业、太安堂药业等国内知名药企也纷纷前来亳州投资兴业。凭借着市场优势，拥有十万药商、百万药农的亳州中医药产业一路飘红，达到了工农商全面发展的鼎盛时期，市场年交易额突破 300 亿元。

随着中国亳州康美(华佗)中药城知名度愈来愈高，影响力的大幅度提升，亳州中药产业翘楚地位愈加稳固，成为名副其实、享誉中外的“中华药都”。

2.五禽戏与养生文化

五禽戏是神医华佗创编的一种中国传统导引养生的重要功法，分为虎戏、鹿戏、熊戏、猿戏、鸟戏，分别仿效虎之威猛、鹿之安舒、熊之沉稳、猿之灵巧、鸟之轻捷，力求蕴涵“五禽”的神韵。据记载，华佗在《庄子》记载的“二禽戏”基础上创编了“五禽戏”。其名称及功效据《后汉书・方术列传・华佗传》记载：“佗语普曰：‘……吾有一术，名五禽之戏，一曰虎，二曰鹿，三曰熊，四曰猿，五曰鸟。亦以除疾，兼利蹄足，以当导引。体有不快，起作一禽之戏，怡而汗出，因以着粉，身体轻便而欲食。’普施行之，年九十余，耳目聪明，齿牙完坚。”因具有养生导引和强身健体的功效，五禽戏广为流传并形成了不同的流派。在华佗故里亳州，所习五禽戏主要是董文焕和刘时荣所传，在华祖庵，每天都有五禽戏传人向游客展示五禽戏，诉说它的微妙神奇。2006 年，华佗五禽戏被列为省级非物质文化遗产项目，2011 年又被国务院列为第三批国家级非物质文化遗产项目。五禽戏现已被纳入亳州地区中小学体育学习内容之中，每年的五禽戏比赛交流更是让五禽戏在亳州地区被很好地传承下来并不断被发扬光大。

除了丰富的药材资源，亳州城区还有着大量的医疗温泉资源，有着自古流传的药食同源料理。近年来，为了弘扬和传播医药养生文化，亳州依托丰富和独特的养生文化资源，每年都会举办中国(亳州)芍花养生文化旅游节、汤王温泉养生文化节、汤王温泉圣诞狂欢节等旅游文化节。在亳州，你可以学习真武八段锦、华佗五禽戏，强身健体；可以观赏打破吉尼斯世界纪录的芍药花田，倾心于芍药花的药香和艳丽；可以品尝到黄精甲鱼、阿胶牛腩、参枣炖鸡、水晶薄荷、桑葚秘制肉、茯苓八宝鸭等特色药膳。

第三节　颍淮善郡　魅力阜阳

阜阳，古称汝阴、顺昌、颍州，是一座拥有2000多年历史的文化名城。阜阳地区地理位置优越，既是安徽省的西北门户，又是豫、皖、苏、鲁及南北交通的枢纽，史称“襟带长淮，控扼陈蔡”，“东连三吴，南引荆汝”，系“梁宋吴楚之冲，齐鲁汴洛之道”，“淮海内屏，东南枢辖”。阜阳民风淳厚，人文荟萃。阜阳剪纸、花鼓灯、彩陶等8项非物质文化遗产入选国家非物质文化遗产名录，先后被评为“中国书法城”“中国柳编之乡”“中国民间杂技艺术之乡”“中国民间剪纸艺术之乡”。出土的商代青铜器龙虎尊被列为十大国宝青铜器之一，阜阳汉简入选国家首批珍贵古籍保护名录。

一、久远的历史沿革

阜阳历史悠久，最初为胡国，建立于夏朝初年。胡国属于淮夷集团，与王室保持相对的独立，后来成为楚国的附庸。公元前495年，楚国灭掉胡国，改为县。秦朝，在今阜阳境内置汝阴县、寝县、新阳县，属陈郡。西汉时期，县名未改，改属汝南郡。三国曹魏时期建汝阴郡，后被撤销，并入汝南郡。西晋初年，重建汝阴郡。此后，直到南北朝北魏太和十八年(494)，其间虽属国不同，但一直为汝阴郡。北魏孝昌三年至武泰元年(527—528)称颍州，这是阜阳历史上建州最早的记录。东魏天平二年(535)，阜阳归东魏，又改为汝阴郡。东魏武定七年(549)重置颍州。北齐废州，仍为汝阴郡。

北周又置颍州。隋文帝统一中国后，仍置颍州。隋炀帝大业三年(607)，改州为郡，颍州又改称汝阴郡。

唐高祖武德四年(621)，为表彰郡民江子建率众抗击李密部将房献伯的功绩，将汝阴郡改为信州，江子建为刺史。武德六年(623)复改为颍州。此后唐朝不管是改州为郡，还是改郡为州，州治、郡治均没有变化。由唐末至清代，颍州之名基本固定。其间，北宋末期，宋徽宗政和六年(1116)，因宋徽宗的父皇神宗皇帝曾封颍王，颍州为神宗“龙飞之地”，故升为顺昌府。到1160年金军占领后，复改顺昌府为颍州。1236年，蒙古军侵入淮西，占领颍州。自此，阜阳归于蒙古人统治。颍州隶属于河南江北等处行中书省汴梁路汝宁府（治所在今天河南的汝南县），辖汝阴、泰和、沈丘、颍上四县。元至元二年(1265)，裁撤四县并入颍州，后恢复太和、沈丘、颍上三县，仍辖于颍州。至顺元年(1330)析颍州南部设颍水县(今阜南县内)，至正十一年(1351)刘福通率领颍州红巾军破颍州，焚颍水县，县废。

至正二十六年(1366)，朱元璋派军队攻克颍州、亳州，占领了这一地区。洪武二年(1369)，裁撤沈丘、颍水二县，辖区并入颍州。洪武四年(1371)，朱元璋扩大临濠府管辖区域，将颍州(辖颍上、太和二县)划入。亳州在元末属于河南江北行省的归德府统辖。洪武元年(1368)，为贯彻“散州不设附郭县”的建置原则，裁撤谯、城父二县，并入亳州。洪武二年(1369)降亳州为亳县。洪武六年(1373)将亳县改属颍州，这次更动使颍州辖境扩大到涡河流域。弘治九年(1496)，亳县复升为州，隶属于凤阳府。至此，颍州东部的辖境又恢复到原来的范围。

清军入关后，于顺治二年(1645)占领颍州。同年，改南直隶为江南省，颍州属江南省凤阳府。康熙六年(1667)，安徽正式建省，颍州属安徽省凤阳府。雍正二年(1724)，颍州(辖颍上、霍邱二县)与亳州(辖太和、蒙城二县)同时升为直隶州，直属安徽省。雍正十三年(1735)，升颍州直隶州为颍州府，原州地附廓建阜阳县。同年，亳州降为散州，改隶颍州府，太和、蒙城亦归颍州管辖。自此，历史上南颍北亳、两州并立的局面不复存在。同治三年(1864)，从亳州东部划出十三保九十六圩，阜阳北部划出四集二十五圩，蒙城西划出十五保四十五圩，宿州南部划出十九集四十六圩成立涡阳县，属颍州府。 至此，清代颍州府共辖六县一州。

二、历史记忆中的颍州古城

阜阳自秦代开始以“汝阴”名置县，有县必置城。 秦代的汝阴城在今天的什么位置？ 从多年的调查材料看，今阜阳老城区范围内，迄今还没有发现汉代以前的城址遗存。 所以，这个“秦汝阴城”并不在今天的阜阳北古城位置。《水经注·颍水》记载的“汝阴郡治”在现在的阜城皖西北商贸城一带。2003 年 11 月，瑶海大市场挖排水沟管道时，在一处旧称为“胡台子”的地方，发现了一大批汉代以前的大型建筑构件及陶器遗物。 此类只有大型宫殿才会使用的建筑构件的出土，表明本地汉代以前确有宫殿建筑群存在，应是指秦代的汝阴县废城。 先秦以来设县置邑，多沿用或改造前代旧城为县邑。为什么秦代的汝阴县城没有选在春秋胡国故城遗址上建设呢？ 主要是因为春秋时期胡城屡遭严重破坏，至秦代已失去了实际利用价值。 胡国曾趁楚“柏举之役”的亡国之际，大肆劫掠侵吞楚之城邑、疆土。 这种行径为楚人所不能容忍，所以楚国在解除危机之后，便对胡国采取了“诛君臣、毁宗庙、绝社稷”的彻底毁灭之策，当然更不会放过象征诸侯国存在的景观建筑。

阜阳古城北区的历史，最早可追溯至西汉初的汝阴侯国时期。 1990 年 3 月，阜阳北古城文昌阁建筑工地一号楼挖楼地基时，在距地表 2 米至 3 米处，发现了大量的筒瓦、板瓦、瓦当、铺地方砖等建筑构件，经确认，是一处大型汉代建筑宫殿遗存。 虽未对遗存全面清理发掘，但因有较多的西汉“女阴（汝阴）宫当”“安乐富贵”铭文瓦当出土，结合早期文献记载及阜城西南郊罗庄一带有汝阴侯家族墓地存在的史实，仍可认证此处即西汉汝阴宫殿遗址的分布范围。 进而表明，汉代的汝阴城位置，就在今阜阳北古城一带。 今阜阳北古城的规模，南北长 850 米，东西宽 450 米，折合面积约 38 万平方米。这个规模布局，自明代城池砌筑砖墙以来基本没有变化。 汉汝阴宫殿遗址——西汉朝廷赐封给汝阴侯夏侯氏的宅第位于今北古城的南部。 汉初列侯就国后，为加强安全防御，便于日常管理，一般都要筑城凭险以自守，而列侯的住宅自然要位于这个“侯国之城”的显要位置。 另外，侯国之城内还有居民区、手工业作坊区、街道或“市”等功能分区。通过以上分析，可推知阜阳北古城范围内的汉代建筑群布局特征：南部70%的面积为汝阴侯私宅——汝阴宫殿区；北部30%的面积则应分布有侯令长官署、居民区、作坊区、街市等。上述结论并非仅凭猜定，阜阳西南郊第二代汝阴侯夏侯灶夫妇的合葬墓中，出土的铜器、漆器、封泥等部分随葬器物上多见刻有“府库”“汝阴府库”“汝阴库”及府库监官、铸造工匠名的铭文。今北古城东郊的阜阳人防工程基建工地，曾出土一批有“汝市”戳印款的西汉早期陶器。凡此可证，当时的汝阴侯国内，设有自己的漆器生产、铜器铸造、陶器烧制、金银器加工等手工业作坊，并有专门的府库与管理人员、专业工匠。这些手工业作坊区、居民区及承担侯国物品流通交易的“市”等，不大可能全部设置在汝阴侯住宅区内，因而北古城北部约30%的区域面积，便有了存在的理由。夏侯氏家族封国侯爵传四代，历经高祖、高后、惠帝、孝文、孝武五朝，至武帝元鼎二年末代汝阴侯坐罪除国，前后共86年。经夏侯氏家族八十余年的建设经营，“汝阴城”终成为西汉“内郡”区一处功能分区合理、城防体系完备的城池。这样，西汉汝阴侯“侯国之城”的框架轮廓便可厘定。这个“汝阴城”的空间格局，奠定了后世阜阳北古城之千年根基。

夏侯氏汝阴侯国消亡后，象征侯国存在的官僚制度、管理机构及官邸、府库、工官作坊、祭祀场所等悉遭摧毁，但城防体系仍在。此后汝阴设县，收归汝南郡管理。《汉书·地理志》记载，汝南郡辖三十七县，郡都尉设置于汝阴城。都尉是汉代行政编制中的重要军事机构，掌管一郡武事，《汉书·百官公卿表》记载：“郡尉，秦官，掌佐守典武职甲卒，秩比二千石。有丞，秩皆六百石。景帝中二年更名都尉。”汉代兵役有正卒、戍卒、更卒三类，内郡正卒负责郡县内戍守之事，是地方常备军。汉代都尉作为中央政府设置的郡内最高的军事指挥官，秩比二千石，可以像太守一样开府治事，汝南郡都尉与郡守(郡治在平舆)别治两地，都尉府设在汝阴城。都尉府除掌握一郡之军事力量外，还设有专门的官僚系统，都尉的副官都尉丞由中央政府任命，下辖门下属吏系统和诸曹属吏系统的属僚，和郡守属僚系统相似。汉代都尉治所，因是军事管理、守卫机关所在，安全防御攸关，选择地多系军事要塞重地，所在城池均具有“军事堡垒”属性。此类城池的规模、面积不一定太大，但均设置在易守难攻的险要之处，城池的防御设施也是不惜人力物力，作了刻意构筑，用“城高池深”“固若金汤”形容是不过分的。为什么汝南郡在三十七县中选择了汝阴城作为都尉治所？显是缘于汝阴地理位置优越及城池有夏侯氏家族八十多年的良好经营基础，而都尉治所自身的不断建设，又进一步强化了汝阴城的军事防御功能，这是当时汝南郡其他城池所不具备的。

魏晋至明代以前的千余年间，阜阳的建制沿革大体是清楚的，但作为区域“首府”的城市面貌及变迁情况，文献、考古材料阙疑甚多，目前尚无法勾勒出城区规模与功能布局轮廓。西晋、东晋至南朝宋，阜阳城仍以汝阴称之，其间，作为郡、县及诸侯王国治所，经历多次更易变迁。宋明帝失淮北地后，汝阴被南北政权反复争夺，至北魏孝昌四年，北魏改汝阴置颍州，仍以汝阴古城为治所。南北朝之际，淮河流域是兵火冲荡的重灾区，官民躲避战乱逃亡他乡的现象十分严重，阜阳置身其中，自然亦深受天灾人祸之害。兵火战乱对社会生产力、社会生活秩序及传统城市设施造成巨大破坏，而政权的频繁角逐更易、社会经济基础的动摇，又使得占有汝阴城池者不愿意、亦无能力对城市设施作长久性的维修加固，更谈不上对这座千疮百孔的古城进行大规模的建设了。

唐代是我国封建社会发展繁荣的高峰期。这一时期，颍州城规模布局及城防设施，应该是较前代有较大建设改造。不过，晚唐至五代兵革肆虐，黄巢农民起义军的数度攻袭、诸多割据政权反复攻守劫掠，对颍州城造成了严重破坏，盛唐时期既有的城市建设成就，此期亦无完存。北宋定都开封，颍、寿、陈、蔡是当时著名的京畿经济富庶之地与文化昌明之乡，一批文豪重臣执政颍州，促进了地方经济建设，城市的建设维护状况亦应有所改观。目前，尚未见到详记宋代颍州（顺昌）城城防建设与城内建筑设施布局的准确资料。不过，从宋金顺昌之役的文献记载中，可推知当时的城防构筑还是十分坚固的，否则十万金兵主力缘何破不了城？宋金时期的颍州（顺昌）城规模不大，主要还限定在汉代汝阴城——今北古城的空间框架内。宋杨汝翼的《顺昌战胜破贼录》记载，顺昌之战前，刘锜率领的宋军为了不扰民，曾驻防在子城外的寺庙等建筑群中。据阜阳市文史研究专家刘奕云、韩自强结合颍州开元寺钟铭、文献等资料考证，刘锜当时驻防的罗汉院、普寺、毗卢院、台头寺、维摩院等建筑分布在顺昌城城外，当时的顺昌府南门就在现在的鼓楼一带，这一结论无疑是正确的。

明初，全国兴起一次大规模的建城运动，从京师到府、州、县城等不同等级的城市，在此期间都实施了制度性重建。在这个大背景下，颍州城不仅在北部古城城池用砖石进行大规模甃砌，加高加宽了城垣，还增筑了南砖城，一次性将城池规模扩大至旧城的一倍有余。不仅如此，城内衙署、孔庙、学校、祠庙、祭坛等建筑，也进行了建设，奠定了其后六百年颍州城规模布局的基础。明代颍州的大规模扩建改造，与国家实行军事卫所制度有关。明洪武时期，天下已定，为满足壮大武力、扩充兵员的需要，强化中央政府对地方的控制，朱元璋开始设置卫所，军民分籍，实施“卫所制”。当时军队组织有卫、所两级。一府设所，几府设卫，卫设指挥使，统兵士五千六百人，卫下有千户所，千户所下设百户所。各府县卫所归各指挥使司都指挥使管辖，各都指挥使又归中央五军都督府管辖。当时的颍州辖太和、颍上两县，属南京凤阳府，人员混乱，盗匪众多，社会治安很差，因而朱元璋在此设“颍川卫”，卫总指挥为李胜。关于明初颍州扩建城池的情况，清乾隆《颍州府志·建置》记载：“明洪武年间，命指挥佥事李胜重筑，高一丈八尺，环四里，砖甃。北门临颍河，额曰‘承恩’……万历二年，州守赵世相筑南城，与旧城合二为一，环五里四十四步，共九里四十四步。北门仍旧，东西南三门俱在。新城东曰‘宜阳’……新城为土城，俱甃以砖。四门旁各有卫厅，为军门栖止。”明代构筑扩建的颍州城颇具规模，城垣高大壮观，敌楼巍峨高耸，环濠宽阔深陡，安全防御设施险固实用，在明代以来的多次战争中经受住了洗礼。

清代的颍州城，保持了明城的规模布局并屡有修补加固，遂以易守难攻称著于皖北、豫东一带，若非人为因素无以守城，攻城者破城实属不易。抗日战争期间，为避免日军轰炸时城内居民疏散不易，安徽省府委派国民革命军副师长赖刚与阜阳县县长李建文主张拆城御敌。据说，当时征集民工两万人，环城四面动工，先拆城墙砖，继而拆除城上的建筑，城墙土隍平其过半，自此阜阳古城墙等建筑彻底消失。

三、颍州西湖的历史变迁

中国古代湖名为“西湖”者众多，较著名的西湖有36处，至今仍存的西湖有31处。在这些西湖中，以杭州西湖、颍州西湖和惠州西湖最为著名。宋代文豪苏东坡有诗云：“大千起灭一尘里，未觉杭颍谁雌雄。”这充分说明了当时颍州西湖的盛景。颍州西湖位于今天阜阳市颍泉区生态园西，早期只是一个自然湖泊，除了调剂水量，用于灌溉、排水之外，基本上没有别的利用价值，加之黄淮平原陂塘众多，河渠交错，湖泊并不罕见，也就没有受到特别重视。

颍州西湖的真正兴起，在盛唐时代。诗人许浑留下一首《颍州从事西湖亭宴饯》：“西湖清宴不知回，一曲离歌酒一杯。城带夕阳闻鼓角，寺临秋水见楼台。兰堂客散蝉犹噪，桂楫人稀鸟自来。独想征车过巩洛，此中霜菊绕潭开。”从诗中所描写的情景看，当时的颍州西湖紧靠州城，不仅有亭台楼阁，而且有画舫游船，有游人游玩，成为玩赏胜地。

颍州西湖在宋代曾极度繁荣。北宋许多著名学者、政治家、诗人在颍州为官或游玩，留下了大量的诗词歌赋，修筑了许多著名的人文景观，使得颍州西湖成为天下闻名的风景名胜。欧阳修知颍州时，曾以颍州西湖为题材写下了大量的诗词，其中《采桑子》十三首最为精美，其中第一首写道：“轻舟短棹西湖好，绿水逶迤，芳草长堤，隐隐笙歌处处随。　　无风水面琉璃滑，不觉船移，微动涟漪，惊起沙禽掠岸飞。”欧阳修于皇祐二年（1050）正月初七在聚星堂宴集宾客，主宾先是分韵赋诗，接着又赋室中物、席间果、壁上画像，诗成编为一集，流行于世，成为北宋文坛的一大盛事。

金元之际，颍州西湖开始被冷落，考其原因，就在于南宋初年，宋、金在这一带展开了长达数十年的拉锯战，对此地造成了严重破坏。双方军队忙于打仗，民不聊生，湖上不仅无人游玩，甚至湖滨建筑的可用部分都有可能被拆下烧火或移作他用，可以想见，当时湖上那一派破败荒凉的凄惨景象。北宋一百多年的和平给颍州西湖带来的似锦繁华，顷刻之间被扫荡殆尽。

然而，金人统治时期，颍州西湖受损的只是湖面上的建筑，真正给西湖带来重创的，是南宋末年元军决黄河以淹宋军的一次战役。蒙古军于宋端平元年(1234)灭金后，为了水淹宋军，“决黄河寸金淀之水”，这是黄河南泛后第一次影响到颍河。明清之际，受黄河南泛、围湖造田等因素的影响，湖面由前代的“水深莫测、广袤相齐”缩小到明朝的“长十里、广三里”，再缩小到清康熙年间的“袤十余里、广二里”。而到了乾隆年间，只有“水面八百九十四亩”，面积只有康熙年间的百分之十二，明正德间的百分之七，大大小于宋代时的面积，简直就是一个小水塘了。

真正让颍州西湖从地图上彻底抹去的，当“归功”于1938年国民党军队炸开郑州花园口大堤，企图阻止日军西进南下的那一次灾难。1938年6月9日，国民党军队先挖掘、后炮轰，炸开了郑州花园口黄河大堤，黄水直泄而下，同时天降暴雨，黄河南岸立刻淹没在一片汪洋之中。这次人为的黄灾，虽然淹死了不少日军，阻挡了日寇南侵的猖狂势头，但也给淮河流域的人民带来了巨大灾难。连年的水患带来的大量泥沙沉积于湖底，水面被湮平，亭台楼阁被冲倒，加上战乱期间无人疏浚，昔日繁华的颍州西湖，很快成了荒无人烟的黄泛区，只留下大片滚滚黄沙供后人凭吊。

四、丰厚的历史遗存

阜阳是淮河流域开发较早的地区之一，历史积淀厚重，古迹遗存丰富。出土有国宝龙虎尊、汉简，名胜古迹有资福寺、文峰塔、魁星楼等。

1.龙虎尊

1957年6月的一天，阜南县朱寨区常庙乡社员徐廷兰在润河湾边撒网捕鱼，网被河里的东西挂住，挣拉不脱。为了解脱撒网，他便蹚水下河，顺网摸到河里后发现淤泥中有硬东西挂住了渔网。他解脱渔网后，返家取锨将那些硬东西挖了出来，原来是大小不等的八件青铜器。消息传出后，惊动了附近的社员，大家纷纷前来参观，但谁都认不出是什么东西。县文化馆闻讯后，立即与省里联系，省博物馆马上派葛介屏等同志前来，会同县文化馆的同志前往现场。通过鉴定，八件青铜器分别为：龙虎尊一件、饕餮①尊一

① 饕餮：传说中的一种凶恶贪食的野兽，古铜器上多刻其头像作装饰。

件、铜斝[①]一对、铜觚[②]一对、铜爵[③]一对，均是殷商时代的酒器，距今已三千多年。其中龙虎尊是国家的一级文物(后不准出国展出，现在展出的都是复制品)，曾受到毛泽东、邓小平等老一代领导人的赞赏。1957年《文物》第2期作了综合报道，并登载了全部照片。日本于1960年出版的《世界美术史》的中国部分，将龙虎尊作为封面刊出。我国大、中学校历史课本也把龙虎尊作为插图，美术、文物报刊多次刊登龙虎尊的照片。1964年，我国还发行了一套彩色龙虎尊邮票，编为特字六十三组。国家文物局把这批文物列为新中国成立后全国最重要的发现之一。

2.汝阴侯墓

1977年在阜阳西郊飞机场双古堆[④]附近，发现了一座古墓。安徽省文物工作队、阜阳地区博物馆、阜阳县文化局联合对双古堆进行了发掘，出土了大量竹简和带有铭文的漆器、瓦当。根据墓葬出土漆器、铜器、封泥上的“女(汝)阴侯”“汝阴家丞”“十一年”等铭文，推定墓葬为西汉第二代汝阴侯夏侯灶夫妇合葬墓。墓中的珍贵文物引起专家的兴趣，其中包括世界上现存的年代最早且具有确定年代的圭表和赤道式天文测量仪器。据介绍，圭表是古代测量正午日影长度的天文仪器，由竖直安放的表及南北方向水平安置的圭组成。汝阴侯墓“不知名漆器”的主体为完全对称并以木铰链连接、可折叠的两个部分，每部分各有一个可折叠的立耳和一个沟槽，槽中各填有一个龙头状和两个刀状木块。打开后顺着南北方向摆放，利用其北侧立耳在正午时投下的影子，就能指示冬至、春分、夏至和秋分节气的到来。

3.资福寺

资福寺，始建于宋仁宗嘉祐年间，距今已经近千年。进入资福寺大门，迎面便见其前殿，也就是“天王殿”，上书“资福禅寺”四个大字，内供佛像。进了中殿，就到了“大雄宝殿”，内悬历代名人题书的匾额、楹联，琳琅满目。大雄宝殿供三尊佛像，即药师、释迦、弥陀。僧众们在鼓声中诵

---

① 斝(jiǎ)：古代盛酒器。

② 觚(gū)：古代盛酒器。

③ 爵(jué)：古代饮酒器，三足。

④ 双古堆：位于今阜阳师范大学(西湖校区)教学主楼前广场。

经礼佛，大殿内香烟缭绕，气氛庄严，时有信徒来殿内参拜。进入后殿，便是“地藏殿”，供有地藏菩萨，在其北侧，是藏经阁。在几间大殿的四周，是斋房、待客室、僧房等附房。这几座主建筑均为砖木结构，三层架梁，层层有斗拱，雕梁画栋、飞檐挑爪、屋脊雕龙，各具特色，建筑艺术水平很高。

4.文峰塔

文峰塔，位于阜阳城中心干道颍州路附近。据史志记载，人们认为因魁星楼不高，文星不太显露，所以当地文风不振，功名不多。康熙三十五年(1696)于此建文峰塔，以振兴阜阳文风。塔为全砖结构，七层八边形，高31.8米。各层有塔心室，一层独为一室，北门为阶梯入口，有盘旋梯道贯顶。一、三、五、七层四方有四券形门，二、四、六层在南、西、东三面各有三门。塔为密檐楼阁式，每层叠涩出桅，有仿木结构的砖雕斗拱支承挑出的密檐。顶部起脊挑角，三叠珠式宝剑，由铁制五叉刹杆贯串攒尖，造型朴素庄严。阜阳地形西北高东南低洼，据《颍州志》记载：堪舆学家认为东南洼而地轻，地气外溢而难出人才，须建塔以镇之，故称“文峰塔”。文峰塔既与“文”相关又极富道教色彩，该塔一些砖雕，有表示吉祥如意的长寿鹿、灵芝草、龙、凤，有文人祈求的鲤鱼跳龙门，还有阴阳鱼图案，这对研究当时人们的思想意识、审美心理和阜阳历史等方面都提供了形象生动的宝贵资料。

5.魁星楼

魁星楼，位于阜阳市老城东南城墙交结处，又称拐角楼。据传，晴日登楼可望霍邱，故旧县志又称“望霍楼”，俗称“三篷塔”。原为明万历二年(1574)知州赵世相扩建南城所建敌楼。清同治九年(1870)重修，全砖结构，三层六边形，通高9.93米，叠涩出檐，起脊翘角，结顶饰铁制舞凤，六角制铜制响铃(1981年重修时改铁制铃)。凤舞而有容仪，古人以为有瑞应，故顶饰具有传统文化性质。魁星楼三层均室，但互不贯通，一层朝南开，一半圆形券门，二层一门，四圆形券窗，三层南门楣额为“奎壁联辉”。

五、“四九起义”——阜阳的红色记忆

马克思主义的传播加快了阜阳地方党组织的成立，使广大农民能够有组

织、有领导地进行政治经济斗争，点燃了革命的星星之火，使革命烈火在皖北大地蔓延开来，终成燎原之势。

阜阳早期党组织创始人是张子珍。1906年，张子珍出生于阜阳城西单桥一个经营小土布的商人家中。1921年冬，张子珍考取上海美术专科学校。在上海读书期间，受到党的培养和教育，1923年秋，他光荣地加入中国共产党。1925年夏，张子珍奉命回阜阳开展工作，他联络周传业、周传鼎成立了阜阳最早的党组织——中共阜阳小组，并任党小组组长。为建立革命据点，便于开展工作，张子珍以开书局做生意为名，说服父亲让出了大隅首北边三间商店，他同周传业、周传鼎和进步知识分子牛季良等人，开办了“淮颍书局”，以开展党的秘密活动。“淮颍书局”成了阜阳中共地下组织的活动宣传中心和党的机关所在地，也是党组织联络各校学生的主要地点之一。阜阳早期党组织的建立和发展，为革命进一步发展打下基础。

1928年2月7日，高桂滋、杨虎城部队中的党员和地方党员联合成立中共皖北特委，魏野畴担任书记。2月下旬，中共皖北特委让委员昌绍先脱离杨虎城第十军，通过私人关系打入高建白的教导二团。昌绍先与杜聿德先后在高桂滋部阜阳留守的两个教导团的九个连中建立了党支部和党小组，并将六个连长发展为共产党员，发展党员280多人，并掌握了留守司令部的一个特务连。4月5日，中共皖北特委在阜阳城内贡院后街召开了特委扩大会议，决定在4月底举行起义。4月7日晚，中共皖北特委在阜阳县城外的西湖“会老堂”召开了地方党组织和军队中共军委的联席会议，决定成立中共皖北革命军事委员会作为起义的指挥机构，由魏野畴任总指挥，同时布置起义行动计划，与杜聿德等约定以文峰塔为各处起义部队和人员的集合点。正当起义的各项准备工作加紧进行之际，第十军中共军委代理书记宋树勋、中共阜阳县委李象贤相继叛变。宋树勋通过国民党太和县县长李天午，将阜阳发动起义的计划和第十军军事干部学校的共产党员名单密报给第十军参谋长孙蔚如。李象贤将阜阳县高桂滋部两个教导团的共产党员名单交到阜阳县县长康欣手中，又转至高建白之手。高建白立即将教导团的几十名共产党员驱逐出部队，阜阳县共产党的力量有被一网打尽的危险。

在这紧急时刻，中共皖北特委为了防止太和、阜阳两地驻军和国民党地方武装串通一气镇压革命，立即决定提前起义，时间定在4月9日。4月8日晚，滂沱大雨彻夜不停，阜阳县城内一片黑暗。9日凌晨，敢死队队长申明甫按预定的时间，给棉被浇上煤油，点燃了武装起义的信号。但因雨太大，在城内外各处集结的起义人员没有看到火光信号，未能按时攻城。很快驻军梁文铁部从城内全力扑来。为摆脱驻军的追击，改变不利态势，魏野畴当即改变计划，决定将参加起义的队伍分为两路向三里湾方向撤退。当队伍行至新村集时，被国民党第十二军收编的土匪部队发现，该部团长谈万国率部尾追而来，企图截击起义部队。魏野畴感到敌情复杂，决定一面由胡景陶和连长蔡澄波前去交涉，一面整理部队做应急准备。胡景陶和蔡澄波见到谈万国，向谈万国阐明了部队的政策，希望他们弃暗投明，参加起义。谈万国一面虚伪地表示要继续谈判，一面又鸣枪要挟，并利用起义部队尚未来得及还击之机，将魏野畴、胡景陶、蔡澄波、胡怀西等六人先行逮捕，随后解除了全体起义人员的武装。当晚，魏野畴、胡怀西被押到老集镇看管起来，魏野畴、胡怀西乘看守人员懈怠之机，决定出逃。他俩用牙齿咬断身上捆绑的绳索，魏野畴考虑到两个人同时脱逃目标太大，便令胡怀西立即逃走。魏野畴用绳子系住胡怀西，用尽全身气力将胡怀西拉到房梁上，胡怀西跳出天窗脱险。看守发现房子里已经逃走一人，立即报告。谈万国、周建中等恼羞成怒，命令刘永太等三名刽子手将魏野畴带到老集东边的凹地里杀害，魏野畴时年31岁。

1962年，毛泽东对“四九起义”给予了高度评价：“这次暴动虽然失败了，但他点燃了皖北的革命烈火，胜利真是来之不易，我们牺牲了多少好同志啊！”2007年4月9日，“中共皖北特委机关遗址标志碑”在阜阳鼓楼小学正式落成，不少革命烈士的遗属前来追思先烈。这些革命先烈在皖北的革命业绩将彪炳史册，他们的革命功勋和奋斗精神，永远为阜阳人民所怀念。

第四节　帝王之乡　旅游强县——凤阳

凤阳，古称“钟离”“濠州”，位于淮河中游南岸。凤阳历史厚重，人文荟萃，“北人文(明皇陵、龙兴寺、中都城、明中都鼓楼)，南自然(韭山洞、狼巷迷谷)，东红色(大包干纪念馆)”，被列为全省首批旅游经济强县。凤阳是明太祖朱元璋的家乡，有举世闻名的明中都皇城和明皇陵，是全国有名的历史文化名城，也是中国农村改革开放的发源地。凤阳以帝王之乡、花鼓之乡、改革之乡、石英之乡、曲艺之乡享誉海内外。

一、朱元璋的“龙兴之地”

“凤阳”是洪武七年（1374）朱元璋亲自命名的。在今凤阳县治有几座东西向的小山，依次是盛家山、城山、煤山、马鞍山。明初，朱元璋曾给这几座小山命名。城山居中，山势高，登山巅可雄视左右，命为“万岁山”；东边的盛家山名为“日精峰”；西边的马鞍山命名为“月华峰”。这几座山总称“凤凰山”，而煤山是其主峰。据袁文新《凤阳新书》卷三记载：“国朝启运，肇建都，营皇城宫阙。……席凤凰山以为殿，势如凤凰，斯飞鸣而朝阳，故曰‘凤阳’。”“凤阳”是朱元璋以中都皇城位在凤凰山之阳而命名的，皇帝给家乡易名，这在中国历史上是独一无二的。

关于朱元璋的出生地，一直有“凤阳说”“盱眙说”以及“明光说”之争。朱元璋在其“手录”的《皇陵碑》中说其出生地为“钟离之东乡”①。明代官修史书《明太祖实录》《寰宇通志》《大明一统志》，清代的《明史》《御批历代通览辑览》《御定资治通鉴纲目三编》等，均持“凤阳说”。元末的钟离县属濠州管辖，为濠州治所所在地，上属安丰路。朱元璋攻占安丰路后，于龙凤十二年(1366)改为寿春府。吴元年(1367)升濠州为临濠府，而改寿春府为寿州，隶属临濠府。洪武二年(1369)营建中都，又改钟离县为中立县，洪武三年十一月改为临淮县。洪武六年九月，改临濠府为中立府。洪武七年八月，析临淮县为临淮、凤阳两县，东乡仍属临淮县；同时改中立府为凤阳府，移府治于凤阳。清乾隆十九年(1754)，临淮、凤阳两县复合为一县，隶属凤阳府。朱元璋出生地钟离东乡，在今安徽省凤阳县境内，所以此说可称为“钟离说”，也可称为“凤阳说”。

关于朱元璋出生地为“盱眙说”“明光说”，由于这两种提法采用的史料

① 郎瑛:《七修类稿》卷七《皇陵碑》。

缺乏可信度，王世华撰有《朱元璋出生地辨》(《安徽史学》2010 年第 2 期)、卞利撰有《朱元璋出生地究竟在哪里？》〔《安徽师范大学学报（人文社科版）》2010 年第 3 期〕等进行较为权威的历史考证，有力地论证了朱元璋出生地在元代壕州钟离县东乡，即今安徽凤阳县燃灯乡，而绝不是盱眙县或明光市。目前，“凤阳说”普遍为学界认可，已成定论。因此，凤阳是朱元璋的“龙兴之地”。

二、中都城的营造与罢建

朱元璋推翻元朝后，围绕定都何处与大臣进行讨论，大臣将开封、洛阳、长安等作为都城的提议。朱元璋认为：长安、洛阳虽为历代王朝建都之地，但它的政治、经济和地理位置与汴梁一样，不易建都。大都虽为元朝都城，但宫殿仍需重新营建，亦非易事。南京虽有长江天堑，但偏于江东，离中原太远，难以控制中原地带。于是，朱元璋衡量利弊，提出了他的主张：“临濠则前江后淮，以险可恃，以水可漕，朕欲以为中都。”朱元璋终于选择了离中原稍近的位于淮河南岸的凤阳建立中都，他的决定得到了群臣的赞同，于是他下诏“以临濠为中都”。

农民出身的朱元璋当上明朝开国皇帝，和项羽一样怀着“富贵不归故乡，如衣绣夜行，谁知之者”的心理。他手下的开国功臣大多为淮西濠州人，掌握了明初政府机构中所有权力，他们当然也愿意和朱元璋一道衣锦还乡，对于在家乡建都的提议必然持支持的态度。朱元璋的家乡观念和皇权结合在一起，加上强有力的淮西派功臣们的支持，这是促使朱元璋建都临濠的最根本原因。

朱元璋选派开国功臣李善长、汤和等到凤阳督建中都城，还在凤阳设置具体负责中都城营造的“行工部”，任命有工部尚书和工部侍郎等官职。经过官员的认真勘察，选定濠州城西十公里的一片宽阔的高地。该地的东西有盛家山、城山、马鞍山、独山等相连，北有淮河，东南有濠河，地理位置十分理想。

中都皇城城址确定后，第一步就是向全国征集各种建筑材料。在这些材料中，最艰难的要数采木，凤阳非产木材的地方，全靠从外地调运。朱元璋派人到四川采购木材，在当时的条件下，人力运输之艰难可想而知。据王剑英《明中都城考》说："当时运输营建中都的木料，因为十分巨大，所以要装在特制的三十二轮大车上，二百人才能拉得动。由于大木太重，木轮一压就碎，于是再在轮上兜上一个铁圈，带铁圈的大车轮滚过石头的时候，摩擦得火星直冒，走不了一里地，铁圈就散了，就得停下来换铁圈。因此一辆拉大木的车，除用二百人拉拽外，还要有二百人肩扛着铁圈跟着走，不时停下来换圈修车，所以一天才能走十里地。一根大木从产地运到凤阳，要花一万个工。这么多的大木从全国各地运到凤阳来，要用多少劳力，实在难以计算。"营建中都城还需要大量的城砖、石料、琉璃瓦以及金、银、铜、铁等物资，也需要大量劳力运送。

除物资外，营建中都城还要从全国范围内调集大量的劳力。据统计，参加营建中都的人数：工匠约九万人，军士十四万人，民夫四五十万人，移民近二十万人，罪犯也有数万人。此外，还有南方各省、府州、县烧造城砖的夫匠，外地卫所烧造城砖的军匠，各地采运木料、石料、运输粮草及各种供给的役夫等，合计起来不会少于百万之众①。

朱元璋是一个专权独裁的君主，营建中都是他亲自决定的，为此他动用了全国的物资，调集了百万之众，耗费了难以计算的钱财，工程进行了六年之久。在大功即将告成之时，他突然下令罢建中都。究竟是什么原因使他下了如此大的决心呢？一是凤阳非建都之地。在此建都，其供应肯定要依靠富庶的江南来负担。由此而引起繁重的水陆转运，必然给明政府和人民带来沉重的负担，造成一系列的后患。从地理环境来看，凤阳南面虽有山陵，但山势不险；北面虽有淮河，但河面较窄，易攻难守。塞外的蒙古贵族势力此时仍然严重地威胁着北方边境的安全，就战备方面而言，这里并不安全。随着朱元璋在治国安邦的实践中变得比较成熟，他清楚地看到，凤阳非建都之地，在那里营建中都仅出于个人对家乡的感情，没有站在维护皇权利益和国家利益的高度上来考虑问题，犯了一个大错误。这是他亲自下令罢建中都

① 吴庭美、夏玉润：《凤阳古今》，黄山书社 1986 年版，第 56 页。

的最重要原因。二是统治阶级内部斗争促使了朱元璋罢建中都。在营建中都的问题上，明初统治阶级内部存在着两种截然不同的意见：一方是以李善长为首的淮西派，他们与朱元璋同样出于乡土观念主张营建中都；一方是以刘基为首的非淮西派，他们旁观者清，持反对意见。洪武四年（1371）三月，刘基乞请归乡，临行时再一次对朱元璋语重心长地说："凤阳虽帝乡，然非天子所都之地，虽已置中都，不宜居。"此外，洪武八年，一些工匠在建筑施工过程中暗自施以"厌镇法"①，致使朱元璋大开杀戒，将所有工匠"悉收戮之"，株连者更不知其数。同年四月二十九日，朱元璋下诏"罢中都役作"。耗费大量人力物力财力、几近完工的凤阳中都，就此搁置荒废。

中都城共有里外三道城墙：最外面一道称"外城"，中间的一道称"禁垣"，最里面一道称"皇城"。在中都城内外各处分布着许多附属建筑：太庙、太社稷、中书省、大都督府、御史台、钟楼、鼓楼、方丘、圜丘、朝日坛、夕月坛、山川坛、中都城隍庙、开国功臣庙、历代帝王庙、中都国子监、会同馆、百万仓、苑囿、观星台、演武厅、校场、都察院、察院、公馆、驿站、桥梁、牌坊等。雄伟、壮丽的中都城在六百多年的历史风雨中历尽沧桑。现在，它虽然仅留下残破的皇城和鼓楼台基，但是仍然受到国家的重视。1961 年 7 月，安徽省人民委员会公布皇城为第二批省级重点文物保护单位。1982 年 3 月 10 日，国务院公布明中都皇城及皇陵石刻为全国第二批重点文物保护单位。

三、近代以来的凤阳城市地位变迁

凤阳因是朱元璋的"龙兴之地"，得以建为中都。后来中都虽未建成，但于此地设凤阳府，领五州、十三县，分别是颍州、泗州、宿州、寿州、亳州、凤阳县、临淮县、怀远县、定远县、五河县、虹县、霍邱县、蒙城县、盱眙县、天长县、灵璧县、颍上县、太和县，是淮河流域的首府。其管辖范围之大，史无前例。这使凤阳成为淮河流域的政治、经济、交通、文化中心，

① "厌镇法"：工匠在施工中将厌镇器物图符置于相关建筑之中，以数理之法暗示该建筑主人的吉凶祸福。

一直延续到明末，并影响至清前期。这其中主要原因是凤阳地理位置重要，利于控制江淮地区。凤阳“背涡口之曲流，望马丘之高滏，东连三吴，南引荆楚，钟离天险，建业肩髀，淮海内屏，东南枢辖，长淮横北，石梁环西，淮南一都会，北接中原，南通江淮，梁宋吴楚之卫，齐鲁汴洛之道，阻淮带山，为淮南之险”。这里也许有抬高、夸大凤阳地位的溢美之词，但也充分说明凤阳地理位置的重要性。

明朝初年，凤阳府因具有特殊的政治地位，经济也开始繁荣起来，一跃成为安徽北部的政治、经济中心和淮河流域的首府。随着社会的稳定和经济的发展，皖北地区的农业、手工业发展很快，商品流通日益兴盛，为本地区商品输出提供了货源，同时也形成了本地区对于外地商品需求的市场。明清时期凤阳驿路，“北起灵璧交界起，南至王庄驿十里，又南至凤桥集六十里，渡淮水至西西坝，又南至红心驿六十里，又南五里交定远界，与淮水成直交”；“铺路则自府城四出，北至淮边，西至怀远，西南至洛河，南至定远，东南至总铺、红心以至南京，东至临淮诸地”。商业、手工业的发展，加上交通的便捷，凤阳成为明前期皖北地区商品集散的中心，成为长途贩运商路的必经之地和皖北粮食等输出的通道。

清代，凤阳城市的经济地位受到来自正阳关、临淮关的挑战，随着颍州设府，打破了凤阳府“独霸”皖北的政治格局，其政治地位明显下降。清末民国初，新式交通兴起，津浦铁路通车。该路经宿县入灵璧，至蚌埠入凤阳县境，南行过长淮卫、门台子、临淮关、板桥、小溪河等站，然后入嘉山界。蚌埠因铁路通行，加上淮河水运，成为津浦铁路南段重心，东南交通的枢纽。随着盐粮贸易的发展，百货、棉布、杂货、油茶、土产等交易也日渐兴盛起来。津浦铁路通车后，皖北地区大宗货物的往来交易皆以蚌埠为转运点。由蚌埠输出的货物主要有麦、高粱、芝麻、药材、鸡鸭、牛皮、酒等；输入的货物主要是洋布、煤油、木材、杂货等。据1934年的统计，蚌埠站输出各种农产品达38万吨，输入各种洋货达10万吨。据1919年《申报》的记载，蚌埠“最热闹的街市为二马路、头道街、二道街等处，各大银行、转运公司、绸缎庄、大旅社及各种大商店，遍设林立，故离地面不广而精华荟萃。俨若一小上海”。到20世纪20年代初，蚌埠人口超过10万人，成为当时安徽境内仅次于芜湖、安庆的商业城镇。昔日仅有一二千人口的渡口小集——蚌埠，已成为千里长淮第一大港。蚌埠拥有装卸码头、铁路专线、客货轮船运输的港口，成为皖北地区重要的货物集散地和商贸中心。

凤阳城因没有新式交通工具的拉动，发展渐趋衰落。凤阳府城始建于明洪武七年(1374)，“周五十里有奇，高丈余，皆土筑，惟东北砖垒四里余，门十有二”。清乾隆十九年(1754)，重筑府城，“较旧城减小之七八，周一千一百八十一丈，高两丈，为门六”。县城在府城西三里，是明中都城的里城，周长六里，内外俱瓷砖石，高两丈五尺。凤阳府城和凤阳县城是当时全国范围内为数不多的府城与首县治所单独筑城的案例，入民国，府、县两城的发展一直未突破城墙限制，两城之间也未形成相应的经济街区，“府、县两城相去咫尺，然居民商业，多集中府城，城内以花铺廊大街为繁荣，居民约三万人，多属住户，无大工商业之可言”①。

蚌埠虽为凤阳县下辖的集镇，人口、商业规模、城区面积均超过凤阳城，其经济地位已远远超过凤阳城，“今则形势变异，蚌埠已跃为皖北交通之中心，取凤阳、临淮昔日之地位而代之”。1947 年 1 月，蚌埠正式设市，蚌埠从凤阳分离出去，成为中华人民共和国成立前安徽唯一一个省辖市。新中国成立以来，水陆交通进一步发展，蚌埠城市地位进一步提高，一直是省辖市或者是专区公署所在地。而凤阳的交通发展明显滞后于蚌埠，其与蚌埠距离不到 20 公里，在这一区域不可能设立两个专区，凤阳只能处于从属地位，城市地位明显下降。1949 年 1 月，凤阳解放，凤阳县人民政府成立。凤阳县属江淮第四专员公署，4 月改属定远专区，7 月改属滁县专区。1956 年，宿县、滁县两专区合并成蚌埠专区。1961 年，蚌埠专区分为滁县、宿县两个专区，凤阳县属滁县专区。1992 年，凤阳县属地级滁州市管辖，至今未变。

四、“东方芭蕾”——凤阳花鼓

凤阳花鼓又称“花鼓”“打花鼓”“花鼓小锣”“双条鼓”等，是一种集曲艺和歌舞为一体的民间表演艺术，以曲艺形态的说唱表演最为著名，一般认

---

①　李絜非:《凤阳风土志》,《学风》,1936 年第 4 期。

为形成于明代。凤阳花鼓主要分布于凤阳县燃灯、小溪河等乡镇一带。其曲艺的表演形式是由一人或两人自击小鼓和小锣伴奏，边舞边歌。历史上艺人多以此为出门谋生的手段，凤阳花鼓因此而传遍大江南北。清康熙、乾隆年间，许多文人的诗文记录了凤阳花鼓表演时载歌载舞的热闹场面。清中期以后，舞蹈因素逐渐从民间的凤阳花鼓中淡出，仅剩下唱曲部分，分为“坐唱”和“唱门头”两种形式。

凤阳花鼓早期演唱的曲目多为当时的“时调”，主要有《凤阳歌》《鲜花调》《王三姐赶集》《秧歌调》等，每一首都曾被广泛传唱。随着历史的发展，凤阳花鼓的鼓、鼓条乃至击鼓方法都在不断变革。20 世纪 50 年代初，文艺工作者对凤阳花鼓加以改革，增加了一些新的表现手法，剔除了小锣，专用小鼓伴奏演唱，同时根据击鼓用的鼓条特征，将其改称为“双条鼓”。花鼓小巧玲珑，鼓面直径三寸左右；鼓条为两根一点五尺左右的细竹棍。表演者单手执鼓，另一只手执两根鼓条敲击鼓面，“双条鼓”由此得名。

凤阳花鼓唱的都是民间小调，曲目有近百种。历史上，朱元璋建立明朝，迁江南巨户到凤阳。凤阳地区人口激增，灾荒也不断，这些迁徙来的江南巨户希望回到江南，但朱元璋严禁他们离开凤阳，所以他们想出了假扮乞丐乞讨、以打花鼓唱曲谋生的方法离开凤阳。明清两代，由于凤阳一带是“三年恶水三年旱、三年蝗虫灾不断”的长年灾区，每年秋后都有成群结队的妇女外出卖唱乞讨，同时也有身背花鼓流落各地卖唱的职业艺人。

清人赵翼《陔余丛考·凤阳乞者》写道：“江南诸郡，每岁冬必有凤阳人来，老幼男妇，成行逐队，散入村落间乞食，至明春二三月间始回。”有一首著名的《凤阳歌》，歌中唱道：“说凤阳，道凤阳，凤阳本是好地方，自从出了朱皇帝，十年倒有九年荒。大户人家卖牛马，小户人家卖儿郎，奴家没有儿郎卖，身背花鼓走四方。”根据清代的记载，早期花鼓“音节凄婉，令人神醉”。另有一首流传深广的歌谣是“左手锣，右手鼓，手拿锣鼓来唱歌，别的歌儿我也不会唱，单会唱一支凤阳歌”。

改革开放以后，凤阳花鼓的形式和内容也随之起了很大变化，凤阳花鼓成了凤阳人自娱自乐的工具。花鼓演唱在城乡更加普及，凡是遇到喜事或接待宾客，凤阳人总要热情表演一番，以表达欢乐的心情。花鼓的打法、舞步、花势、演唱等糅进了现代歌舞的技巧，在保持浓郁的地方特色的同时，形式更加活泼多样，气氛更加热烈欢快，凤阳花鼓的名声也越来越大。近年来，凤阳民间花鼓艺术团体多次参加全国及省市民间艺术表演和比赛活动，参加多部影视片的拍摄，影片并在全国获奖。凤阳花鼓近年还走出国门，到日本表演，获得赞誉①。凤阳花鼓是根植于民间的戏曲艺术瑰宝，有“凤阳一绝”和“东方芭蕾”之美称。2006 年，凤阳花鼓经国务院批准被列入第一批国家级非物质文化遗产名录。

五、“中国改革第一村”——小岗村

改革开放前，小岗村年年搞运动，天天讲斗争。生产队干部“走马灯”似的轮换，秋收后，“算盘响，换队长”已成为这里的规律。全队 17 个男劳力，有 15 人先后当过队长、副队长，20 户人家户户都出过村干部。斗来斗去，人心斗散了，土地斗荒了，粮食斗少了，社员斗穷了，集体斗空了。队里的集体财产仅有 3 间破草房、一犋半牛、半张耙、一张半犁，已穷得无法进行生产了。“文化大革命”十年间，每年生产粮食 1 万至 1.5 万公斤，到 1976 年，全队人均年收入只有 22 元，人均口粮 50 多公斤。户户有外流，个个讨过饭，大姑娘出门没衣穿，小伙子全是光棍汉。小岗村成了远近闻名的穷困队、光棍村、讨饭村。

1978 年 11 月 24 日，凤阳县小岗生产队在村西严立华家召开了一次全村秘密会议，一家一个户主参加，20 户，实到 18 户(缺的两户是两个单身汉，已外流)，会议内容就是搞大包干到户。第一是土地分到户后，瞒上不瞒下，不准任何人向外说，包括自己的至亲好友一律不说；第二要保证上交齐国家和集体的任务，任何人不准装孬。会上大家对天发誓，保证不向外透露分田到户的情况，并保证完成上交的任务。有的担心队干部搞大包干到户要吃官司坐牢，大家纷纷表态：“你们干部要是因为搞大包干到户犯法坐牢，我们挨家要饭也给你们送牢饭，你们的小孩子，我们全村共同抚养到 18 岁，决不反悔。”当时严宏昌执笔，写了大包干到户的合约，写好后，严宏昌第一个盖了

① 赵光:《安徽地方戏》,黄山书社 2012 年版,第 95 页。

印章，然后参加会议的17户户主分别盖了印章或按了手印，这就是中国家庭联产承包责任制开始的序幕。

1979年下半年，当“包干到户”处于萌芽阶段时，县委领导人的心情是矛盾的。他们一方面认为这种办法最能调动群众生产积极性，要维护群众利益，极力保护这一新生事物；另一方面认为此事非同小可，心有余悸，不得不采取一些措施加以限制。12月中旬县委政策研究室的吴庭美前往小岗调查，写出了一篇在中国农村改革过程中具有重要历史意义的调查报告，即《一剂必不可少的补药——凤阳县梨园公社小岗生产队“包干到户”的调查》(该件收藏在中国革命博物馆)。1980年1月1日，凤阳县委书记陈庭元到合肥参加全省农业会议时，将这份7000余字的调查报告交给了万里。万里“像读小说那样，一口气连看了两遍”，被发生在小岗队的事情感动了。同年1月24日，万里在王郁昭、陈庭元的陪同下，专程前往小岗检查工作。他们挨门逐户地询问了各种情况，并当场肯定了小岗的做法和首创精神。

“包干到户”在凤阳广泛推行不久，1980年9月27日，中共中央发出了《关于进一步加强和完善农业生产责任制的几个问题的通知》，同意边远地区和贫困落后地区，可以“包产到户”，也可以“包干到户”。凤阳的“包干到户”终于得到了党中央的肯定。

“大包干”诞生伊始，有人责难这不是发展方向，违背了“三级所有，队为基础”的原则，是在走“资本主义”，是“机会主义”。但“大包干”又是幸运的，因为它始终得到邓小平、万里等领导同志的热情呵护和坚定支持。1980年5月31日，邓小平同中央负责人就农村问题发表重要谈话时指出：“农村政策放开后，一些适应搞包产到户的地方搞了包产到户，效果很好，变化很快……‘凤阳花鼓’中唱的那个凤阳县，绝大多数搞了‘大包干’，也是一年翻身改变面貌。有的同志担心这样搞会不会影响集体，我看这种担心是不必要的。”小岗村民开创的家庭联产承包责任制如今已经四十多年了，这不仅促进了中国农村生产责任形式的改革，也大大提升了凤阳县在全国的知名度，对我国的政治、经济产生了极为深远的影响。

小岗村，一个中国农村的缩影，一个承载太多期望的村庄。作为一个普通的中国村庄，小岗村因率先实行“大包干”农村联产承包责任制，带动中国亿万农民解决了温饱问题而满身光环，但与中国大多数乡村一样，小岗村也一度陷入“一年越过温饱线，二十年没过富裕坎”的困惑。近年来，在新农村建设中，小岗村重振改革创新的“大包干”精神，根据自身特点，开始探索发展多种形式的土地规模经营，初步实现了从传统耕作向现代农业的多点突破，探索出了一条“现代农业—旅游产业—工农业协调发展”的改革致富之路。如今的小岗，葡萄园、养殖场、蘑菇种植大棚等土地集中经营已经初具规模，基础设施初步完善，兴建了学校、幼儿园、文化广场等教育文化设施，还有多家农户拥有了自己的私家轿车。四十多年来，小岗走过了贫困，走过了温饱，走过了困惑，走出了希望。

六、努力打造旅游强县

凤阳是安徽省历史文化名城，境内名胜古迹众多。北部有国家级重点文物保护单位“明中都皇故城”“明皇陵石刻”和省级重点文物保护单位“龙兴寺”“明中都鼓楼”“钟离古城”等人文景观；南部有“韭山洞”“狼巷迷谷”“卧牛湖”等自然风光；东部有小岗村国家4A级旅游景区，在小岗村有“大包干”纪念馆、沈浩同志先进事迹陈列馆、当年农家等景点。凤阳正在逐渐形成“金红蓝绿”的旅游格局，努力打造旅游强县。

金色板块（游中都）：凤阳北部人文景观品位颇高。明中都城遗址被誉为“东方巴比伦”“明代第一流”。明皇陵规模庞大，神道石像数量众多，雕刻精美绝伦；凤阳鼓楼以其高大雄伟为国内之最，被称为华夏第一谯楼。龙兴寺与朱元璋有着深厚的联系，也是江淮一带的佛教中心、中国著名的皇家寺院，正在全力打造“明中都，读明史”研学活动。

红色板块（学小岗）：东部首创全国农业“大包干”，小岗村18户农民以敢为天下先的胆识，按下了18个鲜红的手印，揭开了中国农村改革的序幕。沈浩同志为了小岗殚精竭虑，鞠躬尽瘁，是当之无愧的第一书记。如今的小岗村已成为致富思源朝圣地、红色旅游考察地、乡村旅游观光地和爱国主义教育基地。

绿色板块（览凤阳）：凤阳县南部凤阳山风景区自然景观优美奇特，包含狼巷迷谷、韭山洞、禅窟寺、卧牛湖等景区、景点。狼巷迷谷是国家4A级旅游景区，为典型的喀斯特岩溶地貌，景区内石巷曲折蜿蜒，高低错落，进入其中，恍入迷宫一般。建在潺潺溪流与茂林修竹间的禅窟寺，极具“深山藏古寺”的韵味。韭山洞是国家3A级旅游景区，为长江以北少有的大型溶洞，被誉为“江北第一洞”。卧牛湖景区水面宽阔，水体洁净，荡舟玩水，其乐无穷。三个景点相互毗邻，相得益彰，集山、水、洞、泉、寺、石林为一体，是华东地区旅游休闲度假的胜地。

蓝色板块(走淮河)：淮河流经凤阳105华里，是凤阳文化的源流。凤阳正在打造沿淮生态旅游观光带，开发临淮关古镇、钟离城遗址、花园湖、月明湖、夹河滩、淮滨小镇等旅游资源。

近年来，凤阳县委、县政府高度重视发展旅游业，以塑造“明文化”“淮河文化”“红色文化”为特色的文化旅游产品为抓手，改善旅游环境，大幅度提升凤阳为旅游目的地的城市形象，全面提升旅游产业综合竞争力，打造一个集“明文化体验、淮河文化感受、改革精神领略、青山绿水养生、主题休闲度假”于一体的中国休闲度假旅游目的地。

第二章
河南的历史名城

由于黄河河床抬高，河南境内的黄河以南的河流很少汇入黄河。 河南属于黄河流域的城市主要有洛阳、焦作、三门峡、新乡等；濮阳、安阳、鹤壁基本上属于海河流域；南阳属于长江流域；其余的商丘、周口、驻马店、漯河、平顶山、开封、许昌、郑州均属于淮河流域。 本章选取河南省淮河流域核心区域的三个城市：商丘、信阳、周口，介绍有关的城市历史、风土人情等。

第一节　中国火文化之乡——商丘

商丘是中国文明之火的发源地。 3500 多年前，商朝就曾定都于此。 西汉年间，此地分封为梁国，辖 40 余城，雄冠中原。 北宋年间，升应天府(今商丘)为陪都，名南京，与东京汴梁(今开封)相映生辉。 商丘因历史悠久、文化灿烂、名人辈出、文物古迹与人文景观众多、古城墙保存完整而著称于世，1986 年商丘被国务院命名为全国第二批历史文化名城，归德古城被列为国家重点文物保护单位。

一、文明之火，源于商丘

我国早期人类不知道利用火，对于打来的野兽，往往是生吞活剥，茹毛饮血。 那时，遇到雷电的时候，树木会起火，人们偶尔会捡到被烧死的野兽，觉得味道比较好，也易消化，这样人们就逐渐学会用火烧熟食物。 约一万年前，燧人氏发现有鸟用嘴啄燧木发出火光，受此启发，便折下燧木钻木取火。 燧人氏还教人们捕捉鱼虾，收藏果实，用火把果实和肉类烤熟。 人类因此学会人工取火，由吃生食进步到吃熟食。人工取火的发明，使人类摆脱了茹毛饮血的时代，大大延长了寿命，促进了生产力发展，人类迈进文明时代。燧人氏为人类发展立下了丰功伟绩。

后来，人们为了纪念燧人氏，把他列为三皇之首，商丘古城南 2 公里处还保留着燧人氏陵，并建有火文化广场。火是商丘的图腾，商丘人对“火源”“火种”“火神”的崇拜与中华“人间烟火”“香火”的文化观念深深相连。2009 年，商丘被命名为“中国火文化之乡”。

商丘还是纪念火神阏伯之地。据史书记载，黄帝孙子颛顼(高阳氏)，曾在商丘建都，黄帝曾孙帝喾高辛氏代颛顼为天子，在这里肇基。帝喾高辛氏的儿子契是舜的五臣之一。《史记·殷本纪》载：“殷契，母曰简狄，有娀氏之女，为帝喾次妃。三人行浴，见玄鸟堕其卵，简狄取吞之，因孕生契。”这就是“天命玄鸟，降而生商”的记载。《史记》还记载：“契长而佐禹治水有功，帝舜乃命契曰：‘百姓不亲，五品不训，汝为司徒而敬敷五教，五教在宽。’封于商，赐姓子氏。契兴于唐、虞、大禹之际，功业著于百姓，百姓以平。”据《左传·昭公元年》载：“昔高辛氏（帝喾）有二子，伯曰阏伯，季曰实沈，居于旷林，不相能也，日寻干戈，以相征讨。后帝不臧，迁阏伯于商丘，主辰。商人是因，故辰为商星。”尧帝让这俩兄弟相距很远，不得相见，免生是非。唐朝诗人高适有感于此，有诗曰：“阏伯去已久，高丘临道旁。人皆有兄弟，尔独为参商。终古犹如此，而今安可量。”郭沫若在《卜辞通纂》中说：“阏伯为商之先人，而商之先人为契，则契与阏伯是一非二。”

据《史记·五帝本纪》记载，黄帝设置了专门管理用火安全的官员，称为“火正”。阏伯被封为“火正”后，除了要保证人们用火，管理好火事，防止火灾外，还要进行与火有关的火星之祀，祈祷火星不要把火灾降临人间，以火星运行规律来纪时，指导人们农业生产与生活。阏伯死后，人们为了纪念他的功德，将他葬在他生前保存火种和主持星辰之祀的高丘上。按照当地风俗，纪念他的人都要往坟上添一抔黄土，久而久之，坟墓越堆越高。因阏伯的封号为“商”，这座土丘便成为“商丘”。《商丘县志》记载：“阏伯墓，即商丘也，世传阏伯葬此。”后人在此高丘上建庙，供奉阏伯像，称为

“火神”，此庙被称为阏伯庙或“火神庙”，过去盖庙的高台被称为阏伯台或“火神台”，又因阏伯在此主祀火星，此台又被称为“火星台”。

二、国家重点文物保护单位——商丘古城

20世纪90年代，美国哈佛大学华裔考古学家张光直从一张60年代的航拍照片上发现，位于商丘古城及其西南方向，地下隐约叠压着几座古城遗址。随后，张光直参加中美联合考古队，在豫东平原的黄沙下找到了由上到下叠压着的宋代应天府、隋唐时期的宋州城、汉代睢阳城和西周宋国城遗址。考古结构显示，这一层层的叠压在历史积淀中的文明奇迹，立体再现了商丘古城自建城以来四千多年的古代城市变迁史，犹如“活化石”，这为研究中国古代城市发展以及相关时期历史更迭提供了珍贵的实物证据。

商丘古城历史上多为名都大邑。甲骨文中“商”“丘商”“大邑商”“天邑商”等地名，都是指商丘这个地方。传说三皇五帝中两个——颛顼和帝喾都曾在商丘建都。史载，颛顼曾迁都商丘，帝喾高辛氏都亳，后来，帝喾封他的儿子契(阏伯)于商，阏伯就是商族的始祖，他埋葬的土丘为商丘。此后，夏王相都商丘，商汤都南亳，微子封宋国，刘武封梁国，赵构都南京。数千年来，商丘或为国都，或为郡治，或为州府，其间地名也多有变更，如商丘、睢阳、宋国、砀郡、梁国、宋州、应天府、南京、归德府，然后又归德州、归德府，新中国成立后改为商丘，终于又回归到历史本源——商丘[①]。

现在的商丘古城为始建于明朝、后经清朝修缮的归德府城，距今已五百多年。它的城郭、城湖、城墙保存基本完好，气势雄伟。商丘古城城池外圆内方，形似古钱，砖城周长7.25公里，城门为拱券式，大的城门有四：东门曰宾阳，西门曰垤泽，南门曰拱阳，北门曰拱辰。四门外建有瓮城四座，瓮城各有一个把头门，即南门向东、东门向南、北门向西、西门向南，因此称为“四门八开”。商丘的瓮城在民国时被拆除。

除瓮城外，商丘古城墙还修建有女儿墙、马面、角楼、敌楼、警辅等军事防御设施。古城墙外还有护城堤，距城约500米，周围长9公里，基宽20

① 刘玉杰:《华商之源——商丘》,河南科技出版社2018年版,第71页。

米，顶宽 13 米，高 3.3 米。护城堤也称城外墙，作用有二：一是敌人进攻时起阻碍作用，而防守一方又可以在护城堤上居高临下阻击敌人；二是防水，商丘位于黄泛区，明朝之前几个朝代古城被淤于地下就是黄河水患造成的。明弘治十五年(1502)水灾时，归德府也被淹没。为了防御水患，于明朝嘉靖十九年(1540)春，在城湖外 1 里修护城堤，外平面近圆形，可以分解、减缓水患对城墙冲击，最大程度确保古城安全。自从修建了圆形护城堤以后，商丘古城避免了多次黄河水患。

城内街道是以大隅首为中心，通向四门，各有 3—4 条街道，还有义字街、泽字街、元字街等主街道，城内四周有马道，城内地势呈龟背形状，向南倾斜，共计 93 条街道。

清代的商丘城仍是明朝的归德府城，该城在明末战争中破坏严重，清政府在原来的基础上进行了必要的修缮。城内有 93 条街道，呈棋盘式布局，城外有护城河和护城堤。清代的护城河距城墙丈余，宽 5 丈 2 尺，水深 2 丈，护城堤距城墙 1 里多，周长 16 里，堤底宽 6 丈 1 尺，顶宽 2 丈。

明清时期，商丘水陆交通较为便捷，商业发达。山陕、江南客商来此开辟市场，设立店铺。商丘还是当时全国粮食行业主要交易中心之一。万历年间，商丘市场上“百货俱陈，四远竞辏，大至骡马牛羊，小至斗粟尺布，交易繁盛”，商业盛况一直延续到清代。

商丘古城于 1986 年被国务院公布为中国第二批国家级历史文化名城。1996 年，商丘古城墙被国务院公布为第四批全国重点文物保护单位。2006 年，商丘古城被国家旅游局公布为国家 AAAA 级旅游景区。2014 年 6 月，中国大运河成功申遗。

三、重要的寻根问祖之地

商丘是中华古文明发祥地之一，也是中国姓氏文化主要的发源地。姓原为部族号，氏原为姓的分支。秦汉以来，姓氏合二为一。中国姓氏来源很多，主要有以氏为姓、以国为姓、以邑为姓、以乡亭为姓、以居住地为姓、以先人的姓或名为姓、以官职为姓、以技艺为姓、赐姓避讳和其他原因而改姓等。商丘以其悠久的历史、诸多的历史遗存，与诸多姓氏产生千丝万缕的联系。仅因帝喾及其后裔产生的源于商丘的姓氏就有1240多个，因宋国产生的源于商丘的姓氏有80多个[①]，商丘成为重要的寻根问祖之地。

商姓，在我国历史上是一个神圣的姓氏，绵延了5000多年。河南商丘在黄帝时期为商地，商地人以住地为姓，为最早的商姓。后来东夷西迁，玄鸟氏于商地定居，后以地名代氏族名而有商族，就有了“天命玄鸟，降而生商”的神话。商族有以族名为姓者。尧命黄帝曾孙帝喾之子契“为司徒，使布五教，而民辑。及虞不废，是以受商赐姓子氏”（《路史》），始有商国。商国人有以国名为姓者。契传十四世到商汤，灭夏建立商朝，都亳(今河南商丘)。《通志·氏族略》载：“后商被灭于周，子孙以国(朝)为氏。”之后，商姓辗转迁播，遍及全国。商姓历史名人有商朝贤臣商容、殷末周初的数学家商高、孔子弟子“七十二贤”之一的商泽、《易经》最早传承人商瞿以及明代大学士商辂等。

汤姓，主要源头在河南商丘。据《通志·氏族略》记载，汤氏得姓始祖为子姓的商汤，属于以先祖谥号为氏。商汤灭夏后建立商王朝，定都于亳(今河南商丘)，他逝世后，其子孙中有以先祖的字“汤”为姓氏者，为河南汤氏，史称汤氏正宗。另外，商汤后裔宋桓公封三子汤原于睢阳荡邑，为荡邑大夫，官拜司城，曾改为荡姓。宋文公时，荡氏因参与宋国司马荡泽叛乱，被诛杀，幸存者逃入楚国，被封为荡侯。楚国唆使荡侯伐宋，攻宋国彭城，荡侯被俘，荡家军流散于江苏、安徽、河南、江西、湖北等地，为避祸而去荡字草字头，改为汤氏。

先秦时期，汤姓主要活动在中原地区，后来东移江苏等地，汉朝时南涉越南北部，唐朝时移民南下，分布到安徽、浙江、江西、湖南、四川、福建等地，明朝时南迁两广地区，清初进入台湾。汤姓历史上名人辈出，有明朝戏剧家汤显祖、清初理学名臣汤斌等。

宋姓，出自子姓，以国名为氏。周朝建立后，周武王封商王帝乙长子微子启于宋。宋国历二十六世七百多年，后为齐、魏、楚三国灭而分之，微子

---

① 刘玉杰主编：《华商之源　商丘》，河南科学技术出版社2018年版，第61页。

启及其弟微仲之子孙中有以国为氏者，称宋氏。《通志·氏族略》有载："宋民，子姓，商之裔也。"

宋国灭亡后，宋姓民众逐渐播迁。在秦汉之前，宋姓人已散居今江苏、河北、陕西关中、湖北等地。汉初高祖刘邦采纳娄敬的建议，将中原一带豪强势力迁入关中，宋姓豪强自然不能例外，此期为京兆宋姓的开基之初。后不久，京兆宋姓一支西迁入甘肃敦煌，一支东迁入虢州(治今河南卢氏县)，一支南迁入江夏安陆(今属湖北)。与此同时，定居西河介休(今属山西)的宋姓一支迁往广平(今河北鸡泽县)，一支迁往弘农(今河南灵宝)，其中广平宋姓在十六国和南北朝时期因历代都有入朝为官的，在当时宋姓各望族中成为最显赫的家族。

宋姓入闽始于唐安史之乱之后。唐玄宗时名相宋璟，望出西河，从邢州南和(今河北南和县)迁河南光州固始(今河南固始县)，其中一子宋易曾任福建观察推官，宋易之孙宋骈也随之入闽居莆田，而宋骈弟宋臻也南徙迁居于福建侯官县镜江落籍，成为镜江宋姓的始祖。

历代宋姓名人众多，有战国时期的宋玉、唐代名相宋璟、宋代文学家宋祁、明代科学家宋应星、清代礼部尚书宋荦，以及近代的宋教仁、宋庆龄、宋美龄等。2009 年 3 月台湾地区亲民党主席宋楚瑜和夫人陈万水来商丘寻根谒祖。

朱姓，起源于河南商丘。其一，源于远古的朱襄氏。朱襄氏是原始社会末期的一个部落酋长，曾率本部族加入以伏羲为首的中原部落联盟，并继伏羲之后统领中原诸部落。《路史·前纪》中说：有巢氏之后经过了几代，有"朱襄氏"被众氏族拥立。当时气候多风，阴阳不调，百物散解，五谷不丰。于是，朱襄氏发明五弦之瑟，调节阴阳，使人的生命得以繁衍，命名为"来阴"；以"朱"为都，并以"朱襄氏"为名号。朱襄氏对人类的贡献巨大，其后裔有一部分以朱为姓，形成朱姓中最古老的一支。

其二，源于春秋初期的宋国国君微子启的后裔——公子朱之后，属于以先祖名字为氏。微子启是宋国的开国君主，其后人有以国名为姓者。战国末期，宋国被齐、楚、魏联手所灭，其后裔逃亡，有逃至砀(今安徽砀山)的改宋氏为朱氏。东汉大学者蔡邕《朱公叔鼎铭》中说，子姓朱氏的开姓始祖，是商王帝乙之孙、宋开国祖微子启之子，姓子名朱，史称公子朱。公子朱的子孙以先祖名字为姓氏。

朱姓历代名人辈出，有战国时期的朱亥、三国时期高僧朱士行、五代梁朝第一位皇帝朱温、宋代理学家朱熹、明代开国皇帝朱元璋等。

武姓，主要源于子姓。一支源于都于商丘的商朝帝王武丁。武丁在位期间，不断对西北的土方、鬼方、虎方等部落以及长江以南的荆楚和西南的巴、蜀等地用兵，使那里的一些方国宾服于商，开拓了商朝的疆土，扩大了商朝的势力，也使商王朝域内的百姓得到安定的生活环境，商朝出现了空前繁荣的局面，武丁成为一代名主。武丁在位 59 年，死后被尊为高宗。其后人认为武丁功劳盖世，可与开国君主商汤相比，据《武班碑》所载，武姓为商王武丁之后，以其祖之名字为氏，奉武丁为始祖。

另一支武姓源于宋戴公之子司空，司空为宋国开国之君微子的第十代孙，死后谥号为“武”，史称宋武公。据《风俗通》记载：“武姓……宋武公之后也。”宋武公之子孙以其祖之谥号为氏，亦称武氏。

河南商丘是武姓的发源地，故其早期的活动区域在今河南商丘一带。后来随着时间的推移、武姓人口的增加、社会生产的发展、政治局势的变化，武姓多次播迁，活动区域不断扩大。大约到战国时期，武姓人口广布中原一带。根据文献记载，后来又经过播迁，秦末汉初，武姓大体分布于靠近商丘的今江苏省盱眙县东北、陈郡(今河南省周口市淮阳区)、沛县(今江苏省沛县)、梁邹(今山东省邹平市东北)和今河南省东部的商丘一带，同时在长安(今陕西省西安西北)一带也有武姓分布。后来，随着人口多次迁移，武姓逐渐遍布全国。

第二节　豫风楚韵　红色信阳

信阳地处鄂豫皖三省交界处，是一座豫风楚韵的人文古城、将星璀璨的革命红城、山川秀美的生态绿城。素有“北国江南”之称的信阳，拥有悠久的历史文化，物华天宝，人杰地灵。作为淮上文明和楚文化的摇篮，信阳处处散发着豫楚风情的魅力。厚重的历史文化，给信阳增添了诸多的文化记忆。

信阳是一片寻根问祖之地，是我国诸多姓氏的起源地，形成了独具特色的根亲文化。信阳也是一座将星璀璨的革命红城，是著名的革命老区、革命纪念地，被誉为“红军的摇篮、将军的故乡”。信阳也是一座富饶之城，著名的信阳毛尖在这里诞生，因此被誉为茶都。信阳不仅美食多，非物质文化遗产数量也非常可观，信阳民歌、罗山皮影戏是信阳非物质文化遗产的代表。

一、豫风楚韵

信阳市位于河南省南部，大别山北麓与淮河上游之间。地处鄂豫皖三省交界处，是江淮河汉之间的战略要地，也是我国南北地理、气候、文化的过渡带。其东与安徽毗邻，南与湖北接壤，西、北分别与南阳、驻马店两市相邻，是华夏文明的发祥地之一。西周时，信阳是申伯的封邑地，其在历史上曾是楚国短期的国都，自春秋战国中期后，它就被纳入楚国版图，为楚所治并一直延续到楚被秦灭，楚文化影响此地数百年。信阳古称义阳，秦国灭楚国后遂将这块土地命名为义阳，后因北宋皇帝赵光义名中有个“义”字，于是皇帝一纸诏书将“义阳”改为“信阳”，之后隶属汝宁府，1927年直属河南省，1998年成立信阳市。信阳因“义”而兴，因“信”而盛，延续至今。

秦岭、淮河一线既是我国南北地理分界线，也是我国南北文化分界线。早在三千多年前，黄河流域的主流文化乃是北方的中原文化，长江流域的主流文化当属楚文化，而吴越文化则是东南地区最有影响力的地域文化之一。中国文化虽然在秦汉时开始融合并以中原文化为主体，但由于地理和历史的原因，我国各地的文化仍有明显的差异。商周、春秋、战国以后，楚文化与中原文化在此交会融合，这种多元性的文化交融，形成了独具特色的“豫风楚韵”。

信阳地处秦岭、淮河文化分界线的中间位置，无论是北方的中原文化，还是南方的楚文化，以及东南的吴越文化都对信阳产生了深刻的影响。信阳在自身地域文化的基础上，形成了以中原文化为核心，兼收楚文化和吴越文化为一体的区域文化特征。于是，信阳人把这种地理上处于中原、荆楚和吴越之间，又受中原文化、楚文化和吴越文化影响的现象，形象地称为“豫风楚韵”。正因为信阳具有“豫风楚韵”的地域特色，使它既具有中原的豪放气势，又呈现南国的婉约风情。

信阳大部分地区位于淮河两岸，温暖的气候，优越的地理位置，较好的生存环境为人类在此繁衍生息提供了条件。传说中的黄帝、颛顼、皋陶的后裔都在信阳留下了活动的印迹。考古发现，在八千年前的新石器时代，信阳淮河两岸大规模的原始农业就出现了，此后中原的仰韶文化、龙山文化，南方的屈家岭文化，都在信阳得到延续和体现。

自春秋战国开始，各诸侯国争雄称霸，凭借着扩张和占领将不同的文化传输到自己控制的区域。信阳在战国以前主要受中原文化的影响，随着楚国的崛起，楚文化对信阳产生了深远影响。秦汉以后，战乱不断，吴越之地社会稳定，经济发展，吴越文化对信阳的影响也在逐渐加深。在南北文化交融的过程中，信阳有着自己的贡献。著名的亡羊补牢、闻鸡起舞的故事就发生在信阳。

1957 年，在信阳长台关发掘的两座楚墓，出土了 300 余件彩绘瓷器，此次发掘被誉为“我国考古史上的空前发现”。这次发掘的两座楚墓是我国发现较早且保存完整的楚墓，揭开了信阳楚文化的绚丽面纱。信阳还出土了我国第一架音律准确，一钟双音且最完整的青铜编钟。实际上，楚国拥有当时中国最发达、最先进的演奏乐器。至今，在信阳，尚有许多青铜冶铸器的出土，彰显出信阳瑰丽多姿的文化风尚。

信阳是人文之窗。信阳有孔子周游列国的终点、子路问津处等历史遗迹，有亡羊补牢、司马光砸缸等故事，信阳民歌、皮影戏、花鼓戏、大鼓书、彩绘泥塑、剪纸、羽饰等大别山民俗风情别具一格。信阳民风淳朴，百姓热情好客。隋唐以前，信阳“倏南倏北，兴废不长”。唐宋以后，“尚淳朴，好节俭”。宋代时，信阳人“文质彬彬”，人言皆信。

信阳是一个人文底蕴深厚的地方，它所创造和形成的文化，成为中华文化的重要组成部分。

二、寻根问祖之地

自古以来，信阳就是人类栖息地，多部族的聚居地，炎帝族、黄帝族、东夷族、三苗族和满族的部落都在这块土地上繁衍生息。从夏朝到春秋，这里先后建立过黄国、蒋国、赖国、罗国、息国等国家，既有夏、商、西周的方国和封国，也有贵族的食邑。春秋时期，这些方国、食邑在楚国的不断扩张与征服过程中，先后被灭，成楚国属地，最终形成中华姓氏的一百个大姓中的十多个姓氏，形成了独具特色的根亲文化。当今汉姓的一百个大姓中，有黄、赖、罗、蒋等十三个姓氏源于信阳，潘、廖、孙、白、曾、付、沈一支或主支起源于信阳，信阳因此被誉为“中原侨乡”。

黄姓来源于黄国，并且有明确的历史记载。据东汉蔡邕载：“江陵黄氏之季女字曰列嬴，其先出自伯翳，别封于黄，以国氏焉。”黄国从夏初受封立国到公元前 648 年被楚所灭，有着一千四百余年的悠久历史。后来，黄国人将黄姓迁播到了全国各地。今天的黄国故城位于潢川县城西 6 千米处，是国家重点文物保护单位。据记载，“黄国故城在光州定城①西十二里，春秋时黄国都也”。考古队在黄国故城里发现了三处冶炼作坊遗址，黄国先民们就是在此创造出了令人叹为观止的精美青铜器，留下了灿烂的黄国青铜文化。多年来，考古队先后在原黄国境内发掘出土了一大批青铜器、玉器等文物。近年来，许多海内外黄氏跨越千山万水来到中华黄姓发源地——河南潢川寻根问祖。

赖姓源于赖国，赖氏各地族谱均称其始祖为周文王的第十九子、武王的弟弟叔颖，因此可以说叔颖为赖姓的始祖。据说，武王兴兵时，叔颖奉命东征西讨，立下大功。周武王平定天下后，叔颖退居赖地，武王感念叔颖的开国功勋，赐予子爵，并把叔颖所居的赖地封为赖国。赖国历史上传位十四代，公元前 538 年被楚国所灭。赖国之君赖子亡国之痛无以言表，据载，赖子在去见楚王的过程中，命令士兵们袒胸赤臂，抬着一口棺材，自己将两手反绑起来，嘴衔玉璧，跟在棺材后面去见楚灵王，楚灵王被赖子的悲情所感

---

① 光州、定城都是今潢川的古称。

动，亲自为赖子解绑，接受玉璧，烧掉棺材，并迁赖侯至鄢地①。亡国之后的赖国子孙便以国为氏，此后我国便有了赖姓。

楚灭赖后，留在故国的赖国臣民为逃避杀戮，纷纷改姓罗或傅。自古以来，罗、傅两姓互不通婚。为了怀念先祖，他们年年举行祭祀。如今遗留的赖国遗址有：叔颖公之墓、历代赖王和开国贤相之墓——八王陵、赖国九烈女墓等。1995年，河南省侨办、省侨联和息县赖氏研究会联合在息县召开“赖氏起源学术研究会”。通过有关领导和姓氏专家学者的学术研讨及对息县包信镇赖国遗址的现场考察，论证了赖氏起源于信阳息县包信镇。

蒋姓起源于姬姓，是以国为氏的，蒋国故都在今淮滨县期思镇。蒋姓的起源十分单一和纯正，俗称“天下无二蒋”。据说，周公姬旦的第三个儿子伯龄是蒋姓的始祖，今天绝大多数蒋姓人都是伯龄的后裔。在周初实行的周朝贵族大分封中，伯龄被封于蒋地，建立蒋国，后被楚国所灭。蒋国子民为了表达对故国的思念之情，遂以蒋为姓。

三、山水信阳

信阳地处亚热带向暖温带过渡地带，四季分明，气候适宜，既养育了在信阳世世代代生活的人们，也孕育出优美的环境。信阳山清水秀，环境优美，气候宜人，被誉为“北国江南、江南北国”，是一座轻轻放在山水间的城市。信阳森林覆盖率达39.67%，在全省所占比重较高，大气和水环境质量一直稳居全省前列，拥有众多大中小水库，有“千湖市”之称。信阳名山名水众多，如，素有“万国建筑博物馆”之美称的鸡公山是国家级自然风景区和中国四大避暑胜地之一，享有“中原第一湖”之美誉的豫南明珠南湾湖是国家级森林公园，“无数瀑布挂满山”的国家地质公园金刚台，“中原第一温泉”——汤泉池，等等。正是因为这些名山名水，信阳还被评为全国优秀旅游城市、山水园林城市。下面着重介绍信阳的名山名水。

1.云中公园——鸡公山

鸡公山位于信阳市南部、河南与湖北两省交界的地方。鸡公山因其主峰

---

① 鄢地：今湖北随州。

酷似一只啼叫的公鸡得名，曾与北戴河、庐山、莫干山齐名，是我国最早的四大避暑胜地之一。鸡公山属于大别山山脉，位于冷暖气流交汇处，虽然主峰只有811米，但是由于鸡公山两侧是深长的峡谷，加上山上植被茂盛，雨水较多，所以该地的气温明显低于周围地区。因此，鸡公山即便是在三伏盛夏季节，也是午前如春，午后如秋，夜如初冬。此外，鸡公山风景也是极其优美，四季景色变幻动人。

云海是鸡公山第一大特色。鸡公山云海缭绕，被誉为“豫南的云中公园”。夏秋两季雨后的黎明时分，云雾在山谷中漂浮，云雾分布广泛时，整个山峰在云雾中时隐时现。云雾还与天象、地形等自然因素配合，鸡公山时有“佛光”奇观出现。奇峰怪石是鸡公山第二大特色。鸡公山属于花岗岩低山地貌，且又突起于两侧的长江中下游平原和黄淮平原之上，从而显得山势高峻，自古有“青分豫楚，气压嵩衡”的雄伟气势。奇峰有报晓峰、骆驼峰等，比较典型的怪石有鹰蹬石、恋爱石等。奇峰怪石林立，给鸡公山增添了独特的魅力。泉瀑是鸡公山第三大特色。鸡公山有众多泉溪，有“十泉九瀑”之说。据说，鸡公山有大小瀑布二十多处，包括东水沟瀑布群、宝剑泉、普济泉、鸡公泉等。

2.豫南明珠——南湖湾

南湖湾位于信阳市区，又称南湖，原为南湖水库。南湖湾始建于1952年，1958年完工。南湖湾被誉为“中原第一湖”“北方千岛湖”，素有豫南明珠之称。

3.白龙潭瀑布

白龙潭瀑布位于河南省信阳市浉河区，早在清代乾隆年间就被列为“信阳古八景”之一，素有“豫南第一泉”之称。白龙潭瀑布深处峡谷之中，瀑布悬崖中间有巨石突出，瀑布喷击其上。若是大雨过后，山洪倾泻，百川之水，交汇龙潭，瀑布崖前景色异常壮观。历代文人墨客来这里游玩题咏，留下了许多脍炙人口的诗篇。

四、红色信阳

信阳是著名的革命老区、革命纪念地，被誉为“红军的摇篮、将军的故乡”。新民主主义革命时期，董必武、恽代英、贺龙、徐向前、李先念、刘伯承、邓小平等无产阶级革命家在信阳播下革命火种，立下卓越功勋。第一次国内革命战争时期，这里是河南农民运动发祥地。土地革命时期，这里是鄂豫皖苏区的首府所在地。抗日战争时期，这里是砥柱中原的战略重地。解放战争时期，这里是刘邓大军千里跃进大别山的落脚地，是拉开人民解放战争战略反攻的序幕，走向全国胜利的转折地。长期的革命斗争，这里诞生了红四方面军、红二十五军、红二十八军等多支雄师劲旅，走出了徐向前、徐海东、陈赓、王树声、许世友、李德生近百位开国将帅，留下了400多处重要革命纪念地和革命旧址，有30多万英雄儿女为新中国的成立献出了生命，铸就了28年红旗不倒的大别山精神。

1.鄂豫皖苏区首府

鄂豫皖革命根据地位于信阳市新县，是土地革命时期中国共产党领导创建的规模较大的根据地之一。在这里先后诞生了红四方面军、红二十五军、红二十八军三大主力红军。在血与火的斗争中，苏区共走出了349位将军，留下了董必武、徐向前、刘伯承、邓小平等老一辈无产阶级革命家的战斗足迹。当时全县人口不足10万人，但有一半多人为革命献出宝贵的生命，其中革命烈士5万人，他们为中国革命的胜利作出了巨大的贡献。1990年，鄂豫皖苏区首府革命博物馆建成开馆，现为国家一级博物馆、全国爱国主义教育示范基地。

2.何家冲红色基地

何家冲位于豫鄂两省交界处的大别山区，何家冲是一块红色的土地。1926年，中国共产党在此建立农民协会，1929年建立赤卫队。1932年红四方面军从此西撤，红二十五军和鄂东北省委在此坚持斗争。1934年，中国工农红军第二十五军从何家冲出发长征。三年游击战争期间，何家冲是红二十五军军部及医院驻地，抗日战争时期，何家冲成为豫鄂边区抗日根据地的组成部分。1996年，何家冲被国务院批准为国家级重点文物保护单位。党和国家领导人徐向前、李先念、刘华清、程子华、郭述申、刘震等领导先后为何家冲题词，何家冲已成为重要的革命历史纪念地。

3.四望山红色旧址

抗日战争时期，四望山成为著名的豫南敌后抗日民主根据地。解放战争时期，李先念率领新四军五师挥师北上，收复四望山根据地，并建立了以四望山为中心的革命根据地(亦称信应解放区)。李先念、陈少敏、危拱之、朱理治、刘子厚、文敏生等老一辈无产阶级革命家都在这里留下了革命的足迹。至今存有老君洞李先念办公室、四望山会议旧址、新四军五师指挥部等旧址。

4.鄂豫皖革命纪念馆

鄂豫皖革命纪念馆是信阳市委市政府为缅怀先烈丰功伟绩，弘扬大别山革命精神而主持兴建的。2007 年 4 月 28 日建成开馆，江泽民同志题写馆名，纪念馆陈展内容按时代顺序，以上千幅文字图片和近 5000 件实物对应的方式，全面展示鄂豫皖革命根据地的形成、发展和不断壮大的过程，着重介绍了从大革命时期到解放战争时期各个历史阶段发生在鄂豫皖大地上的重大历史事件。2017 年 3 月，被中宣部命名为全国爱国主义教育示范基地。

五、丰饶信阳

1.信阳毛尖

信阳毛尖茶是我国传统名茶之一，也是河南省著名的土特产之一。信阳作为中国著名茶都，是我国古老的八大茶区之一。信阳毛尖，亦称“豫毛峰”，产于河南大别山区的信阳市，因其条索细秀、圆直有峰尖而得名毛尖，又因产地在信阳，故名信阳毛尖。素来以细、圆、光、直、多白毫、香高、味浓、色绿的独特风格而饮誉中外，

信阳毛尖于 1915 年获得巴拿马国际博览会金奖，自此信阳毛尖开始饮誉海内外。信阳毛尖不仅与西湖龙井并驾齐驱，而且在色香味上更胜一筹。1987 年，考古学家在信阳地区固始县出土的古墓中发现茶叶，经考证距今已有 2300 多年，唐代茶圣陆羽把信阳列为全国八大茶区之一。唐代，信阳茶已被列为朝廷的贡品，宋代茶叶的制作技艺比唐代更为精湛。北宋沈括《梦溪笔谈》载，河南当时有信阳、光州、子安三个茶场，年产茶数量巨大。苏东

坡在品饮信阳茶后，曾发出“淮南茶，信阳第一”的感叹。几千年来，信阳毛尖久负盛名，大凡尝过信阳毛尖之士，无不赞不绝口，为之折服。如今的信阳已是“城在茶中，茶在城中”了。信阳是茶的故乡，茶文化底蕴深厚。信阳是红色革命老区，身处大别山生态优势区域，信阳毛尖驰名国内外，一红一绿相互衬托。

2.信阳菜

信阳菜作为河南省的一个地方菜，是豫菜的一个流派。信阳是南北文化相互影响渗透、交流、融合之地，长期受楚文化的影响，于是信阳菜与楚菜大体一致。信阳菜以咸、香、微辣、醇厚为主味，菜色微重，口感爽滑，这大约与信阳人饭后饮茶的习惯有关。信阳菜民间烹饪方法以炒、炖、煮、焖为主，在原料储存上采用腌、腊、风干等方法。作为一个地方菜系，信阳菜的形成比较晚，但是作为信阳饮食文化，古已有之，始终伴随着勤劳、智慧、勇敢的信阳人的脚步，走遍大江南北。

3.信阳板栗

信阳板栗的历史极为悠久，在长台关楚王城出土的战国初期祭盘内就有板栗的残骸。现在信阳板栗多分布在新县、潢川等地，板栗味甜性温，可炒可煮，有和胃健脾、活血散瘀的功效。信阳板栗果肉含糖量高，品质优良，香甜可口，做干果零食或者做菜肴都很相宜。

六、信阳的“非遗”

信阳是文化资源大市，非物质文化遗产种类齐全，项目众多。近年来，信阳十分珍视自身的历史“活化石”，信阳市政府在非物质文化遗产保护上做了大量的工作：成立了“信阳市非物质遗产保护中心”，建立了市级非物质文化遗产保护名录和资源库，弘扬传统民间文化等。

2008 年，信阳民歌、罗山皮影戏两个项目被列入国家级非物质文化遗产保护名录。汉族叙事长诗《郭丁香》、固始灶戏、固始花挑舞、罗山皮影戏、信阳毛尖采制技艺、信阳民歌、商城火缕子、光山花鼓戏及潢川火子、潢川锣鼓十八番、商城花篮戏、平桥大鼓书 12 个项目分别于 2007 年、2009

年被列入第一、第二批省级非物质文化遗产保护名录。

信阳民歌是信阳的国家级非物质文化遗产之一。信阳素称河南的歌舞之乡，在民间音乐、舞蹈等传统文化方面有着丰厚的积淀。在诸多民间艺术中，信阳民歌是其中的一朵奇葩，它源远流长，数量众多，风格独特，反映的生活内容广泛。信阳民歌是河南文化中罕见的融“豫风楚韵”于一体的珍宝，在历史的发展中随着历史的变迁而发展，信阳民歌以题材分类，可分为农事歌、节气歌、革命历史歌等。其中反映土地革命战争的民歌不仅数量多，而且影响大，如《八月桂花遍地开》《送郎当红军》《三大纪律八项注意》。其中脍炙人口的《八月桂花遍地开》从信阳唱到江西，唱到延安，唱遍全国。信阳民歌深刻而生动地表现了信阳人民的生活思想感情，反映了信阳不同地区和不同时代的社会实践，是信阳人民集体智慧的结晶。

罗山皮影戏也是重要的国家级非物质文化遗产。罗山是中华民族较早开发的地区之一，千百年来，勤劳智慧的罗山人民不仅创造了丰富的物质文化，还不断创造和发展了具有浓郁民间特色的本土文化，皮影戏就是其中的典型。中国皮影始于西汉，罗山皮影戏始于明代。明朝嘉靖年间罗山就开始有皮影戏，经过不断地传承发展，距今已有450多年的历史了。经过不知多少代皮影艺人的加工、提升，罗山县皮影艺术已经十分成熟，影人制作栩栩如生。

第三节　明清商贸繁华地　山陕会馆显实力——周口

周口，又名周家口，明代称周家店，属河南省开封府商水县。贾鲁河从西北而来，与沙河、颍河在此交汇，人们称之为沙颍河。沙颍河穿镇而过，形成三岔河口。在贾鲁河北部西侧形成永宁集，在沙河南部又兴起一个集市——子午街。由于沙颍河阻隔，两个集市商旅不通，物资交流不便，始有一周姓船户开辟渡口，以摆渡来往客商和物资，时称该渡口为“周家渡口”，周家口由此而得名，后人简称为“周口”，此名沿用至今。

一、因水运而兴的商贸城镇

周口由一个渡口而发展成为商贸重镇，主要得益于其地理条件。颍河、沙河与贾鲁河在该镇交汇，东南流入淮河而达于江南。贾鲁河，俗名小黄河，发源于开封府新郑市，经朱仙镇过扶沟县东北，汇溱、洧二水，由西华县毕家口入淮宁境，径刘家埠口、李方口、彭家埠口，下至周家口入沙河。颍河发源于河南府登封市，由禹州、许州，经临颍入西华县，至周家口与沙河合流，东南流入安徽境。沙河发源于汝州之鲁山县，至郾城与汝水合，至周家口与颍水合。这三条水道在周口交汇后，东南流经沈丘县入安徽太和境，“径界首集、税子铺、旧县集……出阜阳界牌集，至颍上八里垛达于淮”①，再经由运河而达江南地区。

周家口的发展始自明朝中后期。弘治、嘉靖年间贾鲁河的开通使周家口逐渐形成东南西北水上运输网，成为江淮流域航运的咽喉要道，沙颍河漕运日盛。万历年间航运发展，埠口逐渐增多，商贾云集，桅樯林立，周家口成为淮河流域的物资集散中心之一。隆庆年间刊行的商书《天下水陆路程》从淮安至开封的水路中记有“周家店”，这条水路由淮安经洪泽湖入淮河，经凤阳府、寿州至正阳关纳税后入颍河，溯颍河西北行，经颍上、阜阳、太和等县入河南界，再 130 里至周家店，从周家店转贾鲁河北上 45 里抵西华县城，再北行 160 里至朱仙镇，从朱仙镇起车，陆路 40 里至开封②。这说明当时周家口已是这条商路上的重要码头。

万历二十六年(1598)，进士熊廷弼过周家口时写过一首《过周家口》诗，其中有“万家灯火侔江浦，千帆云集似汉皋”，形容周家口的晚上像南京浦口一样有灯火万家，繁盛的白天像汉口一样千帆云集，可见明万历年间的周家口的转运贸易已经兴起。

到清朝初期，康熙《陈州志》“乡村集镇”条将周家口列为“新兴”集市，而不载永宁集，估计此时周口的发展势头已超过永宁集。雍正十一年

---

① 民国《太和县志》卷三《水利志》。

② 黄汴:《一统路程图记》,杨正泰:《明代驿站考》,上海古籍出版社,2006 年版,第 245—246 页。

(1733)陈州知州董起盛奏请将陈州升府，其陈述的理由为："陈州幅员辽阔，绵亘数百里，界连八邑，犬牙相错，河通淮泗，路达江楚。更有所属周家口一带地方，水陆交冲，五方杂处。一切刑名钱谷、稽查保甲，各处验勘难以悉举，事本繁多。"①此项奏报很快获得批准，雍正十二年(1734)升陈州为府，并添设粮捕水利通判驻扎周家口，以加强管理。到乾隆年间，沙河南岸的周家口与北岸的永宁集已经完全连成一体。乾隆《商水县志》记载：周家口集"旧在沙河南岸，仅有子午街一道，居民数家。国朝治平百年以来，人烟聚杂，街道纵横延及淮宁境，连接永宁集，周围十余里，三面夹河，舟车辐辏，烟火万家，樯桅树密，水陆交会之乡，财货堆积之数。北通燕赵，南接楚越，西连秦晋，东达淮扬，豫省一大都会也"②。嘉、道年间，周口镇内商船停靠的码头埠口计有上齐埠口、下齐埠口、大渡口、小渡口、新渡口、王家埠口等六个。

康熙、乾隆年间，社会相对安定，农村经济发展较快，周家口商业臻于鼎盛。安徽茶麻、两湖竹木、两广纸糖、天津食盐、山西铜铁、豫西山货、太康棉花、淮阳金针(菜)及附近皮毛、粮油、牲畜等均在周家口市场交易，日成交额30多万元(银币)。牲畜交易更为广泛，骡马行180余家，有"南牛北马"之称，旺季日成交有6000余头。此时，周家口的粮食交易也成为大宗，大型粮行28家，粮坊80余家，年成交2亿斤以上。商业的繁荣，促进了手工业的发展，当时周家口的手工业从业者上千户，手工业十分发达。当时周口的商业腹地涵盖的主要是河南东部陈州府和开封府的大部分地区，汝宁府的北部，以及河南中部的部分州县。计有：陈州府属淮宁、西华、商水、沈丘、项城、扶沟、太康，开封府属祥符、尉氏、通许、鄢陵、郑州、中牟、新郑、洧川、禹州，汝宁府北部的上蔡、西平，许州所属临颍、郾城、襄城，以及南阳府东北部的叶县、舞阳等，共计20余州县，周口成为中原地区重要的中等商业城镇。

周家口先后出现22个渡口、10处会馆、41座寨门、8座清真寺、50余庙

① 道光《淮宁县志》卷二《沿革志》。
② 乾隆《商水县志》卷一《舆地志》。

宇、116 条街道，每条街道聚居各专门行业，常住人口及流动人口 15 万，成为豫东南粮食集散、批发零售中心，与朱仙镇、道口镇、赊旗镇合称为河南四大名镇，号称“南皮都”“小武汉”。

二、近代以来的历史变迁

经历了一百多年的鼎盛期后，周口开始衰落，其衰落原因有几个方面。一是战争破坏。《周口市志·大事记》载，周家口镇在 1853 年至 1930 年这 77 年的时间里，直接遭受战乱的年份有 16 个，平均每五年就遭受一次。捻军是太平天国时期北方的农民起义军，在苏、鲁、豫、皖等省活动。咸丰八年(1858)，捻军四次进入周家口镇，“10 月 27 日，捻军攻占周家口，火光照耀 10 余里……冬，周家口北岸大火，烧 3 日，光照百余里”。清军为了镇压捻军，于咸丰八年冬天开始修筑周家口南北两寨，同年又重修了西寨。同治四年(1865)，两江总督曾国藩为围剿捻军，议定以四省十三府之地设四镇重兵，以安徽临淮、山东济宁、河南周家口和江苏徐州为老营，各驻重兵，多储粮草，一省有急，三省支援，并提出四镇之中，以河南周家口最为重要。驻周家口指挥的曾国藩曾率军在周家口一带数次围剿捻军，使周家口经济遭到严重破坏。清末至民国时期的周家口又屡遭士兵和土匪的抢掠，很多人家尤其是富商巨贾常携带金银财物到处躲藏，大商户在周家口镇的商号损失殆尽，仅存的又难以维持运作，限制了其商业规模，使周家口镇丧失了自我修复的经济基础。

二是近代铁路运营，冲击传统水运模式，导致商路变迁。光绪三十二年(1906)，京汉铁路全线通车。便捷的铁路使沿线的农产品等商品向新交通线集聚，这无疑对周家口豫东南商品集散中心地位形成挑战。京汉铁路通车前，周家口贸易辐射豫东南地区，以河南正阳、安徽蚌埠为目的地，1906 年，京汉铁路通车后，周家口仍然保持一部分以蚌埠、镇江为终点的水运贸易，但大宗货物主要通过陆路或水路囤积至漯河，改由京汉铁路往南可直达汉口，往北可抵京津地区。周口商业受到严重影响，逐渐萧条，许多商行和商业人口陆续迁往漯河。漯河逐渐取代周口成为豫东南的商业中心。民国初年，周家口至襄阳铁路也在筹建中，“豫省周家口拟筑周襄铁路，全线约二百英里，由周口经南阳至湖北之襄阳为终点”。但这条铁路因诸多因素，无果而终，使周家口最终失去复兴的机会。

三是持续水患的影响。乾隆四年(1739)、道光二十三年(1843)黄河泛滥，漫溢贾鲁河，大水冲溃周家口堤防，淹没街市，河道淤塞，严重破坏了周家口市镇。光绪十三年(1887)黄河再决郑州，漫溢商水、淮阳，沙颍河以北全部被淹，朱仙镇一带因水浅而航行困难。光绪二十六年(1900)黄风时起，河被沙填，朱仙镇舟楫完全不通，周家口也逐渐衰落。

三、颇具特色的山陕会馆

清代，随着周口兴起，全国各地的商人纷至沓来，尤以山西、陕西商人最多，商号数量超过千家，来自山西、陕西、安徽等地的商人为了满足联络乡情、存储货物、议事交涉等需要，相继在周口建立了10余座规模宏大的商业会馆。至今完好保留下来的只有沙河北岸的山陕会馆一处。周口山陕会馆又称“关帝庙”，位于周口市内沙河北岸富强街，现为周口市博物馆，1996年被列为国家级重点文物保护单位。它始建于康熙三十二年(1693)，由山西新绛、长治、蒲州，陕西大荔、澄城等地的商贾集巨资创建。历经雍正、乾隆、嘉庆、道光等重修扩建，最终于咸丰二年(1852)全部落成，历时159年。

现存会馆为三进院落，坐北向南，东西宽105米，南北长158米，规模庞大，分布在周口的中轴线上，有照壁、山门、钟鼓楼、铁旗杆、石牌坊、碑贼殿、飨殿、大殿、戏楼、拜殿、春秋阁。此外，头进院中轴线两侧建有马房、东西廊房、灶君殿、药王殿、酒仙殿、财神殿，以及东西侧殿老君殿和马王殿、东西配殿河伯殿和炎帝殿。二进院为会馆剧场，中轴线两侧有东西庑殿以及东看楼、西看楼，另有东西掖门通向后院。

现照壁、钟鼓楼均毁坏无存。山门最初建于清雍正十三年(1735)，现存山门为新建，是1988年于原舞楼旧址重建。山门面阔五间，进深三间，前后带廊，为歇山顶建筑，屋面覆以绿色琉璃筒瓦，檐下悬有金字牌匾“关帝庙”。石牌坊位于月台前沿正中两碑亭之间，建于清乾隆三十年(1765)，为四柱三间式。四柱立于两座高 0.86 米石砌坊基上，中坊高 7.25 米，两配坊高 5.85 米，通体雕刻图案 120 余幅。其中有“关云长义释曹操”“八仙醉酒”“竹林七贤”故事，以及“福禄寿喜”“四季花鸟”等，刻工精细，布局得当，是一组非常珍贵的石刻作品。

铁旗杆建于清嘉庆二年(1797)，系陕西同州大荔、朝邑、澄城天平众商敬献，高 22 米，重 3 万余斤，杆身上下分三节铸造，杆身饰有四条蟠龙，上下飞舞。顶端铸有“大义”“参天”四字，象征着关羽一生忠义，与日月同辉。

飨殿建于清雍正九年(1731)，单檐歇山顶，屋面覆绿色琉璃筒瓦，为明三暗五的建筑结构，通面阔 12.56 米，进深三间，7.8 米。檐柱柱础为石雕狮子，角柱柱础为石雕麒麟，造型生动，威武雄健，后檐柱及廊柱柱础为莲花卧鼓六角须弥式，高浮雕“二龙戏珠”、鸟兽花卉和吉祥图案。

大殿与飨殿甚近，始建于清康熙三十二年(1693)，为山陕会馆最早之建筑，悬山顶，覆绿琉璃瓦。面阔五间，16.3 米，明间阔 3.3 米。进深三间，9.3 米，带前廊，廊深 1.7 米。殿内梁柱斗拱雕刻精美，彩绘富丽。内祀关羽、赵云、张飞、黄忠、马超。

大殿旁边有配殿河伯殿和炎帝殿，均为面阔三间，10.8 米，进深二间，6.6米。悬山顶，覆灰色筒瓦。河伯殿东侧以仪门与老君殿相连接，仪门阔 2.03 米。老君殿为硬山顶砖木混合建筑，面阔三间，4.95 米，其中明间阔 3.10米。炎帝殿西侧原有马王殿，现无存。另药王殿、灶君殿与财神殿、酒仙殿相对。药王殿灰瓦覆顶，硬山顶建筑，面阔三间，9.58 米，带前廊，廊深 1.3 米，通进深 4.06 米。财神殿建筑结构与此同。灶君殿灰瓦覆顶，硬山顶建筑，面阔三间，8.15 米，带前廊，廊深 1.3 米，通进深 4.06 米。酒仙殿建筑结构与此同。与灶君殿相连的尚有廊房八间，马房一间。廊房为悬山顶，灰瓦覆盖，通面阔 24.8 米；马房为硬山顶，通面阔 3.6 米。进深均为 4.02米。西侧亦有廊房八间，无马房。

二进院为会馆剧场，由南向北，中轴线上建筑依次有戏楼、拜殿及春秋阁，两侧有东西庑殿、东西看楼。戏楼始建于清嘉庆五年(1800)，嘉庆十七年(1812)重修，坐南朝北，背依大殿，为重檐歇山式砖木建筑。主楼居中，两侧配有歇山式边楼，飞檐层叠，错落有致。台基高 2.3 米，台面用木板砌成，为正方形，三面敞开，面阔三间 11.3 米，进深三间 11.3 米，明间面阔 4.36米，前台进深 4 米，后台进深 3.7 米，最后化妆室进深 3.1 米。檐下斗拱为五踩重昂，梁架用抬梁式结构，悬有垂柱。明间屋顶高出，楼顶覆盖黄绿琉璃瓦，脊部置有狮子宝瓶，两端饰以龙头大吻，垂脊饰以小兽。雀替、匾额、平板枋等处透雕人物、花卉、云龙等，戏楼主楼悬有“声震云霄”横匾。整座戏台比例适当，造型优美，雕刻精细①。

拜殿，创建于咸丰元年(1851)，面阔五间，其中明间阔 3.54 米，次间阔 3.41 米，梢间阔 3.45 米；进深三间，8.4 米。悬山式卷棚顶，前后有飞檐。拜殿前后敞开，木柱之间没有木隔扇。柱础为雕刻有“王祥卧冰”“张良进履”“刘海戏金蟾”“白状元祭塔”“鲤鱼跳龙门”“喜鹊闹梅”“狸猫戏蝶”“马上封猴(侯)”等传说故事及麒麟、狮子、莲花等图案的大型石构件。后檐与春秋阁前檐间仅有一线天距离。拜殿前有东西宽 20 米、南北长 5.7 米的月台，月台四周围以石栏杆。

春秋阁，坐北朝南，创建于嘉庆五年(1800)，顶覆绿色琉璃瓦，重檐歇山砖木结构，面阔五间，其中明间阔 3.56 米，次间阔 3.36 米，梢间阔 3.41 米；进深三间，10.02 米。四周有回廊，廊柱方形石柱。内塑关羽、关平、周仓像。春秋阁两侧有仪门通向后院。

东看楼与西看楼始建于嘉庆二十年(1815)，通高两层，对称式分布。悬山顶、覆灰筒瓦。面阔各五间，16.57 米，明间阔 3.52 米；进深二间带前廊，通进深 10.6 米，施五踩斗拱，装六抹隔扇。毗连东、西看楼的为东、西庑殿，亦为对称分布。面阔各七间，22.36 米，明间阔 3.4 米；进深两间，带前廊，通进深 7.84 米。屋顶为悬山顶，覆灰筒瓦。

这座凝聚着我国古代劳动人民才能和智慧的古建筑群，布局精巧，殿堂雄伟，雕刻瑰丽，素以其巧夺天工的艺术装饰著称于世。它集民间建筑艺术之大成，在建筑构件上巧妙地运用木雕、石雕、砖雕、琉璃、彩绘和铸铁等工艺，融合了圆雕、高浮雕、镂雕、阴刻等不同技法，使一件件作品造型完

① 杨飞:《河南周口山陕会馆及其戏楼考述》,《中原戏曲》第 50 辑。

美，形象传神。 木雕、石雕、砖雕数量之多，内容之丰富，工艺之精湛，居当时中原之冠，突出反映了清代中晚期追求精雕细琢、装饰华丽的社会风尚。 建筑装饰的题材中大量采用了“二龙戏珠”“凤凰牡丹”“五福捧寿”“加官晋爵”“金玉满堂”等各种吉祥如意图案纹饰，是当时社会传统伦理道德的形象反映。 同时，也为研究清代中原商业贸易、文化交流、行业神崇拜及市场经济提供了丰富的资料和重要的实物见证①。

① 周口市博物馆编:《周口关帝庙》,华夏出版社 1993 年版,第 5—6 页。

第三章
山东的历史名城

山东省淮河流域包括沂沭泗水系和山东半岛沿海诸河水系①，辖淮河流域面积4.71万平方公里，沂河、沭河、泗河流域是其核心区域。这三条河及其支流流经的区域如临沂、菏泽、枣庄、济宁、日照等属于淮河流域。本章选取临沂、菏泽两座城市，向读者介绍它们的历史沿革、风土人情以及历史遗存等。

第一节　红色临沂　物流之都

临沂市历史悠久，人杰地灵，建城已有2400多年的历史，是山东省历史文化名城。因东临沂水而得名临沂，境内有沂河、沭河等河流穿过。沂河、沭河历史上均入淮河，系淮河支流。因其靠近河流的优越地理位置，临沂有灿烂的史前文明，成为人类文明的发祥地之一。改革开放以来，临沂抢抓机遇，努力打造商贸之城、物流之都，成为全国最大的市场集群和物流商贸批发中心。

一、历史沿革

夏朝，禹分九州，临沂之域为徐州。商代，此地有郯、莒、费诸方国。周灭商后，临沂地域并入青州，鄅国建都于此。春秋时期，鲁国修筑启阳城作为鲁国东南屏障，成为今临沂老城的前身。战国时期，临沂域内诸封国先

① 《山东省淮河流域水系》，http://sdhhw.sdwr.gov.cn/zhxx_6357/lygk/200612/t20061226_1081459.html.

后为齐、楚兼并，至战国末年，南部属楚，北部属齐。

秦朝建立后，临沂地区便分属琅琊郡与郯郡。汉朝实行郡国并行制，临沂地区又归为徐州的东海郡、琅琊郡与兖州的城阳国、泰山郡。东汉及晋时期，琅琊郡移治开阳(今临沂)，开阳原名为启阳，因避汉景帝刘启的名讳而改名为开阳，从此开阳县成为琅琊国的都城。三国两晋南北朝时期基本延续东汉时期的地方制度。东晋时临沂这一地区被北方匈奴与鲜卑所占，南朝刘宋时收复。隋朝，隋文帝为了重整南北朝时期混乱的地方行政制度，废除了郡制，改为州县两级制。隋炀帝又改州为郡，则每地区都有州、郡两个名字，临沂在当时便划分为沂州(琅琊郡)、泗州(下邳郡)与海州(东海郡)。

唐朝贞观时期，唐太宗设置十道，并且把地方行政区划分成道、州、县三级制。那时临沂地区分属于河南道的沂州、密州(高密郡)、海州。宋朝则改道为路，地方行政区分为路、州、县。那时临沂地区大部分属于京东路沂州(琅琊郡)、密州，小部分属于淮南东路的海州。南宋时，临沂大部分时间为金管辖，为山东东路的沂州临沂县加上兰陵县的西部地区。

元朝时，临沂地区属于中书省直辖山东益都路管辖；明朝，临沂则分属于山东省兖州府沂州与青州府莒州。清朝雍正二年，临沂便改为直隶州，隶属山东省。雍正十二年(1734)，沂州升府，下辖莒州、兰山、郯城、费县、沂水、蒙阴、日照一州六县，初具现在临沂的规模。

民国时期，撤销沂州府，并把莒州与兰山县分别改为莒县与临沂县，分属于济宁道与胶东道。1925 年，山东省于临沂置琅琊道，辖临沂、郯城、费、蒙阴、沂水、莒、日照七县。1936 年属山东省第三行政公署管辖。抗日战争时期，1938 年 4 月日军侵占临沂，并且利用汉奸组织，扶植建立了伪临沂县公署，归鲁南道治理。1940 年国民党撤离山东，临沂县全境遭日军分割。中国共产党领导人民坚持抗战，创建以临沂地区为核心的沂蒙抗日根据地。1945 年 8 月成立了山东省政府，建有三十多个县级与县级以上的政权机构。新中国成立后，1950 年成立临沂专区，下辖九县。到 1961 年，下辖十三县市，1994 年 12 月，国务院批准撤销临沂地区，设立地级临沂市，地级临沂市辖兰山、罗庄、河东三区和郯城、苍山(2014 年复名兰陵县)、莒南、沂水、沂南、平邑、费县、蒙阴、临沭九县。

二、灿烂的史前文明

临沂作为中华文明的发祥地之一，在沂河与沭河流域发现了近百处文化遗址，被称为“沂沭细石器文化”，还在莒县等地发现了大汶口文化、北辛文化、龙山文化等新石器时代文化。这些文化在临沂至今还留下许多清晰的文化传承序列，给后世留下了珍贵的文化遗产。

远古人民创造的奇迹流传至今，考古学家于1981在沂源县发现了“沂源猿人”的遗骨，填补了我国猿人地理分布的一个空白，对研究第四纪哺乳动物的分布、古地理、古气候和东夷文化都具有十分重要的意义。作为山东唯一的旧石器时代遗址——“沂源猿人遗址”，现已成为研究人类学起源的重要科学基地。1982年在沂水沂源、莒南与日照等多个县城也都发现了许多文化遗址，被称为“沂沭细石器文化”。早先“细石器文化”多在我国东北、内蒙古、西藏等地发现，出现在黄河中下游附近还是非常罕见的，这次在临沂便发现八十多处。“细石器文化”遗存造型精巧、细润别致，独具一格，为研究我国早期文明作出了重大贡献。

大范庄遗址是临沂重要的史前文化遗址之一，内涵丰富。考古挖掘出大汶口文化的陶器有背壶、黑桃镂孔高柄杯等，体现出大汶口文化向龙山文化过渡的特点。尤其是龙山文化时期的黑陶，素面磨光，虽纹饰不多，但制作精巧，如罐形鼎、盆形鼎、细柄豆等。同时大范庄遗址出土的新石器时代石器也不少，多为磨光钻孔技术，造型规整。在制作原料上也更为精细，采用蛋白石、流纹岩等硬度相对较高的石料，以制造玉、石饰品。除器物外，还有各类大型动物的骨骼遗骸的出土，如马、麋鹿、獐等野生动物遗骸，甚至在临沂大范庄遗址发现了扬子鳄遗骸，大汶口遗址中发现龟甲二十多件，龟甲上有些钻孔或涂朱彩。这些在遗址中出土的动物遗骸，足以说明史前时代人们的狩猎技能已有较高水平。

在临沂莒县陵阳河出土的陶器上，发现许多图像文字、彩绘或刻画的符号，同类的文字符号也在诸城前寨有所发现。这会不会就是我国最早的文字呢？许多学者对临沂大汶口文化遗址发现的图像文字进行了深入研究，唐兰先生曾多次发表文章，肯定此处发现的图像文字“既不是符号，更不是纹饰图案而是商周时期文字的远祖”，“而且此图像文字规整似古文字中的小篆，又像近代文字中的楷书，较为成熟，不像初造文字”①。这可能是中国最早的文字，汉字的雏形，因其多出现在陶器上，便把它称为“陶文”。裴锡圭先生也明确指出“陶文”与古汉字之间有一脉相承的关系，属于原始文字②。“陶文”的发现将我国的文字发展史提前了近两千年，是对新石器时代考古的重大突破。

研究者还在该遗址中发现了大量的灰色陶质滤酒器与觯形酒壶，说明在几千年前，我们的先祖就熟练掌握了酿酒技术。新中国成立后，临沂出土了大量的青铜器，苍山发现了两组商代的青铜器，都带有族徽。这足以说明商朝曾在临沂建立一个大部族方国。各类遗物的出土清晰地反映了史前时代的文化特征。

三、书圣故里

临沂历经千年朝代递嬗，书法名家辈出，西晋的王羲之、唐朝的颜真卿等书法大家皆诞生于此。

王羲之，字逸少，生于琅琊国临沂县都乡南仁里（今山东临沂市城北白沙埠镇孝友村），是东晋著名的书法大家，有“书圣”之称。其书法的特点是平和自然，笔势委婉含蓄，后人称赞其书法为“飘若游云，娇若惊龙”，可见他的书法是极其精妙的，在艺术史上有杰出成就。其子王献之也为书法大家，时人称二人为“二王”。王羲之的《兰亭集序》被后人称为“天下第一行书”。王羲之的书法举世闻名，有关他的典故也是千古传颂，比如“东床快婿”“羲之换鹅”“入木三分”等。

王羲之的家世显赫，是两晋屈指可数的大士族，后他虽随家族南渡，但其故居历经千年仍然保留至今。临沂城中有一处著名的历史遗迹便是王羲之

① 唐兰:《从大汶口文化的陶器文字看我国最早文化的年代》,1977 年 7 月 14 日《光明日报》;唐兰:《再论大汶口文化的社会性质和大汶口陶器文字》,1978 年 2 月 23 日《光明日报》;唐兰:《中国奴隶制社会的上限远在五六千年前》,《大汶口文化讨论集》,齐鲁书社 1981 年版。

② 裴锡圭:《汉字形成问题的初步探索》,《中国语文》,1978 年 3 期。

故居遗址。王羲之故居的东边有一泓清潭，碧波荡漾，南边则是山石环绕，北边是柳树人家。那池子相传便是王羲之学书时，清洗笔墨砚台之处，也称为洗砚池。西晋时期，临沂王氏家族为逃乱而南迁，舍宅为寺。后修建普照寺，大雄宝殿的北侧创建了藏经楼，收藏了五千多卷经书，极其宏伟。为了纪念王羲之，又在普照寺与洗砚池之间修建了一座右军祠，这祠内有一王羲之的坐像，左右各站一童子，左边童子抱着文房四宝，右边的抱着白鹅。王羲之故地一带古树参天，错落有致。每当黄昏，夜幕即将降临时，此处幽深灰暗，但普照寺内的大雄宝殿被笼罩在夕阳余晖中，红光四射，堪称奇观。清朝有一诗人为此景作诗道："碧玉楼头日未沉，几家残照半城阴。斜分宝刹千层影，光灿瑶龛百丈金。""普照夕阳"就是这临沂八景之一。

唐代大书法家颜真卿，琅琊临沂人，其书法被称为唐一代之冠，现在传世的颜真卿所写碑帖还有许多。颜真卿与王羲之的书法作品交相辉映，给临沂的辉煌历史文化添上了浓墨重彩的一笔。

作为书圣故里，临沂拥有悠久的书法历史、丰富的书法遗存。而今临沂更是充分利用这丰厚的书法文化资源，开展独特的书法创作、书法教育等书法活动，被中国书协评为"中国书法名城"。

2003 年，临沂建成了中国第一座刻帖"书圣碑塔"，并大力修建王羲之故居与洗砚池公园。王羲之故居里面主要陈列有与王羲之相关的文献材料与他的书法名品。除对洗砚池进行修筑疏浚外，还挖建鹅池、池心亭、水榭、假山等。此处成为集书法艺术、文化教育、园林景观与书法创作、展示、论坛为一体的书法文化基地，以供人们凭吊"书圣"王羲之，同时传承中国书法艺术。

同年，为纪念王羲之诞辰 1700 周年，临沂市举办了"中国临沂书圣文化节"，开展了王羲之故里国际书画邀请展、"羲之杯"全国书法大奖赛等活动，将全世界喜爱书法的人们会聚于书圣故里。这些活动成为中外书法文化交流的盛典，极大地弘扬了中国书法文化，成功打造了"书圣故里，魅力临沂"的特色城市品牌。

四、革命老区的灵魂——沂蒙红色文化

“沂蒙文化”是指以纵穿南北的沂沭河流域和横贯东西的蒙山山系及其辐射地带为依托而形成的一种源远流长且与时俱进的区域文化。近代以来，特别是五四运动以来，沂蒙地区受到革命思想的影响，形成了独具特色沂蒙红色文化。

五四运动以后，马克思列宁主义开始在沂蒙地区传播，新文化运动强烈地冲击着沂蒙地区，民主与科学的思想逐步深入人心。被称为“沂蒙之子”的王尽美，作为当时全国 58 名党员之一，作为出席中共一大的 13 位代表之一，作为山东党组织的最早创立者，曾冒着生命危险到沂蒙地区传播马列主义真理，撒下革命文化的火种。1927 年 4 月，中共沂水县支部正式成立，这是临沂地区建立的第一个共产党组织，为后来沂蒙抗日根据地的建立奠定了先进的思想基础。1928 年 12 月，中共沂水县委成立。1929 年 10 月，中共鲁南第一支部创建。这一时期，最早在沂蒙地区传播马列主义的沂蒙籍代表人物主要有：王尽美、刘晓浦、刘一梦、李清漪、李清潍、王敬斋、刘鸣銮、孙金宣、郭云舫、孙善师、刘之言等。其中刘晓浦后来任中共山东省委执行委员兼秘书长，刘一梦任团省委书记，叔侄因叛徒告密被捕，1934 年 4 月 5 日与中共一大代表邓恩铭、中共山东省委书记刘谦初等 22 人被军阀韩复榘枪杀于济南，史称“四五惨案”。

抗日战争和解放战争时期，伴随着沂蒙革命根据地的建立和巩固，沂蒙地区逐步发展成为全省的政治、军事、文化、教育中心，成为全国革命文化最活跃、最繁荣的地区之一。这时期的抗大一分校、毛泽东青年干部学校山东分校、山东省抗战建国学院、滨海建国学院、山东大学、山东公学、华东军事政治大学、苏鲁豫皖边区省委党校、山东抗日军事政治干部学校、山东鲁迅艺术学校等，在传播革命思想、丰富沂蒙红色文化方面作出了重要贡献。在抗战氛围和革命思想的浸润下，沂蒙涌现出了用乳汁救助伤员的“红嫂”明德英、创办八路军机关托儿所的“沂蒙母亲”王换于、拥军模范“沂蒙六姐妹”以及百万民工踊跃支前等英雄群体，由此而孕育和形成了党政军民

“水乳交融、生死与共”的“沂蒙精神”。

这一时期，沂蒙文化成为传播革命思想的文化、团结党政军民的文化、夺取战争胜利的文化和紧接地气的大众文化。通过《大众日报》《山东画报》《山东教育》和《战士报》《军政报》《前卫报》《沂蒙导报》等报纸杂志，通过“山东文化界救亡协会”“山东艺术工作者协会”“新文字研究会”、山东鲁迅艺术学院和战士剧社、姊妹剧团、鲁南剧社、黎明剧社、沂蒙国剧社、抗大一分校文工团、鲁南文工团、滨海军分区宣传队、农村剧团、秧歌队等文艺团体，通过《跟着共产党走》和《沂蒙山小调》等革命歌曲，通过戏剧、曲艺、诗歌、快板、壁报、街头诗、传单、读报、标语、演说等丰富多彩、人们喜闻乐见的形式，沂蒙红色文化得到了广泛传播，为抗战胜利和全国解放作出了巨大贡献。

根植于沂蒙文化、革命传统和社会主义建设实践沃土上的沂蒙红色文化——沂蒙精神，经过战争年代的洗礼、建设时期的陶冶、改革开放的考验和新世纪新时期的充实和发展，已成为激励广大人民前进的强大的精神力量，并在新的时代条件下不断得以丰富和弘扬。“爱党爱军、开拓奋进、艰苦创业、无私奉献”的沂蒙精神，是人民群众创造的精神，是中国共产党缔造的精神，是培育和践行群众路线的精神。2013 年 11 月 28 日，习近平总书记在山东考察工作讲话中强调，沂蒙精神与延安精神、井冈山精神、西柏坡精神一样，是党和国家的宝贵精神财富，要不断结合新的时代条件发扬光大①。

五、商贸物流名城

拥有千年历史文化底蕴的临沂，作为革命老区，有“华东小延安”的称号。在人们的历史记忆中，老区是贫穷落后的，然而临沂是最早脱贫的革命老区，是欣欣向荣的革命老区，如今是闻名全国的商贸之城、物流之都。因其拥有独特优越的地理位置、优秀的精神文化传统，以及敏锐、正直、果敢的领导，使临沂成为华东地区非常重要的商品集散地，中国北方最大的物流

① 韩延明:《沂蒙文化生成与演进的历史分期摭探》,《山东师范大学学报(人文社会科学版)》,2015 年第 1 期。

基地，素有“南有义乌，北有临沂”之称。

在改革开放之后，临沂受南方纺织业的启发，抓住时机，率先在山东创立了第一个以纺织品为主的批发市场，自此拉开了临沂专业批发商城的序幕。临沂的批发城起于20世纪80年代，90年代繁荣兴盛，连续六年居于全省同类城市的首位，并且在国家评出的全国百强商贸市场中位列前三名。这是临沂人千年传承的智慧，与沂蒙革命时传承下来的沂蒙爱国爱党、艰苦创业、自强不息、敢为人先、改革创新的人生观、价值观相结合而形成的“商贸文化”的结晶。

现在的临沂已成为中国规模最大的市场集群、重要的物流周转中心和商贸批发中心，是山东省国际贸易综合改革试点单位。专业批发市场门类齐全，现有专业批发市场133处，占地面积1443.03万平方米，商铺和摊位6.72万个，经营业户5.05万余户，从业人员超过20.46万人，日客流量30万人次；经营商品涵盖小商品、五金、建材、板材、园林机械、劳保用品等27大类6万个品种，基本覆盖了生产资料和生活资料主要门类。

国际贸易便利化服务完善。围绕采购服务便利化，扎实开展市场采购贸易方式试点工作，临沂商城工程物资市场成为全国首家获批开展市场采购贸易方式的生产资料市场，建成2万平方米市场采购贸易展示服务中心和“沂采通”电商平台，实行“采购地申报、口岸验放”一体化通关监管模式，2017年实现市采出口10.1亿美元。

“互联网+”异军突起。深入实施“互联网+商城”计划，着力构建“垂直交易平台+内贸网商+跨境电商+电商服务商”电子商务生态链。建成各类电商园区12处，各类电商平台47个，发展网商商户9.7万户，电商从业者12万人，商城70%以上市场商户开展电子商务。京东、亚马逊、谷歌、易贝等平台官方服务商落户，沂商通等电商平台上线运行，新明辉等垂直电商平台快速发展。

现代物流体系不断完善。统筹发展公路、铁路、航空和临港物流，陆海空三位一体的物流体系初步形成。现有物流公司、经营业户2374户，物流园区24处，从业人员2.38万人，发展国家2A级以上物流园区及企业23家，省二星级以上企业33家。拥有国内配载线路2000多条，覆盖全国所有县级以上城市，通达全国所有港口和口岸，日均发送货物 20 多万吨，物流价格比全国的平均低 30%，具有货物周转快、物流价格低、辐射范围广的优势。

会展经济发展步伐加快。拥有临沂国际会展中心、临沂商城会展中心和临沂国际博览中心 3 大会展平台，可用展览面积 12 万平方米，年举办展览、会议论坛 170 场次，展览面积 170 万平方米，已连续举办 9 届中国(临沂)国际商贸物流博览会、5 届资本交易大会。临沂被评为中国会展名城和中国会展最具办展幸福感城市。

临沂这片热土上浸润了远古的文明与华夏东夷的智慧，洒满了革命烈士们的满腔热血与自强不息、勤劳勇敢的临沂人们的汗水。如今更是融入了现代化经济，搭载了商贸物流畅通、迅捷的快车。在新时代的发展中更需要坚定不移弘扬与传承优良的沂蒙文化以及“爱党爱军、开拓奋进、艰苦创业、无私奉献”的沂蒙精神，继续谱写临沂更加辉煌的新篇章。

第二节 “天下牡丹出菏泽”——菏泽

菏泽，初名曹国，后为曹州。菏泽“襟带河济，控扼鲁宋”，商贾辐辏，将相云集，是故司马迁称之为“天下之中”。菏泽位于太(行山)泰(山)走廊，先前湖泊鳞次、沼泽栉比的低洼地，由于黄河在其身边经久奔流而下，早已成为沃野千里、坦荡如砥的大平原。菏泽是著名的牡丹之乡，有“曹州牡丹甲天下，天下牡丹出菏泽”之说。菏泽大地保留着众多的堌堆遗址，比较著名的有安邱堌堆、青邱堌堆等，是一种独特的历史遗存。

一、曾经是“四泽十水”之地

五万年以前，山东省菏泽市境内是个巨大低洼沼泽水域。在漫长岁月中，经西来黄河，东来汶、泗挟带泥沙的填冲，至 1.5 万年前后，渐渐形成菏泽、雷夏泽、大野泽、孟渚泽和济水、菏水、氾水、沮水、灉水(澭水)、汳水、黄沟水、包水、黄沟枝水、羊里水(瓠子河)等“四泽十水”水系。约在八千年前后，中华部分先民陆续定居于“四泽十水”岸边，渔猎、农耕，繁衍生息。《尔雅》把大野泽、孟渚泽列在全国十大湖泊之中，所谓尔雅十薮，“鲁有大野”，“宋有孟渚”，将黄河、济水列在全国四大入海河流之中，所谓“江淮河济为四渎”。古代的菏泽，全国十薮有其二，天下四渎占其半，真可谓泽国水乡，渔农并兴。这就是菏泽市能够成为中华民族重要发祥地之一的基本条件①。

菏泽故址在今菏泽城东南30里，因其地有菏山而得名。《汉书·地理志》和《太平寰宇记》中都有关于菏山的记载，此山早不存在，只有因山而得名的菏泽。《书·禹贡》：豫州“导菏泽”；导川，“又东至于菏”，即此。菏泽为菏水与济水所汇，并通过菏水与淮河相连，经由济水与大野泽相通。唐《括地志》载：“菏泽在曹州济阴县东北九十里，故定陶城东，今名龙池，亦名九卿陂。”宋初《太平寰宇记》济阴县下：“菏泽在县东北九十里，定陶城东北。”宋仁宗天圣年间，广济河曹州以下改道，菏泽水源断绝，广济河漕运渐废，菏泽水域已完全淤浅，不能行舟。

雷夏泽，又名雷泽、龙泽，故址在今菏泽城东北60里。雷泽是伏羲出生之地，舜渔猎于此。《水经注》瓠子河下载：“瓠河又左经雷泽北，其泽薮在大成阳县故城西北十余里，昔华胥履大迹处也。其陂东西二十余里，南北十五里，即舜所渔也。”由于黄河的不断泛滝，雷泽水面由西向东、由北向南不断淤浅和退缩，到北魏时，其水域仅有东西二十里，南北十五里。五代、北宋时期的黄河屡决滑州和濮阳，大水东注，先灌淤雷泽，然后再淤大野泽。

孟渚泽，菏泽市境内古泽，故址在今菏泽市曹县东南、单县西南。是四千前有虞部落的发祥地之一，是夏朝第六代国君少康的复兴地，商汤氏族的龙兴之地。四千年前的孟渚泽，水域面积覆盖今菏泽市单县西南部和曹县的南部。孟渚泽西纳源于黄河的古汳水，东出汳水，入泗水，通连江淮；北出黄沟枝水，通济水入菏泽，是上古水上交通一个重要枢纽。经过千百年黄河泥沙的淤积，至春秋时孟渚泽已一分为二：西曰蒙泽，东曰孟渚泽。唐时，孟渚泽尚有周五十里的水面，天宝三年（744），李白、杜甫、高适曾同游孟渚泽，写下了游孟渚泽的诗篇。

① 韩广洁主编:《菏泽文化大览》,山东友谊出版社2002年版,第19页。

大野泽，又名巨野泽、大泽、广野泽，为古济水所汇。该泽西通雷泽，西南纳济水连通菏泽，东北出济水，再东北经济南流入海，东南出黄水入菏水、通泗水、入淮、入海。故址在今菏泽市巨野县北，五代时命名的梁山泊就是其中的一部分。《书·禹贡》："大野既豬。"《周礼·职方》兖州："其泽薮曰大野。"《左传·哀公四十年》"西狩于大野"，即此。据《元和郡县图志》："巨野泽，在县东五里，即鲁西狩获麟处。武德四年(621)，于此置麟州，以是获麟之地，故以为名。"《元和郡县图志》还具体记载道："大野泽一名巨野，在县东五里，南北三百里，东西百余里。"《大明舆地名胜志》载："巨野泽，宋时与梁山泊汇而为一。"公元1128年，北宋东京留守杜充于滑州李固渡决黄河阻金兵，及以后的宋金交战，导致黄河决口，洪水主流先入雷泽，后入大野泽，其水在菏泽境内漫流，雷泽、大野泽成了黄河的主河道，黄河泥沙逐渐将菏泽、雷泽、孟渚泽、大野泽淤为平地。

菏水古代沟通济水、泗水、淮水，是贯通东、西、南、北水运交通咽喉的河流，在历史上有着不可磨灭的功绩。菏水至湖陵，经过乘氏县、昌邑城、金乡、东缗、谷亭等城外，沿途还分布着大汶口文化至龙山文化以及商周文化遗址，足以说明菏水形成年代的远久。由于受黄河决溢而淤垫，菏水在五代时已湮塞不通。

古济水的流向在《禹贡》中这样记载："导沇水东流为济，入于河，溢为荥，东出于陶丘(定陶)北，又东至于菏(菏泽)，又东北会于汶，又北东入于海。"《尔雅》中提到的四渎：江、河、淮、济，就是古代四条独流入海的河流，"济"指的就是济水。据《菏泽县志》载：自汉以后济水故道有二：一是自河南仪封县界流入曹县北三十里，又东北经定陶县南谓之南济；二是自隶东明县流入，经菏泽县南谓之北济，二水在巨野合流(入巨野泽)，北经郓城县南，又东北入东平州界，再经大清河(当时的济水下段)入渤海。

濮水是流经古菏泽区域的一条重要河流，是雷夏泽和巨野泽的水源之一。濮阳、濮州都从濮水得名。濮水上下游各支流有时此通彼塞，有时此塞彼通，故《汉书·地理志》《左传》杜预注、《水经注》《元和郡县图志》等书所载经流地区不尽相同。后因济水涸竭，黄河改道，故道渐堙。

氾水，济水的支流之一，流经今山东菏泽市定陶区南、曹县北，汇入古菏泽，是一条比较古老的河道。因刘邦即皇帝位于氾水之阳（定陶区官堌堆），使该水名垂后世。《太平寰宇记》又云："汉祖坛在（济阴）县东北二十里，汉高五年，即位于定陶氾水之阳，故立坛。"另外，《史记》《汉书》《括地志》《通典》《元和郡县图志》《舆地胜览》等历史、地理著作都记载了氾水。

灉水，即澭水。它与沮水合流入雷夏泽，是雷夏泽的一条重要水源。灉水之名，首见《禹贡》："济、河惟兖州，九河既道，雷夏既泽，灉、沮会同。"灉水，战国前称灉水，战国后称濮水（南濮水）。据杨向奎先生考证，西自淇县，东至濮阳、鄄城、汶上，在西周时皆称鄘。《诗经》中所谓《鄘风》者，皆指此。同样，濮人居住在灉水两岸，久之，则灉水变名为濮水。

瓠子河，即羊里水，在今菏泽境内。《水经注》记载经雷泽西北，其泽薮在成阳县故城西北十一余里。瓠子河在我国历史上是很有名的一条河流，并且是中华历史上唯一一条以瓠子命名的河流。

沮水，雷夏泽的重要水源之一。《书·禹贡》中说"雷夏既泽，灉、沮会同"，即此。《水经注》记载，北济当是《禹贡》中沮水。沮水远古有之，宋末金初，沮水堙废。还有泒水、黄沟水、包水，共同构成古代菏泽地区的"四泽十水"。

二、由"曹州"到"菏泽"

周初武王死后，其子成王年幼，周公代理朝政。为了加强对全国的控制，周公大规模地分封诸侯。武王的六弟振铎就是在此时来到陶丘，建立了曹国。曹国传二十五王二十世，于伯阳十五年（前 487）亡于宋，共存 630 余年。之后，曹国之地行政区划多有变动。到南北朝时期，为了防止外重内轻，限制地方势力的膨胀，统治者不断分州析郡，州的数目逐渐增多，西兖州和曹州便在此时应运而生。西兖州，置于南北朝北魏孝昌三年（527），共存 51 年，因位于南朝梁兖州之西而得名。它先治定陶城（在今定陶城西北部），后徙左城（在今定陶城西）；领沛、济阴二郡，共七县。北周武帝宣政元年（578），改西兖州为曹州，因曹国而得名，与济阴郡同治左城，领济阴、濮阳

(治所在今鄄城县旧城镇)二郡，共八县。隋大业三年(607)改为济阴郡。唐武德四年(621)复为曹州。宋建中靖国元年(1101)，曹州改赐广济军。宋崇宁元年(1102)升曹州为兴仁府。管辖济阴、南华、乘氏和宛亭(冤句)四县。金天会八年(1130)复为曹州。金大定八年(1168)，曹州治所因左城为河所没而迁往古乘氏县治，即今日之菏泽城。元朝至元二年(1336)，直隶山东行省。

明洪武四年(1371)降山东曹州为山东曹县，属山东承宣布政司兖州府。正统十年(1445)复置山东曹州于古乘氏县址。清雍正二年(1724)升曹州为直隶州，属山东省，雍正十三年(1735)升为山东省曹州府，以原州治置山东菏泽县为府治，菏泽因古泽薮而得名。民国时期，1913 年废山东曹州，菏泽县属山东省济南岱南道(翌年更名山东省济宁道)。1925 年属山东省曹濮道。1928 年废道，直隶于山东省。1936 年菏泽设山东省第二专区，1938 年山东省分为第十区、十一区、十二区三个专区。

1949 年 8 月，临河、鲁西南及运西专区之一部合建为菏泽专区，与湖西专区同属平原省。1952 年 11 月撤平原省，遂改隶山东省。次年山东省湖西专区撤销，其所辖县部分划入山东菏泽专区。1958 年底撤山东菏泽专区并入山东济宁专区，次年 7 月恢复山东菏泽专区。1967 年 3 月改为山东省菏泽地区，行政公署仍驻山东菏泽。1983 年 8 月撤销山东省菏泽县，设立县级菏泽市。2000 年 6 月 23 日，国务院批准，撤销山东省菏泽地区和县级菏泽市，设立地级菏泽市，原菏泽市设立牡丹区，以原县级菏泽市的行政区域为牡丹区的行政区域。

三、曹州古城的历史变迁

曹州古城，在今山东省菏泽市城区。北魏太和十二年(488)始建乘氏县，其间，除隋末唐初因战乱乘氏县一度废置外，历北周、隋、唐、五代、宋及金，共 678 年其名未变。南宋建炎三年（1129)，乘氏县被金军占领，当地百姓多随宋南迁，加之连年水患，户口大减，乃于金大定六年（1166）废乘氏县，其地并于济阴县。又二年，黄河泛滥，大水平地逾丈，济阴城圮于水。

曹州太守赵世安将曹州和济阴县治均迁于菏泽。这是菏泽城第一次为州治。自此，为济阴县治达200年。明洪武元年（1368），因黄河水患又废除济阴县，其地直属曹州。州治先迁至安陵镇，再迁盘石镇(曹县城)，菏泽改称古雄镇。明正统十一年（1446），巡抚山东大理少卿张骥奏以河北人民渐广，差赋不便，仍以金乘氏县旧址复置曹州。清雍正十三年（1735），升曹州为府，附郭置菏泽县，即今市城址。

明正统十一年（1446），原曹县知县范希正迁任曹州知州，乃利用旧州址，度势规划，始筑城池；划方隅，定民居，立廨舍，构儒学，初有街道，奠定了今天菏泽基础。城池经多次缮修、增筑，至明正德七年（1512）告成，历时66年。城周12华里，城墙高2.5丈，堞高5尺，趾宽3丈，池深1.5丈，广4丈。建有四门：东曰"东秩"，西曰"西成"，南曰"阜民"，北曰"拱辰"。门上建戍楼，门外有吊桥，城四角筑有敌台。明嘉靖元年（1522），知州沈韩离城5里筑护城堤防水。明泰昌元年（1620）巡道许鼎臣又加葺城面，修饰城楼。设四城楼：东曰"青波旭日"，南曰"风入虞弦"，西曰"凤台霜晓"，北曰"云里蓬莱"。复于城门额嵌石为匾，东曰"双河"，南曰"南华"，西曰"凤山"，北曰"济阴"。清乾隆三十二年（1767）知府樊濬改土城墙为砖墙，周长1872丈，根宽1.6丈。设炮台26座，水簸箕84道，门楼4座，垛口3134堵，马道斜墙8堵，马道门楼8座。

1938年至1948年，十年间城墙两次重修，三次拆除。20世纪60年代初开始在城墙遗址上植树，现已成林，成了浓荫覆盖的绿化带。城内街道纵、横各7条，相互交叉，状若棋盘。交叉点称隅首，共23个(其中名称不详的5个)。以隅首为界，街分数段，各段长短大体相等，通名叫巷。东西巷32条(其中有2条名称不详)，南北巷26条，共58条。民国初改巷称街。民国二十二年（1933），统一为街命名。东西街36条(其中一条名称不详)，南北街36条，共72条(包括四关)①。

新中国成立后，曹州古城得到保护性开发。自20世纪60年代初有计划地拓宽街道，并延伸出城，城区面积迅速扩大。1965年开始铺设沥青路面。

---

① 山东省菏泽市志编纂委员会编:《菏泽市志》,齐鲁书社1993年版,第56页。

从 1977 年开始对城区道路进行了综合治理。经地名普查，对所有街(城内)、路(城外)统一进行了命名或更名。原来党、政、军机关多驻旧城内，逐渐迁往新城区。

2017 年，菏泽市为实现古城复兴，传承古城文化，启动《菏泽市古城区城市设计》，设计面积 2.56 平方公里。该规划把独具特色的古城建设，与新城开发有机结合，尽量保留古城的文化积淀，完善空间布局，统筹建筑风格，优化景观设计，使古城建设的更具特色、更具活力，也更宜人。规划提出“千年古曹州，宜居古城区”。明确发展目标为打造菏泽商业文化中心、菏泽中央生态文化休闲区、鲁西南文化创意旅游区，实现老城功能复兴、传承历史、展示地域文化特色、商业活力的文化古城、民俗古城、宜居古城。古城范围内规划居住容量可达 2.5 万人，投资开发约 130 亿元。通过规划建设，菏泽古城将建设成为鲁风古韵的曹州古城。

四、“天下牡丹出菏泽”

菏泽是著名的牡丹之乡，有“曹州牡丹甲天下，天下牡丹出菏泽”的说法。菏泽属黄海冲击形成的平原地区，土壤肥沃且属于半泥半沙的土壤。气候上光照充足，四季分明，十分适合牡丹等作物的种植生长。

牡丹在菏泽的种植历史十分悠久。据可靠史料记载，曹州牡丹至少从明代就有了。明代于慎行编修、万历二十四年刻印的《兖州府志·风土志》中记载：“(曹州)古济阴之地……物产无异他邑，惟土人好种花树，牡丹、芍药之属，以数十百种。”从这一记载来看，曹州牡丹明万历年间已广泛种植，至今 400 余年，栽培历史可谓悠久。《曹南牡丹谱》记载：“至明曹南牡丹甲于海内。”在《五杂俎》中记载：“曹州一士人家，牡丹有种至四十亩者……多至一二千株，少至数百株。”这一时期，曹州牡丹集中在城东、城北一带，连阡接陌，万紫千红，花园鳞次栉比，较著名者有何园、张花园、巢云园、万花村、郝花园、毛花园、赵花园、桑篱园、铁篱寨花园等。曹州享有“曹州牡丹甲天下”的美誉，明代曹州就是牡丹的主要产地了。到清代之后，曹州的牡丹种植发展得更为昌盛。《曹州牡丹谱》记载：“牡丹园户种花如种黍粟，动以顷计，盖连畦接畛也。”蒲松龄在他的《聊斋志异》中也有记载：“曹州牡丹甲齐鲁。”《绮园牡丹谱》记载：“谷雨后，余尝两至其地，见姹紫嫣红，含蕊皆放，交错如锦，夺目如霞，灼灼似群玉之竞集，煌煌若五色之相宣。”菏泽牡丹盛开时节，红焰如火、香气逼人，美艳不可方物，引得方圆十里的人们前往观赏。

新中国成立后，牡丹的种植实行统一规划、集中种植，将分散在各户的牡丹作价归集体，各村都成立了牡丹特产队，配备了专职技术人员，一面收集老品种扩大种植，一面选育新品种。在销售上，药材公司对丹皮、白芍实行包购统销，解除了花农销售的后顾之忧，使牡丹种植很快发展起来。凭借改革开放的春风，以牡丹之优势，成功举办了十三届国际牡丹花会，使菏泽牡丹享誉全国乃至世界，“曹州牡丹甲天下”的美誉进一步发扬光大。

菏泽人自身也很喜欢牡丹，养花为业者随处可见，所以菏泽的牡丹从古至今，长年发展，经久不衰，目前仍是全国牡丹栽培面积最大、品种最多的一处牡丹集中栽培区，牡丹逢盛世，盛世喜牡丹。牡丹之乡的菏泽拥有世界上牡丹品种最多、面积最大的曹州牡丹园。曹州牡丹园的前身是赵楼村的赵世学、高凤成等三家的私家花园，共三百多亩。园内分为三个观赏区，若干个观赏景点，“观花楼”“天香阁”是园内主体建筑，新颖别致，古朴典雅，登高远眺，园内景观尽收眼底。曹州牡丹园在国内外享有很高的声誉，育出的“粉中冠”“冠世墨玉”“紫瑶台”“赵粉”等著名品种，曾多次运往北京植物园、中南海、故宫及上海、南京、洛阳等园林风景区栽植，还远销日本、美国、英国、法国、德国、俄罗斯、加拿大、荷兰、泰国等30多个国家，深受国内外游客的喜爱。每年四月中旬至五月上旬，百万株牡丹竞相开放，五彩缤纷、千姿百态、争奇斗艳，每到牡丹开放时节，游客络绎不绝，形成花似海、人如潮的壮观场面。

如今的菏泽，种牡丹、画牡丹、写牡丹、拍摄牡丹早已成为家常便饭，人们茶余饭后谈论的是牡丹故事、牡丹的品种、牡丹的药用实用，牡丹已经成为菏泽人民生活当中不可或缺的一部分。牡丹产业是菏泽市最具有特色的产业，目前，菏泽牡丹种植面积达48万亩，100亩以上的种植大户300家，其中1000亩以上的40家，牡丹种植专业合作社有37家，牡丹深加工企业达

120家，牡丹出口企业11家。开发有牡丹籽油、牡丹软胶囊、牡丹精油和牡丹鲜花纯露、牡丹茶、牡丹面膜等100余款牡丹系列产品，培育壮大牡丹与文化、旅游、商贸业的融合发展，全力打造菏泽牡丹品牌。

五、众多的堌堆

堌堆，看起来是个陌生的词汇。字典上解释：堌堆，大土堆，用于地名。在菏泽的方言中，“堌堆”就是土丘。鲁西南堌堆遗址迄今共发现总数约400处，其中菏泽有记载的151个。菏泽以“堌堆”命名的村庄有100多个，主要集中在东南部的成武县，中部的牡丹区、定陶区和巨野县一带。菏泽堌堆数量之多、分布之广、布点之密，在全国独一无二，在全世界也是罕见的。

这些堌堆是怎样形成的？这应该与黄河多次泛滥密不可分的。自古以来菏泽就是受黄河危害最大的地区之一。岑仲勉先生考证：自河南孟津县以东、东北至黄河入海口画一条线，东南至淮、泗入海口画一条线，自古黄河则在这一扇面形地带经常来回滚动，或北或南，菏泽都居要冲，直到现在黄河固有的河道，仍处在这一三角洲的中间地带。在古代，黄河没有堤防，多道主流，漫无边际地滚动，原始居民们必受其害。尽管菏泽洪水成灾，但是当地有着充沛的水源、肥沃的土壤供他们耕种灌溉，当地气候温暖湿润也非常适合人类居住，于是当地的居民不得不与洪水展开激烈地搏斗。一开始他们拖家带口迁移，洪水来时迁移到其他地方，消退时再迁回原来的居住环境，后来他们学会了增高居住地的高度来避免洪水的侵袭。千百年来，这些地方逐次增高，渐渐形成了这些高至数米、形若山丘的“堌堆遗址”。

菏泽的堌堆遗址多呈黑色或者黑灰色，黑色土层中包含着大量陶片、蚌器、骨器、动物骨骼以及少量的石器等遗物。在每个堌堆上，一般都能采集到龙山文化时期和商代的遗物，有的堌堆甚至存有大汶口文化、龙山文化、岳石文化、商周等各个时代的遗物，可见堌堆的沿用时间之长。在这些堌堆上，还发现灰坑和房基等遗迹。灰坑有圆形、椭圆形、袋形和其他不规则的形状。现介绍两个具有代表性的堌堆——安邱堌堆和青邱堌堆。安邱堌堆遗址位于菏泽市城区东南方向 12 公里处，开发区佃户屯办事处曹楼行政村东偏南约 100 米，因其上曾建有安邱寺而得名。堌堆现高约 3 米，长、宽各 50 米，四壁陡直，上部略成椭圆形，四周断壁均暴露文化层，土质为深灰色，结构紧密，铲探得知文化层厚约 5 米。堌堆的东南部断层可以看到灰坑、红烧土等。从采集到的标本看，该遗址包含有大汶口、龙山、岳石、商四个时期的文化内涵。大汶口文化有泥质红陶、夹砂红陶鼎。以龙山文化最为丰富，陶器以灰陶为主，兼有一定数量的黑皮陶、褐陶，纹饰以素面多见，另外还有方格纹、绳纹、蓝纹和附加堆纹。生产工具以蚌器居多，常见长方形穿孔蚌刀和弯背曲刃蚌镰。1969 年、1976 年两次试掘和 1984 年正式发掘获得了一批重要的考古资料，特别是岳石文化的发现，填补了岳石文化在鲁西南地区分布的空白以及鲁西南地区龙山文化与商文化之间的缺环，为研究夷夏分界等一系列中国文明起源的重大问题，提供了科学的证据。这充分说明了此处是一处布局严格、房址密集、最具有代表性的聚落遗址。2001 年 6 月，安邱堌堆遗址被国务院公布为第五批全国重点文物保护单位。

青邱堌堆遗址，位于菏泽市高新区马岭岗镇寺西范村，土堆上竖有清朝康熙四十六年（1707）墓碑一座，记载了当年青邱堌堆的盛况。据碑载，青邱堌堆在汉朝时期曾是较大寺庙，建造宏伟，地势较高。位于其上环顾四周，北可望吕陵，东可视金堤。寺庙四周栽植大量柳树，每至春天，柳树生出嫩叶，柳枝婀娜多姿，四处炊烟袅袅，景色十分宜人。此景在清朝时期曾以“青丘烟柳”命名，被列为曹州八大美景之一。

2018 年 3 月至 8 月，山东大学考古队对青邱堌堆遗址进行了发掘，发现了远至新石器时代、近至清代中期年代序列完整的文化层堆积。青邱堌堆的发现表明四千年前就已经有先民在此繁衍生息。发掘中发现了一批商周祭祀坑、窖穴和水井，祭祀坑用牲包括马、牛、猪、狗和人。发掘中还发现一处龙山文化居住区，现存土坯墙房址 9 座，呈圆形或圆角方形，布局紧密有序，户外活动空间有垫土行为。土坯墙体保存较好的房址在新石器时代晚期少见，具有很高的原地保存价值，是新石器时代晚期聚落考古研究的珍贵资料。

青邱堌堆遗址的发掘也表明，堌堆不是孤立的，甚至不是独立的聚落。

在生态环境不断改变的背景下，堌堆之间、平地聚落与堌堆之间的互动是积极频繁的，共同构建了社会网络系统。2019 年，菏泽青邱堌堆遗址入选“2018 年度山东省五大考古新发现”。

六、独具特色的“非遗”

1.山东琴书

山东琴书，又名“唱扬琴”“山东扬琴”等，发源于鲁西南菏泽地区，产生于清代乾隆初年，迄今已有两百五十多年的历史。菏泽作为山东琴书的发源地，也始终是优秀的民间艺术发展的重要地区。新修《曹县方志》有“曹县为山东琴书主要发源地，相传已有二百年历史”的记载，给菏泽的琴书发展提供了佐证。山东琴书的发展，大致上经历了三个重要阶段，即由早期的文人自娱，到民间的业余玩局，后来发展为职业演唱——撂地说书。琴书初创时期主要流行于精通音律的名人之间，为士绅名流所喜爱，如《白蛇传》中的《断桥》《水漫金山》,《秋江》中的《赶船》等，唱词文雅，文学性强。由于观赏性强，于是突破了文人雅士的圈子，在市民阶层中流行开来，由起初风雅的“携访友”，渐变为农闲或节日聚会的自娱性“庄稼耍”或“玩局”。随着在民间越来越流行，琴书渐由业余玩局变为撂地说书的职业性演唱。由于演唱性质发生变化，山东琴书在演唱内容、形式以及音乐唱腔上发生重大变化，艺人们创编移植了一大批适应群众品位的新节目，丰富了演唱内容。音乐结构由原来的曲牌联唱，变为以唱“凤阳歌”“垛子板”两种曲调为主，并加以板式变化，穿插使用曲牌，唱词也变得通俗易懂，演唱风格也由以前的纤柔细腻变得活泼质朴，是人民群众喜闻乐见的演艺形式。在琴书的发展过程中也涌现出大批“琴书人”，为琴书的发展作出不可磨灭的贡献。山东省菏泽市于 2006 年申报的“山东琴书”，经由国务院批准列入第一批国家级非物质文化遗产名录。

2.曹州面人

曹州面人，也称“面塑”“江米人”，俗称捏面人，它以细小麦面和江米面为主要原料，加入适量的颜料，分别和成不同色彩的面团，用锅蒸熟后再配上适量防腐、防蛀、防干剂等。然后借助于批刀、塑刀、小剪刀、梳子、骨簪、花纹印章等工具，用手捏制成各种各样的栩栩如生的塑像。由于它制作精巧，形象逼真，逐渐变成一种富有观赏价值的艺术珍品。

曹州面人是在古代祭天地、敬鬼神的“花供”基础上发展起来的。“花供”原是一种民间能工巧匠雕塑绘制的面食特色供品，包括人物、动物、花草、瓜果、建筑物等多种多样的塑像。曹州面人历史悠久，咸丰二年（1852），江西弋阳的米塑艺人王清原、郭湘云来到山东菏泽解元集乡穆李村卖艺，发现了米塑和面塑的局限所在，于是将米塑和面塑结合起来，同当地的面塑艺人郝胜、杨白四合作，吸取当地的花供人物的制作方法，用可塑性很强的小麦面粉和质地黏稠的糯米粉为原料掺入各种颜料，制作出的面人变得好看，色彩更加丰富，造型也更丰满，形成了今天的“曹州面人”。曹州面人 2008 年入选第二批国家级非物质文化遗产。

3.菏泽弦索乐

菏泽弦索乐，是国务院公布的第二批国家非物质文化遗产之一，是鲁西南著名的地方音乐，流行于菏泽和菏泽周边地区。菏泽弦索乐又称“弦乐”“弦诗”“细乐”，通常由筝、琵琶、扬琴、如意钩四种丝弦乐器演奏，也可以只用筝、扬琴二者合奏，乐器搭配灵活多样，演奏起来风格典雅，雅乐冶遥，别有一番风味，可以说是东方的民间交响乐。弦索乐是民间艺人们自娱自乐的一种活动形式，每当庙会、逢年过节或是冬闲时期，在寺庙、家庭院落等地都可以演奏，大都会演奏两三种乐器，在缺少乐器时用其他乐器也能演奏，极大地丰富了人们的生活。菏泽弦索乐既具古色古香的特点，又有地方独具的特色。

第四章
江苏的历史名城

江苏北部地区属于淮河流域，是历史文化厚重之地，主要有徐州、淮安、盐城、连云港、宿迁五个省辖市。徐州、淮安是苏北城市的典型代表，它们的历史文化、风土人情、城市发展等具有各自显著的特征。

第一节　楚韵汉风之地　北雄南秀之城——徐州

徐州，是一座历史底蕴厚重的国家历史文化名城。自古彭城列九州，历来为兵家必争之地，五省通衢的地理优势打造出现代化交通枢纽城市。徐州是彭祖故国、汉皇故里、西楚故都、两汉文化发祥地，“两汉文化看徐州”成为世人公知的城市名片。徐州市区有七十二座山丘和众多的湖泊河流，泉山、珠山、泰山、云龙山、凤凰山等绵延起伏，京杭大运河、云龙湖、大龙湖、九龙湖、微山湖、骆马湖等碧波荡漾，彰显出徐州北雄南秀的鲜明特质。

一、从五省通衢到区域枢纽

徐州素有“五省通衢”之称，是指徐州在历史上可以通过黄河与京杭运河漕运到达苏、鲁、豫、皖、冀五省，说明徐州在古代时期交通体系中的重要性。古获水和泗水交汇于此，沂水、沭水流经其东，淮河支系覆盖其南，黄河夺泗入淮后穿城而过，京杭大运河横贯其中，为水陆交通枢纽。历史上，以汉代、隋唐以及元明清时期的水运较为发达。汉初，汴泗河道已成为江淮地区向关中运粮的要道，“大船万艘，转漕相过”（杜笃《论都赋》），岁运漕粮数十万石，水上交通十分繁忙。随着漕运的兴起，彭城商贾云集，日趋繁荣。隋朝开通大运河，海河、黄河、淮河、长江四大水系结网连通，形成以洛阳为中心，西通关中、东临江淮、南抵余杭、北达涿郡、长达2500公里的运输线，此时开掘通济渠，取道汴河入泗，然后由泗水入淮，徐州当为中枢。元朝把大运河的东西走向改为南北走向，先后开挖了通惠河、济州河、会通河，初步形成了北起北京，南抵杭州的京杭大运河。徐州扼大运河南北要冲。至正八年(1348)徐州升为徐州路，军事地位加强，交通枢纽作用显著，在徐州市区东南的百步洪和吕梁洪两处设立差官，管理漕运，监督和协助江淮粮船过洪。明成祖迁都北京后，又先后整治了会通河，开辟了南阳新河、珈河，治理了海河，使京杭大运河真正成为一条沟通南北的大动脉，漕运重新兴旺，每年经由徐州北上的粮船1万多艘，岁运粮400万石。清世祖入关，定都北京，国库用粮仍仰赖于江南，清政府也十分重视京杭大运河的治理。康熙年间，全力治理运河穿黄的咽喉——清口，又开挖中运河以避黄河之患，使漕运大畅。

徐州陆上交通也四通八达。古代徐州周围建了许多驿站，如城东南有房山驿，城东北有夹沟驿，城东有河东岸驿，城南有桃山驿，城北有利国驿，以城东关的彭城驿为中心向四外辐射。秦汉时期，我国邮驿机构渐趋于规范化和标准化，并在全国普遍设立，形成了便捷的交通网络。唐代在徐州附近就设有任山驿(徐州城西南30里)，大彭馆(徐州城东南，为官吏迎饯之所)等。元、明、清是古代馆驿事业的极盛阶段，元至元二十四年(1364)扬州省上言："徐州至扬州水马站，两各分置，夏月水潦，使臣劳苦，请徙马站附并水站一处安置，驰驿者白日马行，夜则经由水路，召从其奏。"由此可知徐州附近驿站是水陆并行，交互利用的。元代中书省设198处驿站，徐州境内有徐州(彭城驿)及丰、沛二县驿。明、清邮驿制度沿用元制，且有所发展。明代在徐州设有很多供传递政府文书、中途换马或休息的驿站，较为著名的有城东关的彭城驿(水驿)、东南的房村驿(水驿)、城东北90里的夹沟驿(水陆)、城外河东岸驿(陆驿)、城北利国驿和石山陆驿、城南50里的桃山驿等。清代驿有驿、站、塘、所、铺等，铺与铺的间距为10至20里。徐州的陆上交通繁忙，"甫成童而服贾，车尘马迹，几遍中原"。明代中后期，徐州的陆路交通规模有了更大扩展，不仅是驿路，"官道"也四通八达。在明清时期，徐州驿道主要有三条：一条是从利国驿通安徽宿县的官道；另一条是从淮阴、沭阳经徐州至山东临沂北上的通京大道；还有一条是从丰县经沛县到徐州府的官道。

1911年，津浦铁路建成，1915年和1925年，西、东陇海铁路先后建成通车，徐州再次成为全国交通枢纽。20世纪20年代末，徐州开始公路建设；40年代，开辟空中航线；50年代末，穿城而过的京杭大运河成为北煤南运的重要通道；70年代中期，铺设途径徐州的鲁宁输油管线；90年代后期，大型区域性民用航空港徐州观音机场建成。进入到21世纪，高速公路的快速建设，推动徐州区域交通枢纽地位更加强大和功能进一步完善，其等级、规模列全国地级市之首。今日徐州已由“五省通衢”发展为“五通汇流”，初步建成了现代铁路、公路、水运、航空、地下管道有机结合的现代化、立体化交通运输枢纽和全国主要的交通枢纽。至2014年，徐州市域高速公路网络更加完善，建成7条高速公路，形成460公里的高速公路网络，实现市辖县(市)城区半小时进入高速公路网、市区到达相邻省会城市2—3小时、县(市)到市区1小时、镇到县半小时的基本目标；市域标准等级公路总里程达到1.6万公里。全市港口吞吐能力达到9000万吨/年，观音机场客、货吞吐能力分别达到120万人次/年和1万吨/年①。

二、历史记忆中的徐州古城墙

原始社会末期，尧封彭祖于今徐州所在地，为大彭氏国，徐州称彭城自此始。武丁四十三年(前1282)王师灭大彭。据乾隆《徐州府志》记载，徐州古城有四城：一是外城，春秋之彭城，相传为古大彭氏国；二是外城内有金城；三是东北小城；四是小城之西又有一城。而徐州建城的历史，最早见诸文字的是《左传·成公十八年》记载的周简王三十三年(前573)的彭城邑，当时驻守彭城邑的军队有三百乘，守千丈之城万户之邑，可见城的规模之大，距今已有两千五百多年，是江苏省最古老的城市。其后在城市建设史上先后有西汉楚元王刘交以春秋宋都城郭为基础，扩大范围，加筑的城外城，

---

① 《徐州》编委会:《徐州》,当代中国出版社2015年版,第119页。

“垒石高四大，列堑环之”（《水经注》）。东晋安帝义熙十二年(416)，因汴水暴涨，城崩塌，当时的驻徐大将刘裕“悉以砖垒，楼橹赫奕，南北所无”（《水经注》），可称为晋代刘裕城。南北朝陈宣帝太建十年(578)，令大将吴明彻攻打彭城，旷日未被攻克，于是吴明彻堰泗水灌城，城池被毁，直至唐贞观五年(631)重建。以后屡有修建，直至金哀宗正大元年(1224)完颜仲德垒石为基，城市面积增大了将近一半，可称为“金正大城”。1352年，元右丞相脱脱亲率大军，镇压徐州李二起义，以百炮轰城，城尽毁，至正十三年(1353)，改徐州为武安州后，建城于奎山脚下，史称武安城。

明洪武年间(1368—1398)废武安城，仍迁回故址重建徐州城。城墙以砖石垒砌，周长九里余，城高及底宽均为二丈三，顶宽一丈一。城开四门：东曰河清门，西曰通汴门，南曰迎恩门，北曰武宁门。城外环以护城河，深宽各三丈许。这是“明洪武城”。明天启四年(1624)，黄河决堤，水深一丈三，城完全被淹，于是迁至城南二十里铺重建，这是徐州第二次迁城。崇祯元年(1628)水退，城内淤积泥沙厚有一至五米，洪武城悉埋没于积沙之中。时任兵备道唐焕于原址重建，是谓崇祯城，城规模及形制与地下洪武城雷同且相重合。城东门、北门沿袭旧称，西门易名为武安门，南门改称奎光门。

清康熙七年(1668)郯城地震，波及徐州，全城又毁，后历经56年方复建完原城。嘉庆二年(1797)至嘉庆五年，扩建徐州城，周长十四里半。城设四门，以徐州府衙和鼓楼为中心，以府衙三堂相重的轴线向南延伸，出府衙是为鼓楼大街，向南延伸是为南门大街，这是全城的一条中轴线。由轴线向东、向西各排列三条大街与轴线相垂交，此外，在轴线西边还有一条与之相平行的北门大街，从而构成全城路网格局。在这个路网上分布着衙、署、官、院、庙等公建，南门大街则是商街大街，店铺林立，城东南隅有快哉亭，西南角城楼为燕子楼。

鸦片战争时期，清政府为了抵御太平天军北伐和捻军攻打徐州，在老城的周围增添外土垣，1855年筑北关土城，1858年筑西关土城和西南土城，1859年又增筑南关土城。土城设六门，炮台十数座。又于黄河以北今坝子街筑城，开四门，设炮台两座，与府城隔河相望，互为掎角。这时的徐州城规模宏大，城内街道整齐，府道衙门、都司、察院等官廨林立，学府、祠堂、会馆等雕梁画栋，并有“五楼二观八大寺，七十二庵布其中”的歌谣。1928年，国民党军队刘峙驻守徐州时将城垣拆除，现快哉亭公园内尚遗存约150米旧城墙以资见证。现在，徐州古城的格局保留至今仍依稀可辨，许多街巷名称还在沿用，马市街、富庶街、富贵街等仍保有当年风貌。一些衙、署、官廨、庙宇除少数因后来新开道路拆除外，大多遗址尚存，其中以道台衙门存留最完整，是江苏省三个道衙中仅存的一个①。

三、灿烂的两汉文化

徐州既是两汉文化的起源地，又是两汉文化的荟萃地，是汉文化资源最集中的代表地。其中，以“汉代三绝”（汉墓、汉兵马俑、汉画像石）为代表的两汉文化最为夺目，它们集中体现了古人的非凡创造力和深邃智慧，极具艺术欣赏和考古价值。

1.汉墓

汉初诸侯王墓是规模仅次于帝陵、结构与帝陵相似的墓葬。在国内已发掘的40余座汉代诸侯王墓中，徐州地区就占了约1/5。徐州地区发现很多汉代崖洞墓，是当时楚王（彭城王）及其王后、大臣的墓葬。迄今为止，基本上可以认定为楚王及王后墓的有8座，即年代较早的北洞山、狮子山、驼篮山M1和M2四墓和年代较晚的龟山M2南墓和M2北墓、石桥M1和M2四墓，这批陵墓虽早年被盗，但仍出土了大批珍贵文物，反映了地方王国强盛的实力和经济发达的程度。徐州地区的诸侯王陵规模宏大，俨然一座座地下宫殿，不仅在同时代的王陵中比较突出，而且也使后代的一些帝陵相形失色。徐州汉墓在“汉代三绝”中位列第一，研究徐州的陵墓对研究汉代的帝王陵寝制度有着极其重要的意义。

2.汉兵马俑

徐州汉兵马俑位于徐州城区东部狮子山西麓，经考古人员和相关专家分析，这批兵马俑是位于狮子山上的汉代第二代楚王刘郢或第三代楚王刘戊的陪葬品，象征着卫戍楚王陵墓的部队。汉代人视死如生，认为人死以后只是

① 《徐州》编委会:《徐州》，当代中国出版社2015年版，第191—192页。

换了一个地方生活，因此生前所能享受到的一切物质待遇和精神待遇死后都要想方设法带走，加之汉代徐州是东方重镇、刘邦的桑梓故里，在政治、军事上具有极其特殊的地位，成为仅次于长安的政治文化中心。在这样的大背景下，手握重兵的楚王自然希望死后能继续指挥千军万马，兵马俑就这样应运而生。这些兵马俑的出土为研究汉代军制、战阵、武器装备等情况提供了宝贵资料。

从雕塑艺术上讲，秦兵马俑的塑造追求写实风格，严格模拟实体，力求与实体相似，给人一种奔放雄浑的力量美。徐州汉兵马俑在继承秦兵马俑风格的基础上又加以发展，由写实变为写意，彩绘兵马俑形体较小，高 54—125 厘米，是缩小版的军阵。这些人的性格特征通过寥寥数笔便刻画得细致入微、栩栩如生。汉代的雕塑师以生活为蓝本制作的这些陶俑，不但为后人留下了许多宝贵资料，而且在中国雕塑艺术史上以拙朴而含蓄、更加耐人寻味的艺术手法，为后人留下永恒而美丽的篇章。

3.汉画像石

汉画像石是汉代人雕刻在墓室、祠堂四壁的装饰石刻壁画。它在内容上包括神话传说、典章制度、风土人情等各个方面。在艺术上，它上承战国绘画古朴之风，下开魏晋艺术之先河，奠定了中国画的基本规范。徐州汉画像石是我们了解汉代社会面貌和研究淮海文化的不可或缺的实物史料。徐州汉画像石最早见诸文献记载是东晋伏滔的《北征记》一书，他观察到在徐州城北六里的石上“皆青石、隐起龟龙鳞凤之象”，实际上这就是汉画像石墓。目前，徐州地区发现的完整汉画像石墓二十余座，画像石四百余块。这些汉画像石在当时主要有三方面的用途：一是用在石墓上，石墓的形制与木墓相仿，用石板扣合成室，画像石刻在石的两侧板和前后石挡上，这一类型的画像石墓年代较早，具有西汉晚期的特征。二是用在墓室的建筑上，分为墓室的砖石混合结构和石结构两种。小型的墓室分前后两室，较大的分前、中、后三室，有的还附有耳室或回廊。画像石多置于前室、中室的门楣、门柱、横额和四壁上，这一类型占徐州地区画像石墓的大多数，其年代主要为东汉中、晚期。三是用在地面的祠堂上，祠堂即“享堂”，是生者祭奠墓中死者的地方。汉画像石的规模和艺术水平，是墓主人显贵地位的体现，大多集中在经济富庶、文化发达、石料充足的地区。

徐州出土的汉画像石题材广泛，内容丰富，大致涵盖当时人们的现实生活和思想意识两方面。反映现实生活的有车马出行、对搏比武、迎宾侍客、庖厨炊膳、歌舞杂技、建筑人物、男耕女织等。其中的牛耕图、纺织图、力士图、迎宾图、百戏图及八米长卷押囚图，更是我国汉画像石中的珍品。反映思想意识的有历史故事、神话传说和鬼神迷信等。总而言之，汉画像石这种灿烂的古代艺术作品是淮海大地上古老文化的载体，反映出汉代徐淮大地曾经存在过的经济关系、政治制度和社会习俗，展现出一个完整的古淮海文化全景图。

四、近代工商业的发展

津浦、陇海两大铁路干线交会于徐州。津浦线纵贯徐州南北，北从利国，南至铜山区界，在徐州境内60多公里。陇海线横穿徐海地区，自徐州东至连云港230多公里，自徐州西至铜山区界20多公里，两段共250多公里。津浦、陇海铁路的修筑，使徐州自清末由于黄河北徙、水运衰败而失去的交通优势重新建立，成为苏鲁豫皖四省之交农副产品的集散中心和苏北最大城市，是我国东部重要的交通枢纽。徐州近代工商业得到明显的发展。

1.徐州近代煤矿业的发展

从1882年到辛亥革命前，徐州煤矿经历了蔡山煤矿（胡恩燮开）、青山泉煤矿（胡碧开）和贾汪煤矿（吴昧熊开）三个发展时期，平均年产量大约三万吨左右。当时，徐州煤炭主要是运到南方的上海、南京等地，作当地的新式工业燃料，运输途径主要是依靠运河水运和陆路转运，但因为运河涨落无常，又多浅滩曲流，故航运艰难，坐耗时日。而陆运也仅凭笨重的牛车、马车，运费高昂，加重了成本，这导致煤炭经常积压，资金周转不灵，难以扩大再生产。1911年津浦铁路全线通车，1925年陇海铁路建成，徐州成了重要的交通枢纽，困扰徐州煤矿三十年之久的运输问题基本上得到解决。1911年辛亥革命胜利后，振兴实业的呼声日益高涨，全国许多地区新的工厂企业不断建立，这些都为煤炭的运销创造了有利的客观条件，这样徐州煤矿得到了初步发展。从1912年到抗战前，徐州煤矿经历了贾汪煤矿公司(袁世传经营)、上海远记公司和华东煤矿公司(刘鸿生经营)三个发展时期，这时期因运输问题得到解决，徐州煤矿的发展可谓蒸蒸日上。1931年，刘鸿生与津浦路局签订三年的运煤合同，解决了煤炭南运销售问题，华东煤矿公司的煤的产量开始急剧增加。1931年产量为8万吨，1933年为21万吨，1935年为29万吨，1936年为34万吨，是辛亥革命前的10倍，创造了历史纪录①。

2.徐州近代工业的发展

19世纪末20世纪初，在辛亥革命"振兴实业"的推动下，特别是津浦、陇海铁路的通车，徐州不仅同当时较为先进的上海、天津两大经济中心连接起来，同时还加强了同安徽、河南地区的经济交往，徐州近代工业的发展也由此进入了一个新阶段。这一时期，徐州原有的榨油和酿造业继续得到蓬勃发展。据统计：全面抗战前夕，徐州地区有榨油厂427个，酿造厂186家，铜山县酿造的高粱酒年产量高达14.5万，大大超过了原有的发展水平。1912—1915年创办了同茂公蛋厂，它是徐州第一家蛋厂。1917年创办了宏裕昌蛋厂。1925年又创办了鼎盛蛋厂、新发蛋厂，这些蛋厂已开始使用机器生产，资产都在10万元以上。创建于1874年的萃文斋印刷店于1912年开始使用机器作业，成为徐州最早使用机器印刷的厂家之一。到20世纪20年代，这样的印刷店全区已发展到10余家。在电力工业方面，1914年驻守徐州的张勋创办了长江巡阅使公署电灯官厂，安装了一台50马力(36.7千瓦)蒸汽引擎为动力的直流发电机组，这是徐州最早的电力工业。1916年该厂改名为徐州电灯厂，但翌年，发电中止。1919年、1934年又分别建立了耀华电气股份有限公司和贾汪发电厂，到1936年为止，两家发电厂装机容量有1236千瓦。除此之外，还有火柴业、制皂业、面粉加工业、造纸业等，从无到有，如雨后春笋般发展起来。

3.徐州近代商业的繁荣

津浦、陇海铁路通车后，促使徐州的商业进一步繁荣起来，埠际、城乡贸易发达，经营范围扩大，经营品种增多，市场的规模、容量、集散作用增

---

① 李雁:《津浦、陇海铁路的修建对徐州近代经济的影响》,《徐州教育学院学报》,2006年第3期。

大。这时坐商近二千家，批发商、代理商增多，经营分工精细。如杂货业分解为糖纸南货、颜料、煤油、卷烟等业，广瓷业发展为经营轻工产品的针织、日用百货、化妆品等百货业，绸布零售也有发展，有的使用国货公司的店号。糕点、食品行业开始引进京沪、苏式糕点糖果，市场繁荣、物资丰富。随着交通条件的改善，徐州对周围地区的集散、辐射作用加大，逐渐成为苏、鲁、豫、皖四省交界地区的商品集散中心。1932 年《中国实业志》记载：铜山（今徐州）为土产集中之地，输出以小麦、大豆、花生、瓜子为大宗，年输出各种粮食及油料约 6.5 万吨，年输入大米约 5 万石（每石 170 余斤）。到 1937 年徐州每年运出货物约 70 万吨，其中小麦、豆类、植物油等农产品，牲畜、皮革等畜产品占很大比重。小麦、杂粮多销往华北，油脂、油料多销往南方。随着市场的繁荣，吸引了许多外地资本来徐州开厂设店。当时山东人多开纱布庄，山西人多开当典、钱庄，浙江人多开银楼、钟表铺、茶叶店等，河北、河南人多开药材、五金店等。由于商品数量的增多，商业贸易的活跃，商品货币的流通，近代的新式银行也随之出现了。据 1933 年调查，当时官办商办银行、钱庄有 17 家多，如徐州国民银行，徐州官钱局等。山东、河南地方银行也来徐设立分支机构，融通货金，办理汇兑。银行的开办，说明现代意义上的金融资本开始初步形成①。

五、北雄南秀　绿色徐州

苏轼在《放鹤亭记》记有“彭城之山，冈岭四合，隐然如大环”，这些描述很贴切地反映了当时徐州山与城的格局。今天的徐州仍有海拔 100—250 米的山丘七十多座环绕，自然围合出城市空间，构成了一个“群山环抱，一脉入城”，祥和安定且景色宜人的生活环境。徐州山文化十分丰厚，云龙山、珠山、九里山、大洞山，七十二峰风姿绰约，雄伟秀丽。同时，徐州尤以依山修凿的众多汉王陵墓而闻名，这些汉王陵墓也就成为徐州山文化中独特的景观。除了西汉王陵外，徐州的群山还蕴藏了大量的其他人文景观资源，特别是因山有云气蜿蜒如龙而得名的云龙山、山中有北魏时期依岩石雕

① 李雁：《津浦、陇海铁路的修建对徐州近代经济的影响》，《徐州教育学院学报》，2006 年第 3 期。

刻的石佛及明代兴化寺、苏东坡文化的象征性标志放鹤亭等十余处文物保护单位。

徐州城市的水体丰沛且有自身特质，其地古有汴、泗水交汇，后又为黄河故道与京杭运河穿流。历史上，泗、汴、沂、沭贯通徐州全境，其地西北通过汴水、东南通过邗沟连接河济江淮，特别是历史上的徐州是汴水、泗水的交汇点，成为苏、皖、鲁、豫、冀之五省咽喉，素有“五省通衢”之称。1855 年黄河北徙，为徐州市域留下 191.7 公里黄河故道。古有诗曰：“地势萦回环翠岭，关城峭拔枕黄流”（明 · 薛碹《彭城怀古》），“青嶂四周迎面起，黄河千折挟城流”（清 · 邵大业《徐州》），“帘前秀结千峰色，槛底声喧万里流”（潘季驯）。而近半个世纪以来，徐州新建的云龙湖与整治后的黄河故道如明珠玉带，为古城增色。山水环抱的徐州区域格局，正是中国古代人民追求城市与自然和谐的观念体现与实践结晶，同时暗合了极具特色的“风水”营建思想。

21 世纪以来，徐州举全市之力打造云龙湖、云龙山、云龙公园“三云”品牌。如今，徐州大龙湖、金龙湖、九龙湖、九里湖、潘安湖、吕梁湖星罗棋布，胜似明珠，云龙山、珠山、九里山、东珠山、吕梁山延绵不绝，宛若游龙，共同构成徐州自然绚丽的山水画卷，演绎“北雄南秀”的城市品质①。

第二节　“运河之都”——淮安

淮安，位于江苏省中北部、江淮平原东部、长江三角洲北端，全境地势平坦，土地肥沃；河湖环抱，水网纵横，交通、灌溉之利甲于全国。淮安，历史悠久，人文荟萃，是一座历史与现代相辉映的文化名城。秦时置淮阴县拉开淮安建城序幕，明清时期是漕运总督、河道总督驻地，有“运河之都”“壮丽东南第一州”之盛誉。1986 年，淮安被国务院列为第二批国家历史文化名城，还是全国卫生城市、国家园林城市、国家环保模范城市、中国优秀旅游城市、全国双拥模范城市。

---

① 《徐州》编委会:《徐州》,当代中国出版社 2015 年版,第 277—278 页。

一、运河之都

元朝建都大都(今北京)，至元二十六年(1289)开会通河，大运河最终改道完成并全线贯通，淮河以北的运河仍改由泗水北上。这为淮安城市繁荣提供了至关重要的先决条件。元代，淮安是百货辐辏的大都会。《马可·波罗行记》描述当年淮安城市盛况："其城有船舶甚众，并在黄色大河之上，有不少城市运货来此，由此运往不少城市，惟意所欲。应知此城制盐甚多，供给其他四十城市之用，由是大汗收入之额甚丰。"

明永乐中迁都北京后，确立以内河为主的漕粮运输制度，命武职重臣总理漕运。当时转运漕粮的官军有十二总，共十二万多人。明万历年间，裁撤漕运总兵官，由文官总督漕运。清代，在漕运机构设置上基本沿袭明制，初设总督漕运部院兼巡抚，另设满洲侍郎一员，名为总理，同驻淮安。稍后定为一员，从一品衔。另设有漕储道，而各省有督粮道，包括清江漕船厂、淮安常盈仓及沿途各转搬仓等，皆受辖于总漕。漕运总督驻节淮安，使淮安成为全国漕运指挥中心，直到清末漕运总督裁撤，历时五百年之久。

明永乐间，平江伯陈瑄总理漕运，为避开淮河山阳湾风涛之险，以便舟航，于永乐十三年(1415)循宋代所开沙河运河故道，导水由淮安城西管家湖至鸭陈口入淮，命名为清江浦河。河上建移风、清江、福兴、新庄四道闸，节制运河水位。接着，又在今市区城南体育场附近建立漕粮转搬仓——淮安常盈仓，由户部分司监理。令江西、湖广、浙江民运粮一百五十万石于淮安仓。淮安仓有800间仓房，为运河沿线四大转搬仓之首，有"天下粮仓"之誉，清江浦遂成为漕粮转输中心。陈瑄还创办了全国最大的内河漕船厂——清江督造船厂，淮安又成了全国漕船制造中心。造船场地沿清江浦河南岸排开，从淮安板闸到韩城，连绵20余里，各色工匠牙商逾万，成年累月地劳作、经营。仅1490—1544年的55年中，清江船厂就造了28533艘漕船。清代，朝廷每年下达给清江船厂的造船任务为560艘，造船量超过明代。自清江浦河开凿、四道闸修建、转搬仓落成、造船厂投产之后，这里遂变得热闹非凡，很快成为"侨民宿贾，巨室鳞次"的通商大埠，"清江浦"也因此成为这一通埠的名称。即使经过明末清初的政治军事大动乱，清江浦作为交通枢纽、军事要冲，仍“居人数万家，夹河二十里”。

在明代，淮安以北清口至徐州的运河航道均利用黄河，黄河全流夺泗、夺淮以后，淮安作为黄、淮、运河交汇处，是治理黄、淮、运河的重点难点和关键所在。治理的核心在于保证漕运畅通，故“治河、导淮、济运三策，毕萃于淮安清口一隅”。清康熙帝执政前期，曾把“三藩、漕运、河务”三大要政写在寝宫柱子上，以示寝食难安。三大要政中，有二大要政之中心和关键在淮安的清口水利枢纽。当时淮安地位之重要，由此可见一斑。康熙十六年(1677)，靳辅任总河后，始移驻清江浦，便于就近指挥。雍正二年(1724)，将总河职掌一分为三，分设北河、东河、南河三总督，南河总督署设于清江浦原河道总督署内。就三位河督及其辖地而言，又以南河总督最关紧要，其下设24厅、汛，有河标营兵弁10余万人。南河总督一般由从一品或正二品朝廷命官担任，地位在巡抚之上。黄淮运清口水利枢纽的设立，河道总督的驻节，使淮安成为黄、淮、运河道治理中心。

淮安是大运河沿线水系最为复杂、水利水工设施最多、管理机构最齐全的地区。淮安自古地处淮、泗之交和黄、淮、运、湖交汇处，境内不同历史时期开凿的古运河以及众多的堤坝、水闸等遗迹极其丰富，展示了我国古代运河工程技术的杰出成就，是淮安作为“运河之都”的重要历史证物。

二、“铁打的淮安城”

淮安作为黄淮运交汇的咽喉重镇，也是军队驻防的重点城市。在明代，淮安不仅驻有淮安卫、大河卫，还有督漕总兵官所率相当数量的护漕兵丁以及相当数量的民壮(亦称民兵)组织。同时，统治者还不惜耗费巨大的财力物力营造区域性中心城堡——淮安城。在区域的古城中，以淮安府城最为坚牢高峻，易守难攻，素有“铁打淮安城”之誉。

淮安城分为旧城、新城、夹城(亦称联城)，俗称“淮安三城”。三城之兴，各有起始，以旧城为最早。旧城始筑于东晋安帝义熙年间(405—418)，唐、宋时代屡有修治。宋孝宗时，陈敏重加修葺，金国的使臣过淮，见楚州城雉堞坚新，称为“银铸城”。“元至正间，江淮间兵乱，守臣因土城之旧，稍加补筑”。明王朝建立之初，增修城墙，包砌砖石，并在四周修建了城楼敌台。明初增修的旧城周围十一里，东西径、南北径都是五百二十五丈，基本是正方形，城高三十尺。有五座城门，东曰观风门，南曰迎远门，西曰望云门，北曰朝宗门，西南稍北有门曰清风门。后来，清风门堵闭，四门名称亦更改为：东曰瞻岱门，南曰迎薰门，西曰庆成门，北曰承恩门。四门皆有子城，城上有城楼，又有角楼三座，窝铺五十三座，还有三座水门。嗣后，明正德、嘉靖、隆庆、万历，清康熙、乾隆、嘉庆道光、同治、光绪年间均有规模不等的修治，特别是道光二十二年(1842)，漕督周天爵又新建两座炮台、四座过街楼，意在使城防增强对洋枪洋炮的抗御能力。

淮安新城在旧城北一里多，光绪《淮安府志》卷三云：“高二丈八尺，围七里零二十丈，东西径三百二十六丈，南北径三百三十四丈，为门五：东曰望洋，西曰览运，南曰迎薰，北曰拱极，小北门曰戴辰。门各有楼，惟小北门无。东西有子城，角楼四，南北水门二，窝铺四十八座，雉堞千二百座。”新城就是古北辰镇地，西瞰运河，北俯长淮，南宋时筑有城。元至正二十五年(1365)，张士诚部将史文炳守淮安时重筑土城。明洪武十年(1377)，淮安卫指挥时禹取宝应废城砖石，加以包修，后明永乐、正德、隆庆、万历，清乾隆、咸丰中均进行过修治。

淮安夹城(亦称联城)在新、旧二城之间，东长二百五十六丈三尺，起旧城东北隅，接新城东南隅，西长二百二十五丈五尺，起旧城西北隅，接新城西南隅。有四座城门，东南曰天衢门，东北曰阜成门，西南曰平成门，西北亦曰天衢门，东西城有四座水门。开始修筑时高只有一丈四五尺，后加高六七尺，加厚四五尺，有四座城楼。联城本为运道经临之地，粮船屯集之所。嘉靖间倭寇犯境，嘉靖三十九年(1560)，漕运都御史章焕奏准建造。万历二十三年(1595)、清乾隆九年(1744)，先后加筑、修新，其后岁久渐圮。

淮安三城西接运河，北阻黄淮，三城一体，首尾呼应，有固若金汤之誉。这在全国都极少见，故淮安三城名扬四海。明代倭寇、清代太平军和捻军都知难而止，未能将其攻克。

特别值得一提的是，筑于明代的淮安新城藏军洞。《重修山阳县志》卷一九记载："藏军洞在新城东门外。"又云："新城东门楼下有地洞，深不可量，周环丈余，乃创城时建，从地下直达柳浦湾，去城三十里。万历末年，农人浚菊花沟，见砖壁，毁之不穷，即地上量度之，直至新城东门下，始知为藏军洞也。"1998 年 12 月，市地震局请省地震局专家以仪器在地面探测，证明藏军洞仍在地下，且大部保存较为完好。藏军洞西起新城东门，东至今楚州区季桥乡境(柳浦湾属之)，近 15 公里长，其宽度为 3—4 米，还有岔道，岔道最宽处有近 10 米。构筑这么长的地下通道用以行兵、藏兵，很显然，主要是用来夹击攻城之敌的。明嘉靖年间抗倭时，明军曾藏兵设伏于此洞内，对倭寇实施有效夹击，并取得抗倭斗争的决定性胜利①。

淮安地处苏北平原富庶之地，又是历代建府衙署之地，主要官衙是漕运公署，署前建有高大的谯楼，台高二丈，重檐歇山，上悬匾额"南北枢机"。地方富户巨绅多聚居于此，城内多大宅院，城内多砖瓦房，成街成巷，亦多寺庙古迹。淮安城防多次抵御了倭寇、匪患的入侵，所以被老百姓称之为"铁打的淮安城"。

三、淮扬菜的发源地

淮扬菜与鲁菜、川菜、粤菜并称中国四大菜系。淮扬菜指流行于江苏淮安、泰州、盐城、南通、扬州、镇江及其附近地域的地方菜肴，并且汇集上述菜肴之精华。淮扬菜系，有相当一部分是发源于淮安。

万历《淮安府志》中记载："淮安饮食华侈，制度精巧，市肆百品，夸视江表。"康熙《淮安府志》中则说："涉江以北，宴会珍错之盛，淮安为最。"当时，经济的繁荣也大大促进了饮食业的发展。特别是京杭大运河的开凿贯通，明清时期漕运、盐运的发展，使淮安的经济空前繁荣，极大地推动了淮扬美食文化的发展，逐步形成了独具特色的淮扬菜佳肴。

2002 年，淮安被中华烹饪协会命名为"淮扬菜之乡"，淮安市以"繁荣文化、发展经济、娱乐百姓"为宗旨，成功地举办了首届淮扬菜美食文化节。淮扬菜的发展极大地丰富了当地居民的生活，也提高了城市影响力，形成了

① 《淮安》编委会:《淮安》,当代中国出版社,2012 年版,第 16—19 页。

独特的城市名片。淮安的淮扬菜美食文化节对淮安城市形象的塑造产生了积极的影响，它既打造了淮安城市文化品牌，同时又促进了淮安经济效益和社会效益的提高，呈现出文化与经济和政治相互交融、共同发展的良好局面。

中国淮扬菜文化博物馆坐落在淮安市，于2009年秋建成。该馆建筑面积为6500平方米，以淮扬菜发展历程为主线，由河馆、菜馆、民俗馆、品尝馆和中国淮扬菜文化研究院五大功能区组成，集学术性、知识性、趣味性、参与性于一体，是目前国内最大的主题性菜系文化博物馆。中国淮扬菜文化博物馆用大量展品展示出淮扬菜“萌生于春秋，雏形于汉魏，发展在唐宋，繁荣在明清”的历史脉络，充分展示了淮扬菜之乡的深厚饮食文化底蕴。中国淮扬菜文化博物馆对宣传推介淮扬菜、彰显淮安的城市特色、提升淮安的知名度、扩大淮安的影响力和美誉度具有现实意义。

据不完全统计，现存于世的淮安名菜名点1300余种，其中属淮安地区首创的就有400种以上。淮扬菜口味清淡，注重刀工，刀法细腻，主要传统菜品有软兜长鱼、文楼汤包、平桥豆腐、狮子头等。

软兜长鱼又称“软兜鳝鱼”，是淮扬菜中极负盛名的菜肴，淮安人厚待贵客时最喜欢上这道“鲜嫩可口别具一格”的菜，让来者大饱口福。《山海经》有云:“湖灌之水，其中多鳝。”江淮地区盛产鳝鱼，肉嫩、味美，营养丰富，淮安名厨田树民父子以鳝为原料，可制作108样佳肴，即著名的“全鳝席”。而软兜鳝鱼则是鳝鱼席中的精品，“兜”字是指以前汆鳝时将鳝鱼装鳝在布兜中，再经精加工，制作出这道色香味俱全的菜肴，鳝的质地醇绵，口感滑嫩味美。2002年“软兜长鱼”被国内贸易局评为中国名菜。

文楼汤包由淮安古镇文楼而得名，是江苏省著名的传统小吃。文楼始建于道光年间，是名副其实的百年老店，位于运河东侧的古镇河下，同萧湖中的曲香楼隔水相望。登临文楼，观赏湖光水色，顿觉心旷神怡，常为文人学士聚会之所，故此得名曰“文楼”。文楼汤包是招牌菜，以蟹黄蟹肉入菜。成品肥厚鲜美，久食不腻，包大皮薄而不破，口张汤满而不溢，看起来似菊花，提起来像灯笼，食时佐以姜末、香醋则滋味更佳。1997年，文楼汤包被中国烹饪协会授予“中华名小吃”称号。

平桥豆腐是淮扬菜系的扛鼎之作，选用内酯豆腐，将其切成一致的菱形小块，配以鸡肉丁、香菇丁、香菜末，用鲫鱼脑起鲜，因其起锅时淋了一层明油看似不冒热气，其实很烫。这道菜以豆腐为主要材料，营养价值高且价格实惠，是众多食客来淮安品尝的不二选择。豆腐的清淡和肉丁的香气相混合，不再是油腻腻的味道，反而清爽可口，回味无穷，实乃佳品。

大煮干丝又称鸡汁煮干丝，传统名菜，属淮扬菜系。大煮干丝是一道既清爽，又有营养的佳肴，其风味之美，历来被推为席上美馔，淮扬菜系中的看家菜。原料主要为淮扬方干，刀工要求极为精细，多种佐料的鲜香味经过烹调，浸入到豆腐干丝里，吃起来爽口开胃，异常珍美。

四、丰富的历史遗迹

1.清晏园

清晏园，是我国治水和漕运史上唯一保存完好的衙署园林，国家AAA级旅游景区、全国文保单位、国家水利风景区、淮安市优秀外宣示范基地、市级爱国主义教育基地，有“江淮第一园”之称。

明永乐时，这里为户部分司公署，距今已有近六百年历史。清康熙十七年(1678)，清政府在清江浦设官治河，河督靳辅在明代户部分司旧址设立行馆，后经历任河督整修，公园渐成规模。清晏园曾先后称为西园、淮园、澹园、清宴园、留园、叶挺公园、城南公园等。1991年，公园更名为清晏园。

清晏园占地120亩，其中水面50亩。公园总体布局为：由南经北分布着环漪别墅、黄石园和荷芳书院景区，魁星阁、淮香堂和荷芳书院三个景点坐落在中轴线上。东侧建有序园、总督河道部院等景区，西侧有叶园、明代关帝庙等景区。清晏园兼具南方园林之秀丽和北方园林之雄奇，为典型的古典园林景观。

2.总督河道部院

总督河道部院是清代全国最高的治水机构，是国家在京城以外专设的治河决策、指挥和管理机构，管辖着黄、淮、运河。从1678年始，清代常驻淮安的河道总督总共有56任，45位，历时183年；咸丰十一年(1861)，清政府裁河道总督，漕运总督由淮安府迁驻清宴园，历时43年；光绪三十年

(1904)，裁漕督，总督署改为江北巡抚署；1905 年改设江北提督于此。 现总督河道部院为 2008 年复建，除陈列原河道总督治河相关史料外，还集中展示淮安古今水利建设的成就，成为展示淮安水利的一扇窗口。

3.水上长城——洪泽湖大堤

洪泽湖大堤又称高家堰，古称“捍淮堰”，是为治淮而建，洪泽湖以东地区水患严重，民间有“倒了高家堰，淮扬不见面”之说。洪泽湖大堤为保卫淮扬地区的安全起到了至关重要的作用，是省级文物保护单位，是中国大运河的重要遗产点之一。

洪泽湖大堤工程规模巨大，被誉为“水上长城”。 如今，人们漫步在与长城媲美的这座大坝之上，欣赏着湖水畔的秀丽风光，往昔的奋斗史似乎仍历历在目。 大运河的水上立交可以让水在不同水位，按照人们的意愿流向不同方向，可见淮安人民的智慧。 江淮之水在这里重新分配，实现了涝可排，旱可灌，北上南下的贯通，淮河、大运河、苏北灌溉被串联起来，洪泽湖、白马湖、高邮湖等水系也因此连成一片。 而今，洪泽湖畔的百姓，不再有家园随时毁灭的担心，他们生活在大湖旁，这里到处显得美好而祥和。

4.镇淮楼

镇淮楼是古城淮安的象征性建筑，当地人俗称鼓楼。 始建于北宋年间，距今 800 多年。 元代，淮安“置总管府，用以控制南北舟车转输”，楼上便悬挂“南北枢机”“天澈云衢”的金字匾额。 明代楼上置“铜壶滴漏”，用以报时，故又名“谯楼”。 后又置大鼓专伺打更、报警，故又称为“鼓楼”。清代乾隆年间，因水患不断，人们为震慑淮水，更名为“镇淮楼”。 现存建筑为清光绪七年(1881)十月重建式样，但在原有基础上有所扩大。 坐北面南，底座为砖砌基台，长 28 米，宽 14 米，高 8 米，略呈梯形，坚实稳重。基台正中为拱形门洞，宛如城门，东西两侧为可拾级而上的方砖踏步。 基台上是两层砖木结构的高楼，面阔三间，楼高 18.5 米，楼顶为重檐九脊式，四角翘起的龙头，双目圆睁直视，大口吞云吐雾，似有腾飞之势，令人惊叹不已。 新中国成立后，淮安古城拓宽了街道，重修了镇淮楼，并以楼为中心开辟了公园。 2002 年，镇淮楼被列为江苏省文物保护单位。

下编

淮河流域的历史古镇

第一章
安徽的历史古镇(上)

安徽是淮河流域的核心区域，淮河干支流分布众多历史古镇。它们或是明清时期重要税关，或是重要水运码头，或是商旅辐辏之地。它们拥有厚重的历史底蕴，或是许多历史人物的故里，或出产富有本地特色的美食。本章主要介绍正阳关、临淮关、临涣、符离集、龙亢、光武等历史古镇。

第一节　“挟淮据险　商旅辐辏”——正阳关镇

正阳关镇古称颍尾、颍口、阳石、羊市、羊石城等，位于寿县城西南三十公里处，地处淮河、颍河、淠河三水交汇处，素有“七十二水归正阳”之说，是明至民国时期淮河流域最重要的税关，有中华“八大名关”之一称誉。明末清初著名地理学家顾祖禹若在《读史方舆纪要》中称：“挟淮据险，为古来之津要，今商旅往来者皆辏集焉。颍水亦自河南境流经此入于淮，谓之颍口。盖自北而南者，颍口其必争之地矣。”这说明正阳关镇在淮河流域历史上具有重要的军事和经济地位。

一、历来兵家必争之地

正阳关镇的地理位置十分特殊，扼守淮、颍、淠三水之咽喉，具有“寿阳泛天险，天险横荆关”的重要战略地位，因此成为历代兵家必争之地。

早在春秋时期，楚国军队就曾经据守此地。东汉末年，刘备曾经驻军于此，现今还留有刘备城、张飞台等遗址。383 年，阳平公苻融率领军队三十万人到达正阳关，继而发生了历史上以少胜多的著名战例——秦晋“淝水之战”。505 年，南朝梁的将军姜庆真与北魏军队在正阳关交战。579 年，北周的水军总管于顗率领开府将军元绍贵、仪同将军毛猛等，利用水师从正阳关进入淮河，进而攻打寿阳。唐朝末年，宣武节度使朱温从光州出发，不慎迷失道路，又遭逢连绵大雨，等他到寿州的时候，看到当地守军坚守城池，于是便回军驻扎在正阳关。朱温觉得战争形势不利于自己，于是渡过淮河退守北方。955 年，后周派兵攻打南唐，大将李谷建造浮桥，从正阳关渡过淮河，在寿州城下大败南唐军队。南唐派刘彦贞前往救援，李谷担心正阳关上的浮桥被刘彦贞弄断，于是将饲养牛马的草料焚烧，退保正阳关。刘彦贞知道了以后非常高兴，马上派兵进攻正阳关，刚好碰到后周另一位将军李重进渡过淮河前来支援，于是两军在正阳关东部展开激烈角逐，后周大获全胜，之后皇帝柴荣也亲自来到正阳关。957 年，后周军队攻破寿州城，南唐的大臣林仁肇向皇帝李煜报告，希望率领一万军队去前线作战，进攻寿州和正阳，收复淮河流域的领土。

1161 年，金朝皇帝完颜亮大举南侵，南宋朝廷召集淮西地区的军事将领共同商议如何保住正阳关，因为这个险要之地一旦被金人攻破，后果便不堪设想。1206 年，南宋权臣韩侂胄北伐失败，导致宋军全线溃败。金朝大将仆散揆率领大军分兵九路展开反击，其中一路有三万人，沿着颍州、寿州一线南下。在遭到宋军何汝砺、姚公佐部抵抗后，仆散揆派遣两员大将完颜赛不、纳兰邦烈率军支援，驻扎在淮河南岸。宋军未曾预料到金人的攻势如此迅猛，几乎都溃不成军，踩踏、落水而死的人数不胜数。金军夺取正阳关以后，继续南下，陆续攻破寿州、合肥、滁州等地，获取大量物资。南宋末年，蒙古人在灭亡金朝后挥师南下，强渡淮河，占领正阳镇，开始了灭宋战争。根据史料记载，元朝派董文炳担任枢密院判官，同时统领淮西一带的军事行政事务，董文炳驻扎在正阳，在淮河两岸修建军事堡垒，准备长期作战，以便于配合襄阳一带作战，最终灭亡宋政权。以上说明正阳镇在南北政权对峙之时，军事地位之重要。

同样，在大一统王朝的短期动乱中，正阳镇也是兵锋所及之地。元朝末年，淮河两岸是红巾军政权的势力范围。正阳镇成为刘福通红巾军“大宋”政权的都城——安丰城的北部屏障，在此及周边曾发生过多次战争。明崇祯八年(1635)春，高迎祥、张献忠率农民军自颍州攻占正阳关，进一步攻打寿州城时遭到挫败，东去攻占凤阳中都城。清咸丰七年(1587)春，太平军攻占正阳关，又东进围攻寿州，清军都统胜保命知州金光箸不惜一切代价夺回正阳，金光箸率团练数千人于寿州三十铺、两河口(淝水入淮处)一带堵截，双方发生激战。金光箸又在沫河口架设浮桥先渡马队，继以步兵与捻军交锋。金光箸身先士卒，英勇顽强，立于船头督战。而每逢盛夏之际，淮河水流湍急，金光箸在战乱中左腿中枪，又因缆断舟覆，堕水溺亡。事迹上报朝廷，褒奖“光箸吏治战绩为安徽第一”，诏赠其布政使衔，依赠官赐恤，授予都骑尉世职，谥“刚愍”，建专祠于寿州，以示纪念。此后的几年间，太平军与清军反复争夺正阳关。

1911年10月，寿州淮上革命军以正阳关为驻防地，西征光复皖北各县。1913年7月，安徽讨袁军同袁世凯北洋军倪嗣冲部激战于正阳关。1927年5月，国民革命军独立第五师攻占正阳关。1932年5月，中共鄂豫皖红二十五军攻占正阳关，三天后撤离到苏区。1938年6月5日，日本侵略军自蚌埠沿着淮河西进，守卫正阳关镇的国民政府军短暂激战后败退，日军攻占正阳关及寿县城，一个月后撤出。

二、明清时期皖北地区的交通与商业中心

皖北主要商业城镇大多是沿水路分布的，逐渐形成以淮河干支流水运为主导，陆路驿道为补充的交通格局。正阳关作为皖北传统交通枢纽和商业中心，在区域内外商品流通中占有重要的地位。

明成化元年(1465)设立凤阳钞关，包括正阳、临淮二关，正阳关设在正阳镇，临淮关在临淮镇，“正阳关”即因此得名。清沿袭明制，设凤阳钞关，或称凤阳榷关，仍由户部主管。到清代，其交通枢纽地位得到进一步加强。顺治八年(1651)，凤阳关归凤阳仓差监管。凤阳仓关设于明初，征收苏、松、常、镇、安、宁、太、凤、庐、淮、扬十一府，凤阳右八卫一所及河南八府一州的所有钱粮。清康熙三十三年(1694)凤阳钞关官署移驻正阳镇。凤阳仓关亦于康熙三十四年，移驻正阳镇，与正阳关、临淮关合并为凤阳关，

于寿州西南六十里设立关署，专管正阳、临淮二关。同年，凤阳关由清政府从中央直接委派官员管理。康熙五十五年(1716)，交给安徽巡抚委地方官管理，这种体制一直维持到清末。

由于有淮河的舟楫之便，鱼盐之利，商旅往来，四方辐辏，正阳关便逐渐发展成为一个商船云集的大码头，淮河中游的重要物资集散地，其商业地位超过州城所在地——寿州城。明中后期，正阳关被称为“淮南第一镇”。而寿州城到清中后期的商业仍不发达，“城内空隙处，多凿井灌畦，以种菜蔬，桔槔之声时接于耳”。民国时期，这种情况仍然保持。想不到正阳原是寿县一镇，但是在经济上的地位，县城反居其下。在淮河平静无灾的年代，正阳关商业更为繁盛，豫东、皖北的货物都在此集散，由淮河转运。正阳关码头经常帆樯林立，泊船千艘，每到晚上，河上灯火通明，渔歌互答，水上清风徐徐，炎暑不热，所以有“五六月间无暑风，二三更后有渔歌”咏正阳关的联句。这不仅反映出正阳关商业的繁盛，也看出其优越的自然条件以及人与自然的和谐关系。

就交通地位而言，正阳关是明清时期水陆交通枢纽。据黄汴的《一统路程图记》和程春宇的《士商类要》记载，经过正阳关的水、陆路共有13条。从明中后期起，正阳关已经是沟通南北、联络东西的水陆交通中心。到清代，其交通枢纽的地位得到进一步加强。清代正阳关水路西通三河尖、信阳州，北连朱仙镇、周家口，南接霍山、六安州，下达临淮关、淮安府，舟楫如梭，商贾云集，为沿淮中游水路交通的总枢纽。

水陆交通的便捷，也给正阳关自身的经济带来繁荣。清代乾嘉盛世，“户口繁殷，市廛饶富，列屋而居者，绮纷绣错，栉比而云连，而结帆市舶出入于洪涛烟云杳霭之中，咸衔尾而来集”。清末民初，先后有山西、浙江、江西的商人在镇上设立会馆，共有8家，这足见外地客商在正阳关经营队伍比较庞大。英法等国商人在此开办洋行，收购土货，还开设药房。本地工商业也发展迅速，据统计，全镇比较有影响的工商行业：交通运输业17家，工业14家，百货业21家，什货业19家，盐行12家，粮行8家，金融业3家，医药业4家，浴池业8家，旅馆业13家，饮食业22家，合计141家。该地银钱业也比较发达，钱庄约有十三四家，主要有：性成、庆太、豫大、义源荣、万源通、德平、仁记、信成、泰生、春生等，资本各五六千两。

鸦片战争以后，英、美、法等列强于光绪帝年间即在正阳关设有公司，全国有八个省在正阳关设有会馆，街面，店铺、货物丰盈，河下帆樯林立，商贾云集，通宵喧闹。为防止淮河洪水暴发造成商船损坏，清同治七年(1868)，时任督销淮北盐务总办的官员王治覃力排众议，决定抽取商厘作为经费，招集饥民在镇南北各修建船塘，使来往船只得以停泊，免遭风浪之灾。为确保安全，还兴建了塘堤。南堤建金龙大王祠，作为商人祈福之地。

2012 年，在正阳关码头附近河滩出土明清时期的钱币共计 6000 余枚，通过对这些钱币的研究，也可以反映出当时正阳关商业繁盛的状况。其中，明代钱币约占 10%，清代钱币接近 90%，以顺治、康熙、雍正、乾隆四朝为多，约占 70%，这表明，正阳关商业最为繁盛的时期应是在康乾时期。如果没有当地长期商品贸易繁荣和人民群众殷实的生活积累作为基础，绝不可能在码头附近遗散如此多的钱币。明代正阳关的年税收折成白银约 6 万两，清代凤阳关平均年税收约白银 145 万两，其中正阳关占大部分，因此，正阳关又称“银正阳”。

三、近代以来正阳关的变迁

1899 年，英国福公司勘测了津浦铁路，中间经过安徽正阳关，此路因盛宣怀等人的反对而未能修筑。这表明正阳关在铁路规划中初步得到关注。1905 年，商办安徽铁路公司成立，对安徽铁路路线进行初步规划，分江北路线和江南路线。事实上，这种南北路线规划是分别以芜湖、正阳关为中心的。《皖政辑要》中记载：对皖北铁路进行规划时，也关注到正阳关的交通地位：“上起安庆北尽六安州治，筑路三百余里。中起巢县北至正阳关口，筑路三百余里，则江淮之呼应灵，而豫皖之交通捷矣。”

民国以来，皖省商会组织积极行动，呼吁修建皖省铁路，在路线的选择上，他们主张修筑安庆至正阳关的铁路，即安正铁路。后来，安正计划落空，他们对安正铁路计划进行修改，主张修筑安颍铁路，将安正铁路延长至颍州。这两个计划一方面考虑到了安庆的省城地位，另一方面拟将皖北商业重镇——正阳关纳入铁路体系之中。之后，随着蚌埠崛起，还计划修筑蚌埠至正阳关、蚌埠至信阳的铁路，但是，随着这些铁路计划的相继流产，正阳关最终没有铁路通过。虽然正阳关水运优势仍在，但随着时事变迁，正阳关终究没有成为新式交通格局下的皖北交通中心，逐渐衰落为普通的小城镇。

四、丰富的历史遗存

正阳关在历史上曾有著名的“正阳关八景”：苍沟舟市、秀涧离筵、刘备古城、董生遗址、边洲渔会、淮水帆飞、西城春柳、南湖晴光等。深厚的文化底蕴，使旅游资源十分丰富，现有省级保护文物1处，县保护文物12处。

镇内现有建于清同治年间的三座高大古城门，即北门、南门、东门[1]，每座城门内外门额上均刻有古人的题字，字体浑厚遒劲，含义深刻，意味隽永。明成化元年(1465)，正阳关镇区周围筑土圩抵御洪水。清同治五年(1866)，在土圩基础上改筑城墙，正阳关设东西南北四座带有城楼的城门，城门内外均有石刻题额。东门外题“西宇春台”，内题“朝阳”；南门外题“淮南古镇”，内题“解阜”；西门外题“淮流管钥”，内题“西映长庚”；北门外题“凤城首镇”，内题“拱辰”。光绪年间，由于正阳失火频繁，为便于取水及疏散群众，先后增修四座有城门无城楼的拱城，称南小东门、西小东门、小西门和水西门。南小东门题“引泉”，西小东门题“近圣”，小西门题“通济”，水西门题“紫气东来”。正阳关城门及城墙在民国时期遭到了破坏。现保存比较完整的有南门、北门、东门和部分古城墙。

正阳关镇历史上寺庙众多，相传有七十二座之多。据正阳关镇人戴戒华罗列有玄帝庙、三官庙、新东岳庙、老东岳庙、城隍庙、火神庙、老大王庙、新大王庙、南堤大王庙、护官大王庙、北土地庙、南土地庙、石狮子庙、夫子庙、塌坊寺、古刹庵、太平庵、地灵寺、水月寺、湖豫两汉庙、关帝庙、老君庙、鲁班庙、灶王庙、文财神庙、武财神庙、桥上楼、观音庙、陕西会馆庙及清真寺等。正阳关镇士民对宗教的虔敬痴迷，通过宗教仪式活动进行开展。据民国十三年(1924)仲秋月所立《永寿弗替》碑记载，该镇李氏宗族及馆厨

---

① 西门毁于抗日战争时期。

业会有建庙置地的善举，目的是确保灶王庙岁修和香火永续。以上寺庙现今多已不存在，仅清真寺、玄帝庙尚存香火。清真寺是掌教阿訇展义胜所重建，阿訇展义胜不辞辛劳，到各地劝捐募修建寺，最后“往粤东劝捐，乘轮船浮海，讵意狂飓覆舟，变生不测”，为传教事业付出性命。玄帝庙始建于唐贞观年间(627—649)，大殿内供奉的玄天大帝等五尊铜神像均为明正德七年(1512)用四吨精铜铸造而成，是难得一见的古代青铜雕塑铸造艺术精品。

学校是地方官府实行社会教化的重要场所。清乾隆二十年(1755)，庐凤道尤拔世在正阳关镇创办了寿阳书院，为该镇读书士子免费提供居住场所、指导教师及饭食。除咸、同年间因兵燹停办外，直至光绪废除科举制后才结束，为正阳关镇培养了大量社会教化所需的人才，使许多士子获得了晋升的机会。科举制度废除后，1906 年兴办羹梅学堂。创办学堂以来，人才辈出，像淮上军副司令、“国魂不死”的张汇滔，“红色拓荒者”茅延桢，红色历史学家徐梦秋，地矿部部长、中顾委委员孙大光等，都出自该校。正阳中学作为百年名校，可谓桃李满天下！ 1949 年 9 月，被命名为六安专区公立正阳中学。

此外，还有 1929—1934 年设立的中央交通站正阳分站旧址和红军二十五部临时军部旧址等，展现了我党在正阳关的革命活动历程。

五、国家非物质文化遗产——正阳关“三阁”

悠久的历史、灿烂的文化和繁荣的商业孕育出丰富多彩的民间艺术，“抬阁”和“肘阁”便是正阳关孕育的民间杂技。据了解，正阳关曾有庙宇 70 余座，每年都要举办多次庙会。一些女子常在庙会期间求子祈福，若怀孕生下小孩，一般都要在庙会期间还愿，届时，孩子穿红披绿，或端坐在大桌上由家人抬着，或坐在父亲的肩上。久而久之，这种求子祈福活动，又经正阳关许多代民间艺人的加工整理，便演变成今天的“抬阁”“肘阁”和“穿心阁”。

这项民间杂技延续至今，已有几百年历史了。每年九月九日重阳节，当地还会举行玄帝庙庙会，有时还会上演这门杂技艺术。它们被誉为“空中芭蕾”“无言的戏剧”，以“高、难、险、美”的特征享誉全国。

“抬阁”一般由 2—8 个青壮小伙抬着楼阁、花轿、凉亭表演，这些楼阁、花轿或凉亭是用竹、木扎制或角铁焊制的。小伙子们身着彩衣，在乐队的伴奏下，抬着化装成不同人物造型的小演员们缓缓前行。这些小演员多为 5—7 岁，身着戏服，或坐或站在扎制的阁楼、凉亭、花轿内和莲花台上，按人物造型表演一些动作。代表性节目有《群仙赴瑶池》《观音赐福》《小二姐游春》《七品芝麻官》《天女散花》和《盗仙草》等。

“肘阁”又名肘阁戏，一般由一些身强体壮的大汉和一些 5—7 岁的小孩合作进行表演。大汉身着铁架子，艺人们称作“铁领衣”，即把铁架捆绑在腰背上，并从背部引出一根 1—3 米长的弯曲铁棍，因其弯曲似臂肘，故曰肘阁。弯曲的铁杆通过套管连接着另一个铁架，铁架一般做成断桥、雨伞、楼阁、假山等形状，并在铁架上扎上一些彩花。大汉们身着罗汉衫，用铁棍顶着铁架上的 1—3 个小演员进行表演。铁架上有一个小演员的叫一棚肘阁，有两个小演员的叫两棚肘阁，有三个小演员的叫三棚肘阁。代表性节目有《猴子捉金钱豹》《黛玉葬花》《打渔杀家》《白蛇传》和《盗玉杯》等。

“穿心阁”一般由两个青壮年小伙子，用一根竹竿抬着一个小演员表演。小演员扮成戏剧舞台上的县太爷或媒婆等丑角，一根特制的竹竿（“穿心杆”）抬着小演员。这根竹竿好像从小演员的心窝“穿过”（故称穿心阁），小演员随着抬人的步子，在乐队伴奏下，做一些滑稽动作，让人忍俊不禁。

每逢重大节日，特别是每年的农历二月十九和九月十九玄帝庙会期间，正阳关一些民间艺人，为增加节日的喜庆气氛，便纷纷上演肘阁、抬阁、穿心阁等诸多民间文艺节目，让广大群众一饱眼福，深受欢迎。

正阳关镇成立了正阳关民间艺术团和民间艺术传承和发展工作领导小组，动员热爱民间艺术的群众加入艺术团，并为一些家庭贫困又热心民间艺术的群众解决后顾之忧。2003 年，正阳关镇荣获文化部颁发的“中国民间艺术之乡”称号，“抬阁”和“肘阁”已于 2008 年 3 月被列入国家级非物质文化遗产名录，2009 年 10 月还荣获第九届中国民间文艺山花奖。

第二节 明清商贸重镇 近代渐趋衰落——临淮关

临淮关镇位于凤阳县城东10公里处，濒临淮河，南傍京沪高铁，交通便捷，经济繁荣，是“皖东经济十强镇”之一，并跻身“安徽省百强镇”之列。现在的临淮港是在明清老港的基础上拓建而成的，港区岸线2公里之多，有4个船舶码头，水上运输十分繁忙。

一、曾经是临淮县城

据史书记载，周代在此地设方国钟离子国，并筑钟离城。公元前538年，楚箴尹宜咎再次修筑此城，钟离成为楚国最重要的军事要塞之一。春秋末期，楚国和吴国曾多次在此地爆发冲突，公元前518年，吴王僚(被著名刺客专诸所杀的君主)攻楚，占领此地。后越王勾践灭吴，此地属越。战国初期，楚灭吴，钟离再度属楚。现在古城遗址尚在，南北长一百一十四丈，东西宽一百零八丈，有门四座。城的四周修有护城河。在古城废墟上，常常能找到铜箭镞、楚蚁鼻钱等残片，记录着历史上曾发生的战事。

秦汉时为钟离县治。南北朝时期，此地再次成为南北政权对峙的军事要冲。507年，南北朝历史上规模最大的一次战役——钟离之战，就在此爆发。镇守此地的南朝梁政权大将韦睿以少胜多，大破北魏军十余万，使梁朝避免了亡国的命运，这场著名的战役也让钟离声名远扬。隋唐为州县治所，明、清时为临淮县治。明成化元年(1465)设立凤阳钞关，下设有临淮关，临淮关在临淮镇。临淮镇北濒淮河，南控群山，为皖、豫淮上要冲，自古为兵家必争之地。临淮县城建于南北朝，初为东西二城，因濠水从西城间穿过，屡遭水患，南宋合二为一。

元至正二十七年(1367)朱元璋攻占濠州，改濠州为临濠府，重修濠州城。乾隆十九年(1754)将临淮县并入凤阳县，临淮县城为凤阳县一重镇，被称为旧城。该城因濠水环其西，淮水冲其北，城屡修屡圮。咸丰年间，由于战火，临淮城再次遭到破坏，城根砖石被挖掘无遗。同治初年(1862—

1864)临淮城仅存南门、西门和鼓楼台基。不久南门又被拆除，剩下的鼓楼和西门也于1958年起陆续被拆。现在城址依稀可辨，尚有一些建筑遗址，如开元寺址、濠梁水马驿址、城隍庙址、公侯府第遗址等；镇内外还保存有县署街、小城头、城里、大关、大东关、小东关、南关、西关等地名。

二、明清时期皖北地区的商贸重镇

临淮关为皖豫淮上要冲，是安徽四大名镇之一。明成化元年(1465)设立凤阳钞关，包括正阳、临淮二关，正阳关设在正阳镇，临淮关设在临淮镇。临淮关与外地交通主要依赖水运，与正阳关同为淮河沿岸著名的收税口岸。明清时期在淮河中建有浮桥，控制船只往来，以便征税。清政府在临淮关派32名桥兵把守，配备桥船50只，马船4只，加强税关征税力量。康熙五十五年(1716)，临淮关交由安徽巡抚监管，安徽巡抚任命凤阳关监督管理。乾隆十四年(1749)，临淮关事务又由凤庐颍道委托凤阳知府管理。

明朝中后期，临淮关“商贾云集，百货辐辏”。乾隆年间，虽屡遭水患，但“西北南三关厢贸迁如故”。这里码头众多，“民船碇泊常数百只，街市沿河屈曲，长约数里”。从临淮关经清江浦沿运河将淮河一带的农产品运至浦口，再从运河将苏浙一带的手工业品和各种杂货分销至安徽、河南、山东等地。因此，临淮关是豫东、皖北土货外运和江南棉纺织品、绸缎等北上的中转站。据明代黄汴的《一统路程图记》记载，从淮安至开封的水路，由淮安经洪泽湖入淮河，经凤阳府的出淮口——临淮关，到寿县的正阳关，入颍河，溯颍河西北行，经颍上、颍州府、太和等入河南，行130里至周家口，再由周家口转贾鲁河，北行200里至朱仙镇。在朱仙镇起旱，陆路40里至开封。这是连接明清时期四大名镇之一的朱仙镇以及豫南商业中心周家口的重要商路。淮河上游的竹、木、茶、麻等物资，大多经临淮关转运，全镇有货栈一百多家，歌舞台榭，盛极一时。《国风报》载：“又有临淮关者，当淮河贸易之冲。经淮河以横贯安徽北部而入河南省，抵周家口。周家口者，全国五大镇之一也。下经清江浦，以达镇江；又有陆地可通定远，经徐州以达南京，溯浍河则与宿州交通，真四通五达之要区矣。其附近西淮盐，安徽之北，河南之南，民无淡食之虞者，赖有此也。外国货物，则经镇江，过清江浦，以集于此，然后分散各处。其内地输出货物，亦必经临淮关历清江浦，以达镇江。故商贾辐辏，帆樯林立。凤阳、定远、徐州，虽号称商埠，然不及临远甚矣。”①优越的地理位置，使临淮关成为皖北仅次于正阳关的交通中心与商品集散地，也是连接江南、中原两大经济区商品交流的重要枢纽之一，传统商业地位十分突出。

三、近代以来的历史变迁

在传统交通模式下，临淮关是皖北地区交通线路上的重要节点，其交通区位优势明显优于蚌埠。近代以来，以铁路为代表的新式交通兴起，在规划新式交通路线时，传统交通路线虽保持较大的影响，但当受到交通工具和自然条件约束时，就难以保留传统路线。若发生交通线的偏离，自然就会使传统交通中心产生转移，这一历程是不以人的意志为转移的。本来，临淮关凭借传统交通与商业中心的地位，已成为津浦铁路淮河大桥的必经之地，这一方面受到传统交通路线的影响，另一方面也是将临淮关继续作为皖北交通中心的一种努力。然而，由于临淮关地势低洼，不易建桥，桥址最终选定在蚌埠。这不仅使交通线的局部产生偏离，而且引发蚌埠、临淮关区位形势的变化，从而导致皖北交通中心的变迁。自津浦铁路通车后，临淮关的商业地位逐渐被蚌埠取代。

津浦铁路通车后，在蚌埠崛起的冲击尚未显现之前，临淮关的发展还是比较明显的，以商业和金融业的发展比较突出。金玉成商号是当时临淮关的商业发展的典型代表，金玉成商号是清咸、同年间逃荒至临淮关的徽州人金玉成创办的。金家在临淮关最初以磨豆腐为生，后开油盐杂货铺，由于善于经营，规模逐渐扩大，进而增添了糕饼及京广百货、布匹，经营棉布和绫罗绸缎，接着粮店、油坊、药店、铁货店相继开业，一个综合性的商业网在清末的临淮关崛起。津浦铁路通车后，金玉成的进货渠道更为畅通。金玉成的进货大都来自上海、南京以及沿海主要城市，如天津、青岛、温州、广州

---

① 1911年第20号《国风报》。

等。金玉成商号还与外商联系，经销美孚石油、大英日光肥皂、转口的红白糖等大宗商品。每次进货用火车运至马滩仓库，然后用大木船运至临淮关。其货物主要销往周边县城，西至凤台、怀远，南至定远，东至嘉山，北至灵璧、固镇，其油坊出产的芝麻香油，远销上海、苏州、常州、镇江、南京等大城市。由于货源广，销路畅通，金玉成商号垄断临淮关的市场，其他商号的经营活动，只有唯金玉成的马首是瞻。

随着蚌埠城市的崛起，皖北地区大宗货物的往来交易皆以蚌埠为转运点。由蚌埠输出的货物主要有麦、高粱、芝麻、药材、鸡鸭、牛皮、酒等，"合计每月约有三四百万吨，皆由淮河上游之怀远、涡阳、亳州、颍上、六安、正阳关以及河南等地运来，在蚌埠换火车南下转运浦口"。输入的货物主要是洋布、煤油、木材、杂货等，每月大约二三千吨，皆由浦口运来，然后经由蚌埠分运淮河沿岸。据1934年的统计，蚌埠站输出各种农产品达38万吨，输入各种洋货达10万吨①。据《申报》的记载，蚌埠"最热闹的街市为二马路、头道街、二道街等处，各大银行、转运公司、绸缎庄、大旅社及各种大商店，遍设林立，故此地面不广而精华荟萃。俨若一小上海"②。昔日仅有一二千人口的蚌埠，到20世纪30年代初，人口已激增到十万，为千里长淮第一大港。蚌埠拥有装卸码头、铁路专线、客货轮船运输的港口，成为皖北地区重要的货物集散地和商贸中心。

由于临淮关没有形成与蚌埠相当规模的港口区，其水运与铁路的结合程度也远不及蚌埠。1913年，临淮关火车站建成后，不久就修筑专线通往港口马滩。沿港口一带，到1931年，建有四个货运码头，即元顺转运公司的货运码头、粮行码头以及两个私人自航自运的码头。这些码头大都为块石砌成的简易装卸码头，难与蚌埠的码头相比。临淮关也有两个船塘，一是清光绪六年(1880)修建的淮宁船塘，由于历年淤积，至民国时，船塘面积逐渐减小；二是民国初年修建的凤凰嘴船塘，该船塘是濠河的入淮处，民国二十一年至二十七年间，过往船只可在此停靠。临淮关的船塘无论修建的面积还是船舶

① 程必定:《安徽近代经济史》,黄山书社1989年版。

② 《安徽蚌埠大火纪详》,1919年4月17日《申报》。

停靠数量均不能和蚌埠的两个船塘相提并论。临淮关的商业主要集中在沿淮河、长约三里的东大街一带，街道狭窄，没有柏油马路，没有形成明显的功能社区，受近代化的影响十分有限。

随着蚌埠进一步崛起，临淮关传统交通与商业中心的地位逐渐被蚌埠取代。

临淮关“惟居卑下，常患水灾，实今昔临淮一地之厄运也。津浦路成，工商业北见夺于蚌埠，南见夺于明光”①，其区位优势逐渐丧失，这极大牵绊了其发展的脚步。正如民国《凤阳县志略》描述：“自平浦(即津浦)路成，形势一变，蚌埠因为平浦路南段中枢，一跃而为重镇，直取临淮昔年之地位而代之。”②到 1932 年，临淮关的户数为 5661，而此时的蚌埠的户数为 29397，二者发展差距已经相当明显了。临淮关的传统交通与商业中心的地位不复存在。

第三节　昔为郡县地　今日茶飘香——临涣镇

浍河古名浍水，又名涣水，临涣因临涣水而建，故名临涣。临涣镇，古称铚，又名古茶镇，隶属于安徽省淮北市濉溪县，位于濉溪县中南部，北与淮北市毗邻，南与蒙城县相接，西与涡阳县接壤，东与宿州比邻。临涣镇历史悠久，文化底蕴深厚，现为全国发展改革试点镇、安徽省历史文化保护区、安徽省历史文化名镇、中国民间文化艺术之乡、安徽省特色景观旅游乡镇、安徽省旅游十大古村镇。

一、曾经是郡县治所

临涣历史悠久，可考的历史有两千多年，是淮北市置县时间最长的城镇。夏商时期，全国分为九州，临涣地处淮海之北，为徐州域。西周武王分天下为九畿，临涣地处宿南国，属宿州域。因夏商周时期无切实可考地

① 李絜非:《凤阳风土志》,《学风》,1936 年第 6 卷。
② 易季和:《凤阳县志略》,台湾成文出版社 1975 年版。

名，“铚”这一称呼的开始还得从春秋时期说起。

春秋时期，宋国在临涣置铚邑。宋亡后，临涣沦为楚国版图，仍为铚邑。秦王政二十六年(前221)，置铚县，治所临涣集，属泗水郡。西汉，汉高祖改泗水郡为沛郡，黄龙年间(前49)，铚县改属汝南郡。东汉时期，属沛国。

三国时期，曹魏增置谯郡，铚县属于谯郡。后又增置汝阳郡，铚县改为汝阳郡所辖。南北朝时期，梁武帝普通六年(525)，置临涣郡，治所在铚城。北齐天保元年(550)，废临涣郡，置临涣县，治所仍为铚城。

唐代，临涣县初仍属谯郡。元和四年(809)，唐宪宗析徐州的符离与蕲县、亳州的临涣、泗州的虹县新置宿州，属河南道，临涣县受辖于宿州。元朝初年，临涣改属河南江北行省归德府。至元二年(1265)，又把临涣并入宿州，临涣县废，降为乡，取名涣阳乡。明代，临涣仍属宿州的一个乡，改名为临阳乡，下设十三集，属凤阳府。清朝初年，仍用旧制。乾隆五十五年(1790)改为临涣分州，属宿州所辖。宣统三年(1911)，临涣分州改为临涣镇(为宿州三大镇之一)，下辖百善乡、孙町乡。以后又改镇为区，辖有商东、商西、仁圣等19集，仍为区域中心城镇。

二、兴也运河，衰也运河

隋朝时期，出于政治、经济、军事的需要，开凿沟通南北的大运河。运河沿岸的城镇因便利的交通条件快速发展，临涣，便是那璀璨群星般的商业城镇中的一个。然而，千载悠悠，沧海桑田。临涣，这个依靠水运发展起来的城镇曾兴盛一时，但最终因运河淤塞，水运式微而走向衰落。

1.兴也运河

隋唐时期，浍水运河段为隋唐大运河通济渠的一部分，可以北通洛阳，南经运河，可达余杭，水路交通发达。临涣集商贾贸易由此兴盛起来，成为大运河沿岸重要转运码头。南来北往的客商，无论是陆路还是水路，都必经此地，或在此停留休整，或在此售卖货物。运河里，顺流南下的船装满瓷器、皮革、金属、薪炭或者木材，而逆流北上的船则装满了盐、茶、糖、布帛和稻米。船队延绵数里，停靠在岸边，南来北往的旅客和商人，或到岸上休息、补充生活用品，或去庙里上香祈福，人来人往，好不热闹。

隋唐时期，饮茶为一时之风尚。临涣地区深得水路运输便利，对外交流频繁，商业贸易发达。为适应经济活动的需要，临涣古城出现了茶馆。南北客商奔波劳苦，一盏香茗入口，神清气爽，疲劳散去。同时，客人于茶馆，共抿清茶，一桩生意便成功交易，交易既成，再踏商途。茶馆的出现，说明已有大批喝茶的人出现，侧面证实了临涣当时商业的繁荣。

2.衰也运河

据《宋书·地理志》记载:“真州当运路之要，符离、谯、亳、临淮、朐山皆便水运。”所以，在北宋初期，临涣水运之便利，可见一斑。但这一切都随着金军南下攻宋而终结。1128年，金兵围攻开封，留守杜充下令掘开黄河大堤，以水代兵，阻挡来势凶猛的金兵，然而洪水非但没有阻挡住金兵，而且一路南下，吞没了淮河北岸涡河、泗河、浍河等支流，形成长的“黄河夺淮”格局。黄河夺淮入海，导致通济渠被淤平，浍河水运中断，临涣商业也渐趋衰落。

元朝时期，朝廷重修大运河。因为洛阳已经不是政治经济中心，所以，元明两代的京杭大运河，截弯取直。取直的京杭大运河，从淮安经徐州到济宁，没有经过临涣，临涣的水运优势就此丧失。繁华落幕，临涣商业再也不似以前繁荣，其作为区域政治中心的地位也难以维持。因此，至元二年(1265)，临涣并入宿州，临涣县废，降为乡，取名涣阳乡。到了明代，临涣仍属宿州的一个乡，改名为临阳乡，下设十三集，属凤阳府。

3.“兴”机再现

2016年12月，沱浍河航道(临涣至南坪段)整治工程开工建设，临涣水运再兴有望。沱浍河航道是豫皖省际航道，上接河南商丘市，下经安徽淮北市、宿州市、蚌埠市，经淮河、京杭运河，可通江达海。2019年7月，历时两年多的沱浍河航道(临涣至南坪段)整治工程顺利通过交工验收。该段航道建成，使沱浍河航道通航里程向上延长34公里，极大地推动了淮北，特别是临涣的水运发展，为临涣下一步的发展提供了强大动力。

三、别具一格的茶文化

大概十多年前，一组在临涣茶馆拍摄的照片迅速在网上走红，让大家看到了久违的小镇生活。临涣在网上“出名”后，一些摄影师、民俗文化爱好者、旅游背包客等纷纷造访这个皖北小镇，拍摄这里的茶馆、茶客。临涣茶馆，也成了所谓的“网红打卡地”。

1.神奇的棒棒茶

临涣茶文化历史悠久。东晋、南北朝时期是临涣茶馆形成的雏形阶段，进入唐代，临涣地区水路运输便利，对外交流频繁，商业交往发达，就出现了真正意义上的茶馆，宋朝起以卖茶为业的茶馆已达多家。据《通志载记》记载，明清时期，临涣茶馆日趋发达，迄今已有六百余年的历史，喝茶的习惯被很好地保留下来。走出门去，寻三两老友，至古城旧巷，坐矮凳低桌，观粗陶土灶，品上一壶好茶，听得几出戏曲，唠着坊间趣事，好不怡然自在。

临涣当地不产茶，但在临涣南面不足两百公里的六安，有着中国名茶——六安瓜片。六安瓜片的生产只取其叶，其分离出的茎和梗便是临涣“棒棒茶”的主要原料。这些茶梗，有青红之分，红梗或暗红、或褐色，茶汤透亮红艳，似红酒又似米醋；青梗颜色泛青，茶汤清亮可人，水汽翻滚，犹如青龙探江。据说此种茶，有春生津、夏消暑、秋提神、冬生暖的奇特功效，还能解酒，且多饮不撑腹，实为养生妙品。

2.三分茶七分水——临涣四大名泉

没有一汪好水，难出一壶好茶。临涣有四大名泉，即回龙泉、珍珠泉、饮马泉、龙须泉，四泉沿浍河北岸呈“L”形排开。珍珠泉泉眼有碗口粗，汩汩泉水向外喷出，犹如粒粒珍珠，其水清冽甜美，曾被临涣天主教堂当作圣水而用。饮马泉因魏武大帝曹操曾在此泉饮马而得名。回龙泉在临涣四大名泉中最负盛名，它位于南阁下浍水中，因浍水到此处，便打旋回转一圈，再向东入淮而得名。回龙泉泉水香醇甘美，曾为临涣茶馆主要用水。龙须泉，因其细流形似龙须而得名，用此水沏茶，茶香芬芳四溢，唇齿久留余香，现为临涣茶馆的唯一用水来源。

3.一壶茶，一辈子——茶馆茶楼

临涣集现有十余家茶馆，茶座三百余张，茶壶六百多把。这里的茶馆通常早晨五六点开张，晚十点后打烊，一开门便有老客进入其中，买上几块烧饼，叫上一壶热茶，抓上几把花生，品得手中茶，闻得此中味。茶馆，素来为临涣人的娱乐休闲场所。众人以麻将、纸牌、象棋博弈，酣笑之中，尽忘烦心事，评书、丝弦，段段小曲衬出雅适闲趣。同时，茶馆也是洽谈生意、相亲面会的场所，一口热茶入肚，不自觉地便会敞开心扉，茶香中和气生财，茶汽中姻缘相连。至于婆媳失和，邻里之争等民间纠纷，茶馆当为说理评事必到之地。“到茶馆评理去”也早已成为当地居民的口头禅，“一杯茶”调解法更是远近闻名。一口热茶吞入腹，个中缘由徐徐出，再由德高望重的老者据理法、按人情做出决断，最后皆大欢喜，满意离去。

一座座茶馆，满载着一代又一代人的欢笑和记忆，青春不再，心中永不能忘怀的便是那一抹“茶”情。久而久之，这里就有了“老镇、老人、老馆、老泉、老茶”的独特风景，引得许多摄影师和民俗研究爱好者慕名而来，临涣茶馆也成为国内著名的摄影基地。饱经风霜的临涣茶馆通过一张张照片，继续向世人诉说着它的故事。

四、丰富的历史遗迹

1.早期文明遗址

古观星台遗址位于临涣古城南侧，南临浍河，为龙山、商周直至汉代的文化遗址。该遗址为一高坡台地，南北长300米，东西宽250米，台上现有村民居住。1984年文物普查时曾发现，古观星台遗址文化层厚约1.5米，曾出土红褐陶鼎足、红褐夹砂陶绳纹鬲足等各类文物标本10余件。据说，三国时期曹操曾在此点将练兵，故此地又被当地居民称为点将台。

黄土岗遗址位于临涣的中部，北靠S202公路。据1984年考证，文化层土厚1—2米，地面采集鬲足2件，砂质红陶圆锥形足1件。在黄土岗西路沟里发现石斧1件，为深色石质加工而成，两面刃，两侧微弧，平顶，横断面椭圆，其余部分琢制粗糙，黄土岗当为新石器时代遗址。三国时期，曹操曾在此屯粮，粮台南北长 40 米，东西宽 25 米，面积 1000 平方米，高出地面 2—3 米。

2.历经沧桑的古城墙

临涣古城的第一次大规模修筑应在战国晚期，当时诸侯兼并战争加剧，铚邑成为宋国的边陲，为防范楚国，在此修筑了坚固的土城。发现于城基部的较厚的红褐色古丁纹板瓦，具有战国晚期特征。第二次有史可考的大规模修筑在东汉末年，当时曹操屯粮于临涣镇，垒土筑墙 6 公里，环绕古镇四周为城。由于数百年来风雨和战火的摧残，加上当地 1968 年“退城还田”、20 世纪 80 年代初期的烧窑和填平洼地等原因，古城墙破坏严重。古城呈方形，为古代夯土筑成，古城墙内径东西长 1490 米，南北宽 1394 米，周长 5818 米，总面积 2.7 平方公里，城高 8—9 米，古城墙基础部分宽 30—50 米。古城墙四边曾筑有四座古城门，东西两侧城垣上曾分别建有 9 座高近 15 米的烽火台，西城垣存台 6 处，东城垣存台 3 处。南北城垣设置烽火台，现均已毁弃。城墙四周原有护城河，现仅北城墙外护城河得到保留。临涣古城墙 1986 年被安徽省政府公布为第二批重点文物保护单位，2006 年被国务院公布为第六批全国重点文物保护单位。

五、临涣的红色记忆

1.临涣党组织的创始人——朱务平

朱务平(1898—1932)，又名焕明，字务平，化名大生，临涣朱小楼人。1922 年，朱务平和徐凤笑、刘之芜等人一起创立青年进步组织——临涣“群化团”。1924 年 4 月，他加入中国社会主义青年团，同年秋加入中国共产党，是淮北地区党组织重要创始人之一，先后在家乡成立中国社会主义青年团临涣支部、安徽省第一个农民协会、中共临涣支部、临涣特别支部等。1927 年朱务平任宿县中心县委组织委员，同年到平汉线驻马店及郑州一带工作，发动铁路工人罢工。1928 年 8 月被任命为中共江苏省委特派员，负责开展蚌埠及其周围各县党的工作，10 月任中共徐海蚌特委委员。1929 年 6 月任中共凤阳县委书记。1931 年 6 月任中共长淮特委书记。1932 年 10 月，由于叛徒出卖，他在蚌埠被捕，11 月在南京雨花台英勇就义，年仅 33 岁。 2019 年清明节，朱务平纪念馆在临涣落成，正式向公众开放。 这里成为机关干部、莘莘学子等祭拜先烈，感受峥嵘岁月，了解红色文化，接受革命教育的重要场所。

2.淮海战役前敌委员会指挥部旧址

淮海战役前敌委员会指挥部旧址在临涣文昌宫。 临涣文昌宫相传始建于唐代，原名尚书宫，古时为文人聚会之地，现为一座明清时代建筑样式的四合院落。 有东西厢房三间，厅房和过道 5 间，共 16 间房屋，青砖小瓦、坡顶结构。 临涣文昌宫还是淮北市历史上第一个中共党支部的成立之地。 1948 年 11 月 11 日至 22 日，总前委邓小平、刘伯承、陈毅三位前委入驻文昌宫，前后 12 天，统一指挥和领导前线作战、战区支前及后勤保障，取得了淮海战役第一阶段的胜利。 2005 年 2 月，临涣文昌宫淮海战役总前委旧址被列入全国 100 个“红色旅游景点景区”，2013 年被国务院列为第七批全国重点文物保护单位，成为人民群众缅怀老一辈无产阶级革命家丰功伟绩和对青少年进行爱国主义教育的重要基地。

第四节　符离古镇历史久远　烧鸡美食美名远扬

符离镇隶属安徽省宿州市埇桥区，一个古老的县城，距今已有两千多年的历史，坐落在宿州市北二十里许的濉水之畔，地处安徽宿州、淮北和江苏徐州三市之间，因北有离山、南产苻草而得名。 符离镇是驰名中外的烧鸡之乡、全国小城镇建设试点镇、全国小城镇重点镇、省级社会主义新农村建设试点镇。

一、曾经是符离县治所在

符离始建于周，战国属楚，秦始皇统一六国后推行郡县制，在今苏皖北部设泗水郡，始建符离县。 汉属沛国沛郡。 王莽新政权时期，一度把符离改为符合，三国划属谯郡（今安徽省亳州市）。 东魏武定六年(548)在符离设睢南郡，领斛城、新丰二县。北齐天保七年(556)睢南郡原治于符离，后移治于斛城，不久仍移治符离。南梁收复符离后改为睢州。隋代符离县属彭城郡。唐代符离县属河南道徐州所辖。元和四年(809)划徐州的符离、蕲县，泗州的虹县初建宿州。大和三年(829)撤销宿州，至大和七年(833)复置宿州。初治所在虹县，复移符离，后治埇桥。

宋代实行路、州、县三级行政机构，符离划属淮南东路宿州所辖。开宝五年(972)为加强宿州的军事地位，又设置保靖军节度使，此时宿州的全称是宿州符离集郡。元朝初期，废符离、蕲县、临涣三县，并入宿州，从此符离县降为集，到明、清、民国一直称符离集。符离镇位于濉水之畔，贯通南北二京的驿道穿城而过。据明代黄汴的《一统路程图记》记载，当时“北京至南京、浙江、福建驿路”“北京至江西、广东水、陆路”“南京由东平州至北京路”“徐州至正阳路”等均经过符离集①。符离集成为明清时期南北交通线上的重要集镇。

二、宋金的符离之战

隆兴元年(1163)，金国在泗、灵、宿等地陈兵，准备灭亡南宋。枢密使张浚得报，奏请孝宗要求出兵北伐，收复失地。孝宗准奏，张浚督江淮兵马，令殿前司李显忠为淮东招抚使率兵出定远、攻灵璧，令建康都统邵宏渊为副使，率兵出盱眙、攻虹县(泗县)。李显忠攻克灵璧，邵宏渊围困虹县久攻不克，李显忠又派降将招降虹县守将。两军会师后进击宿州。宋兵渡濠登城，攻入城中，各军奋勇巷战，杀敌数千，擒敌八千，一举收复宿州。捷报传来，举国欢腾，孝宗封李显忠为淮南、京东、河北招讨使，邵宏渊为副。邵宏渊心胸狭窄，因攻虹县无功，位在李显忠之下而不服。后金军增兵十万，但李、邵二将不和，缺乏配合。李显忠孤军奋战，难敌金军，退军符离。金兵蜂拥而至，围攻符离，宋军大败，军资器械丢失殆尽，张浚组织的北伐之战宣告失败。

符离败战，张浚上书请罪，主和派乘机大肆诋毁，喧嚣尘上，朝野一片

① 黄汴:《一统路程图记》,杨正泰撰:《明代驿站考》附录二,上海古籍出版社 2006 年版。

媾和之声。求和大局已定，孝宗皇帝开始动摇，张浚遭受弹劾，主战大臣纷纷丢官。隆兴二年(1164)，孝宗启用汤思退主持对金议和，在金军的胁迫下达成和议：金宋两国皇帝以叔侄相称；改“岁贡”称“岁币”，银、绢各减五万，为二十万两匹；南宋把已收复的淮北州割还给金朝，宋金划淮而治，以中流为界，淮北属金。这就是“隆兴和议”。

三、白居易的“第二故乡”

宿州市符离镇古符离村东北二里许，濉河河畔有一片高台旧宅基地，当地百姓叫白堆或者白谷堆，这就是唐代大诗人白居易的故居——东林草堂遗址。白居易所自称毓村宅、符离庄、东林旧院、符离私第等皆指此处。

白居易，字乐天，号香山居士，人称醉吟先生。他祖籍山西太原，生于河南新郑县，长于徐州符离县毓村东林草堂，即今古符离村。唐德宗建中二年(781)白居易之父白季庚由彭城县令擢升为徐州别驾，兼徐泗观察判官。白居易的从祖六兄在符离县任主簿，因而白季庚将家眷迁居自己的辖地符离县。建中三年(782)白居易随家迁来符离县，住地毓村东林草堂，在此开始了他的读书生涯。贞元三年(787)年仅十六岁的白居易文学创作已崭露头角，写下了流传千古的五律《赋得古原草送别》：“离离原上草，一岁一枯荣。野火烧不尽，春风吹又生。远芳侵古道，晴翠接荒城。又送王孙去，萋萋满别情。”贞元七年（791），白居易之父移任襄阳别驾，后病逝于襄阳官舍。贞元十年（794），他在襄阳葬父后护送家人回符离时，倍感伤心，触景生情，写出了《重到毓村宅有感》一诗：“欲入中门泪满巾，庭花无主两回春。轩窗帘幕皆依旧，只是堂前欠一人。”贞元十六年(800)正月在长安参加科考，应进士试，应考结束后仍回符离继续攻读诗文，准备应中都考选。贞元十八年(802)白居易再赴长安，经吏部考核，拔萃登科，高中进士第四名，授秘书省校书郎，时年三十二岁。

白居易十一岁随家人迁居符离，三十三岁移家长安，在符离生活二十二个春秋，度过了他的青少年时期，因此，他把符离视为第二故乡。他离开符离后一生浪迹官场，但仍念念不忘符离故土，他对符离的山水田野，邻人世友向往和怀念之情，常常流露在诗文的字里行间。在许多诗文中重现了符离的田野河道、山川湖泊、古寺村落、里巷邻居、石桥道路、人物姓名以及美好的回忆和感叹。

四、铁路与符离集烧鸡

1911年，津浦铁路修至符离集，开始筹建火车站。符离集的乡绅张履云认为，火车通过，会破坏风水，加上建站要占用他家的土地，所以他贿赂串通官府和英国人，要求把火车站北移。当时英国人也认为符离集建站离宿州站太近，于是同意将车站北移五里至当地黄山脚下，名曰黄山头火车站，后因符离集知名度高，改为符离集车站①。当时符离集站一度称为福履集站。交通部认为："符离集地方之电报、电话营业处及邮政局等，其名称均为符离集。而该处之津浦车站系名福履集，音同字异，易滋误会，请饬改名符离集，以资划一。"②经铁道部同意，1935年7月复改称符离集站。

当时，符离集车站附近并无人居住。由于火车的停靠，旅客往返，黄山石料大量开采外运，烈山煤矿的原煤也由此运出，车站需要大批的劳工装卸运输。因此，老符离集的市场贸易和商店相继搬迁，新符离集成为一块谋生的宝地。四方穷苦百姓云集符离集车站落脚谋生，各种服务行业也应时而兴，符离集烧鸡也因交通的发达而闻名遐迩。

符离集烧鸡，因原产于符离镇而得名，中国地理标志产品，也是中华历史名肴，和德州扒鸡、河南道口烧鸡、锦州沟帮子熏鸡并称为"中国四大名鸡"。正宗的符离集烧鸡色佳味美，香气扑鼻，肉白嫩，肥而不腻，肉烂脱骨，嚼骨而有余香。符离集烧鸡形成于20世纪初，创始人被认为是韩景玉，原名韩家扒鸡。1951年，政府正式命名为符离集烧鸡，并逐步形成了当地最大的产业。

符离集烧鸡能够名扬四海与津浦铁路有密切的关系。津浦铁路经过符离镇，带来了大量客流，客车基本上都经停符离集站。韩家扒鸡伙计在站台售

---

① 李胜田:《符离史话》,中国文史出版社2010年版,第84—85页。

② 1935年第1226期《铁道公报》。

卖，因色香味俱佳，吸引了大量乘客，烧鸡销量大增。口口相传是最主要的传播方式，提高了符离集烧鸡的知名度。

第五节　桓傅故里　淮上重镇——龙亢

一、厚重的历史积淀

龙亢位于淮河最大支流——涡河的北岸，历史十分悠久。说起龙亢镇，当地人首先要做的一件事，就是纠正外地人的发音："龙亢"的"亢"不读"抗"，而读"缸"，意为龙的颈部或咽喉。在当地人心中，涡河有一条头南尾北、昂首欲飞的青龙。涡河南岸邵水园村旁高高的土丘是"龙头"，邵水园南两条平行的沟是"龙须"，龙亢北龙徐村为"龙身"，龙徐村北的黄土岗为"龙尾"，龙亢西崇宁寺后的圆土丘为"龙蛋"，而涡河北岸的龙亢则是龙的颈部，龙亢地名由此而来。

龙亢的历史最早可以追溯到春秋战国时期的楚国。2007 年 10 月，怀远龙亢窑场的工人发现了楚国金币"郢爰"。金币长 8 厘米，宽 7.7 厘米，边厚 0.2 厘米，重量 277.8 克，正面印有 21 个"郢爰"戳记，其中完整印文 13 个。郢爰是时代最早、出土最多的一种楚金币，因而人们多以它作为楚国黄金货币的代表。郢爰在龙亢出现，表明了怀远所拥有的悠久文明远比历史记载的要丰富。龙亢的建置直到西汉才有了信史的记载。西汉建元四年(前 137)，设龙亢县，后为龙亢侯邑所在。南北朝时期，梁武帝置龙亢郡。隋开皇初年，郡县俱废。唐武德四年(621)复置龙亢县。北宋沿旧制。1127 年，北宋灭亡，龙亢县废。元置怀远县，龙亢属之。明清循旧制。乾隆二十一年(1756)，怀远县主簿移驻龙亢。民国初年，县下设区，龙亢为第十区。1932 年，保甲制推行，龙亢辖 70 保、713 甲，包括寨头、贡集、河溜、大成、燕集、太平、顺河、池庙等。1936 年，怀远县合并为 5 个区，龙亢为第四区。抗日战争期间，新四军在龙亢设淮上办事处(行署)。1949 年中华人民共和国成立后，龙亢设区、镇。1958 年改公社，1984 年改乡，1987 年复设镇。

二、桓傅故里

龙亢镇小南门涡河大堤北侧，有一高6.5米、宽6米拱形大门，上书“桓傅故里”浮雕阳文大字，东汉经学大师、太子少傅桓荣就出生在这里。桓氏家族系春秋时期齐桓公的后代，齐国被秦国所灭后，桓氏家族被迫迁逃到龙亢，至桓荣为第六世。桓荣字春卿，幼年就读于龙亢戟门外碧霞宫(泰山庙)，庙后至今尚存桓荣洗砚池遗址。桓荣少年时，只身去西汉都城长安，边做佣工边求学，刻苦自励，孜孜不倦，十五年不回家园，终成学业，成为经学大师。当时长安发生了王莽篡权，夺得刘家天下，桓荣逃入山中，不事王莽，靠教书度日，表现出为人师表的高风亮节。公元43年，桓荣为东汉光武帝刘秀赏识，请进宫廷教授太子刘庄，先后被拜为议郎、博士、太子少傅、太常。桓荣早年师随朱普学习《尚书》，章句达40万言，“浮辞繁长，多过其实”。桓荣将其删减为23万言，并以此教授太子，因而受到宫廷及儒学界的推崇。汉明帝刘庄登基后，对桓荣尊以师礼，倍加敬重，旋封为关内侯。在桓荣病危期间，明帝曾亲往探视，赐给床茵、帷帐、衣被及刀剑等物。桓荣在八十多岁时去世，明帝亲自为其送葬，赐冢茔于首阳山之南。

桓荣子桓郁继承父业，教授章帝、和帝经书；孙桓焉继承祖业，为安帝、顺帝师。桓荣祖孙三代教授五个皇帝，被誉为三代御先生，在历史上传为佳话。桓氏家族自公元43年桓荣入宫廷教太子刘庄日渐兴起，至公元404年他的十一世孙桓玄因篡晋自立为帝被灭，前后经过东汉、三国、西晋、东晋四个朝代。前三代以文从教做官而兴，末二代以武从军而灭。四百余年间，历朝历代都有桓家文官武将供职。特别是东晋大司马桓温，娶明帝长女南康公主为妻，贵为驸马。此后桓温数次统率大军北征西战，为东晋固守边疆立下了汗马功劳，至成安元年(371)，桓温率东晋军大破来犯前秦大将于洛涧后，废司马奕、立司马昱，权倾朝野。桓温死后不久，儿子桓玄举兵攻入建康(南京)，迫帝退位，自立为帝，不久为刘裕所灭，被斩于江陵。至此，桓氏家族被满门抄斩。当地人为纪念桓荣父子师古而不泥古，献身教育事业所作的贡献，特立“桓傅故里”拱形大门，以示纪念。

三、涡河流域的商业中心

明末清初，龙亢城址因战争破坏而变化。据嘉庆《怀远县志》记载：“今汇源桥北，俗名上集，前临抄河，西至崇宁寺二里，东至萧桥一里余，地皆瓦砾，碎如鸡卵，居人耕耘处，时获金石残器，其为龙亢旧址无疑。”据此可以确认，龙亢古城在抄河以北的关庙一带。明崇祯十四年(1641)二月，李闯王农民军一部攻占龙亢，焚烧并行，龙亢煨烬。此后，龙亢城区重心移至涡河岸边，抄河以北城区渐成废墟。龙亢水陆交通发达，涡河由蒙城界沟入境，经龙亢流向东南，在怀远县城东北入淮。涡河河槽宽深，水量丰富，有航运之利，上达蒙、亳，下通怀远，由淮河入洪泽湖，可至江南地区。陆路有宿州至寿州的驿道和怀远至蒙城的铺路由此经过。清代，龙亢商业比较发达，成为怀远西部粮油集散地。

民国初年，蚌埠崛起，成为皖北交通与商业中心，对龙亢的商业较强的商业辐射，商业主要集中在后街和庙巷街。该镇建有四门，南门外有石阶通往顺河街，席行、面行和山货竹器行多在此街。粮行大多分布在东、西、北门外。抗战时期，为了适应盐业的发展，东门外新辟两条土街，在涡河对岸也兴起一条街道，主要是旅店和饭店。同时，龙亢镇一些大的商号与蚌埠的商号建立合作关系。如邵正升杂货店经销的美孚牌煤油、老刀牌香烟等，均由蚌埠商号发货。其他商店如王丽山的食盐店，东泰丰、西泰丰、王家丙、张凤周、时景春的京广货店，汤正兴、东泰丰经营的光华、亚细亚、德士古、飞鹰牌煤油等，均因价格合理，吸引了陈集、褚集、板桥、临焕以及亳州、豫东等地的客商前来交易。龙亢码头经常停泊货船数十艘，粮油收购季节多至上百只，帆樯林立，甚为壮观。当时全镇有大粮行 18 家，粮商 7 家，油行 7 家，面行 5 家，竹木店 2 家，窑货店 2 家，船行 2 家。在批发商中，杂货 1 家，盐行 1 家，绸缎布匹店 2 家，酱园 2 家，其他商号 30 余家。抗战时期，龙亢位于敌占区和抗日后方的接合地带，距离铁路较远，日军难以控制，加上涡河的水运便利，许多商人从敌人封锁区将食盐、百货、布匹等货物运至龙亢、河溜一带销售。鄂、豫、陕等省的客商均来此进货。龙亢还是当时商业重镇界首重要的商品来源地之一。

龙亢的城镇规模和商业发展很快。当时龙亢有南北街道 4 条，东西街道 2 条。街道大部分用条石和块石铺筑，是全县乡村集镇中最好的街道。龙亢石条街印证着龙亢发展进步的历史，上了年纪的当地人，至今还在述说着重修石条街的往事。1926 年重修，重修后的石条街为石条纵向并排铺砌而成，呈鱼脊状，两侧伴有下水用明沟。20 世纪 20 年代，龙亢有两个有影响的人物，一个叫王文藻，一个叫邵瑞西。当年，龙亢人谓前者为“劣绅”，后者为“青天”。1926 年，王文藻以龙亢距怀远县城较远、缴纳农田赋税不便为由，向国民党怀远县政府申请在龙亢单独设立银柜，由他承包上缴款额。国民党怀远县政府同意了王文藻的申请。王文藻在操作过程中，升课征收卫田赋税，从中获利，中饱私囊，深受其害的龙亢农民怨声载道。时任龙亢区第五国民小学校长的邵瑞西，得知实情后便挺身而出站在农民一边，并撰写诉状，自费到省里代农民起诉王文藻。结果，邵瑞西胜诉，国民党安徽省政府勒令王文藻如数退赔“升科之款”（多收的税款，数额约 2000 银元）。当时，这一事件被龙亢人称作“卫田升课”“卫田缴价”，在龙亢及周边地区影响很大。龙亢地区各地代表齐聚龙亢街道商讨处理退款事宜，有人提出，“升课之款”总数不少，但分解到农民一家一户就是小数目了。组织专门人员负责处理退款之事，还要赔上不少公务经费，不如把这笔款交给“大校长”（当时龙亢人通称邵瑞西“大校长”），为龙亢群众办一桩公益事业。这一建议受到各方代表的赞同。于是，邵瑞西便按照公众愿望，用这笔款整修龙亢街道。原先，龙亢街道也多为石板、石块铺成。但是，街道中心下面是下水沟，上面为石板横向铺盖，一到炎热天气便散发腥臭气味，滋生蚊蝇，很不卫生。邵瑞西为克服弊端，把街道重新设计为鱼脊式，改街中心“阴沟”为街两侧“明沟”。进入 20 世纪 80 年代后，随着龙亢集镇经济发展和建设的变化，石条街逐渐为混凝土街面所代替。如今，只有庙巷街、前街尚保存部分石条街面。

据统计，1940 年，龙亢有盐行 72 家，百货店 39 家，绸缎布店 23 家，粮行 24 家，酒油行 8 家，面行 10 家，鱼行 8 家，牲畜行 5 家，酒坊 30 家，糖坊5家，油坊3家，染坊5家，以及猪羊行、席行、柴行等数十种类别，共计564家。当时，贩盐者大多手推独轮车成帮结队，太平车络绎不绝。往来客商的增多，使饮食、旅店等服务行业也大有发展，龙亢商业异常繁荣，故有“小南京”之称。抗战胜利后，由于政治、经济形势的变化，龙亢商业顿衰，商户锐减到222家。龙亢抗战期间和战后商户数量的变化，清晰地反映出该镇商业由盛到衰的过程。龙亢镇商业兴盛是与抗战期间特殊的经济环境分不开的，在当时铁路交通断绝的情况下，只能充分利用水运、陆路人力运输来保障大后方的物资供给。龙亢有涡河水运的便利，又地处敌占区和抗日后方接合部，形成了沿涡河的水陆商路，在商品转运过程中，也带给龙亢自身商业的繁荣和街区的扩展。抗战胜利后，铁路、公路运输渐趋畅通，战时形成的商路被废弃，龙亢商业衰落就在所难免了。

四、淮上行署所在地

在龙亢镇新龙大街南，有一条小巷名火神巷，当年新四军淮上行署旧址就坐落在巷内的一座小院里。1940年6月，八路军第二纵队的一部分计五个团，一个特务营，在黄克诚的率领下，过陇海路向南至涡阳大兴集与新四军六支队彭雪枫部合编为八路军第四纵队，开辟淮上①抗日根据地，彭雪枫任司令员，黄克诚任政治委员，张震任参谋长，肖望东任政治部主任，于7月份横扫敌顽到达淮上。中共在龙亢设立了淮上地委。1940年7月至1941年5月，豫皖苏边区党委也移驻龙亢。根据中央指示，决定在龙亢建立抗日民主政权，改称“豫皖苏边区淮上行政公署”②，下辖怀远、凤台、蒙城、宿南、宿东、宿南五个县，龙亢成了当时淮上抗日根据地政治、军事、经济、文化中心。8月上旬黄克诚奉刘少奇命令，率三个团和特务营去皖东北，留下六八八、六八九两个团由彭雪枫指挥。1941年2月19日中央军委命令八路军第四纵队改编为新四军第四师，师长彭雪枫兼政治委员，张震为参谋长，肖

---

① 淮上：指淮河流经凤台至怀远段以北的左岸，包括涡河下游该段的怀远至蒙城段以北的左岸，左为上，故称淮上。

② 后简称新四军淮上行署。

望东任政治部主任。3月1日新四军第四师在龙亢钮湾村宣布成立。国民党以于我方7倍的兵力强占淮上地区，新四军第四师与5月份全部撤往津浦路东。

淮上行署的办公地址原为龙亢士绅王文彩私人住宅，始建于民国初年，是一座颇具地方特色的民居建筑。当年彭雪枫将军带队伍来到龙亢，即登门拜访王文彩，给其讲抗日的道理。王文彩丝毫不含糊，表示全力支持彭将军抗日，愿意腾出私宅请彭将军及其团队入驻。旧址大门楼坐西面东，为第一进，南跨瓦房5间，面西3间为主客厅，再向南2间为卧室，大门楼北紧靠一个单间，再向北为3间住房。二进房对着大门的是3间堂屋，堂屋南3间是与主客厅相对称的厅，再向南一间是单间，堂屋北3间是住房。面西的主客厅作为淮上行署办公室和会议室，南2间作为淮办负责人李丰平、雷明、王学武、谢邦治等同志的宿舍，面东的对厅作为淮办工作人员的宿舍，堂屋也作为宿舍，北院相对的3间房屋南边有一月亮门，北院稍外有一隐蔽墙，北院均为警人员住地。1941年春，刘少奇同志(当时化名胡服)路过此处并留宿。

当时，土匪头子王慕尧在涡淝一带作恶多端，深为人民痛恨，淮上行署决议将其逮捕归案，先由军事法庭审讯，然后交怀远县抗日民主政府召开万人大会，由县长张语瑞主持公审宣判处以死刑。会场治安警戒由五旅派一个团负责，旅长滕海清手刃匪首王慕尧，数万人齐乎，盛赞八路军、新四军，这是开辟淮上地区在政治方面赢得的一大胜利。淮上行署旧址南30米是一片桃园，当地群众在桃园里垒一土台，作为军民联欢、召开群众大会的场所，经常组织六支队的“孩子剧团”，三四四旅的剧团，联中的“学习剧团”在此演抗日的文明剧和文艺节目，提高群众抗日的觉悟。淮上行署决议责成政治部副主任郭金林负责淮上地区的税收工作，当时淮上地区商业繁荣，龙亢每天可收税金3000余元，河溜可收税金4000余元，加上周边的集镇每天可收取税金1万—2万元，使我军的军费有了保证，对扩充军备，建立骑兵团起了很大作用。党在郜圩村办党员学习班、干部培训班，办抗大、联中，培养了众多人才，后来不少人成为高级干部，播下的革命火种，呈现星火燎原之势。当时新四军六支队的机关报是《拂晓报》，淮上行署又办了《淮上早报》，龙亢地区党支部书记汪冰石办了《晓报》，淮上地区发行这三种报纸对唤起民众参加抗日战斗起了很大作用。

中华人民共和国成立后，行署旧址收归国有，为龙亢搬运站工会的办公场所。后因年久失修，房屋破烂不堪，1963 年、1984 年龙亢镇人民政府先后两次拨款，予以修缮。1999 年以离退休干部、教师为主体的民间人士自筹资金，在此举办展览。2000 年 10 月，被列为怀远县重点文物保护单位。2001 年 5 月龙亢镇拨款 2000 元重点维修了旧址的门楼，6 月正式成立新四军淮上行署纪念馆。纪念馆里有革命烈士江上青、王韶的事迹介绍。新四军淮上行署建立后为党培养了一大批具有军政素质的干部和军事将领，是英勇的淮上儿女不屈不挠抗击日寇，建立人民民主政权的历史见证，是宝贵的革命历史遗产。

五、龙亢庙会

龙亢镇的城隍庙，坐落在后街的正中，坐北向南，前后三进。第一进九间宽，大门紧接戏楼，进大门过戏楼是一个宽敞的大院子，可容纳几千人，过第二进穿堂到第二个院子，当中摆一个高有丈余，底径二尺多的铁香炉。最后是大殿，高高的神灵台上，黄绫子帐幔中端坐着红袍金面长髯飘胸的城隍老爷。城隍是木雕的神像，平时坐着，如果按动膝关节的机关，这位尊神就会忽地站得笔直。神灵台前的香案上放着香炉、烛台、签筒、磬，摆着供品。条几下放置几个蒲团，供善男信女跪拜使用。殿内庄严肃穆，再加上一块“威灵显赫”金光闪闪的巨匾，令人肃然起敬。

城隍庙始建于何时，已无从查考。据史料记载，龙亢城隍庙最后一次重修是清咸丰年间，由此推断，龙亢城隍庙会的形成，至少已有二百多年历史。每年农历三月初二为“亮会”，初三、初四为“正会”，初五为“了会”。庙会的形式分为两项，一项是祭祀活动，一项是文艺表演。祭祀活动进行两天，主要是祭祀龙亢城隍的各种仪式活动，由于抗战时期，龙亢城隍庙毁于战火，祭祀活动早已无从体现。文艺表演是龙亢庙会的特色，主要内容有龙灯、狮子、猴子、高跷、旱船、大头和尚戏柳翠等数十种民间舞蹈，其中最著名的是花鼓灯表演，龙亢是花鼓灯怀远流派的重要流行区域，每逢庙会，龙亢境内及周边数县的花鼓灯班子都聚集于此，抵灯赛会，展示各自风采，行进表演时，队伍长里余，观众塞巷。另外方圆百里的豫剧、泗州戏、马戏、杂技、曲艺等各种艺术形式都来赶会凑趣。

改革开放以来，龙亢镇连年丰收，市场繁荣。1984 年，龙亢区委、区公所为了促进城乡物质交流和弘扬民族文化，决定恢复龙亢古庙会，此后庙会连年举办，延续至今。在当地政府的支持和扶助下，随着社会的发展，庙会的内容和形式也在不断更新和充实，庙会的规模也不断扩增。2009 年的农历三月三龙亢古庙会，是中华人民共和国成立以来在龙亢举行的最大一次盛会，逢会人数达十六万人，文艺表演团体数十家，饮食摊点上千家，日贸易额近千万元，盛况空前。龙亢古庙会推动和促进了当地社会经济发展，传承和弘扬了民族传统文化，其历史、社会和文化价值都是中华民族文化的宝贵遗产。2009 年，龙亢“三月三城隍会”入选蚌埠市人民政府第二批非物质文化遗产项目名录。

龙亢是涡河流域主要的物资集散地，是少有的“天天逢”的集镇，店铺林立，商贾云集，交易场面热闹红火。市场上土特产品种类繁多，当地的扒猪脸、疙瘩鸡、改刀鱼、醋熘白菜、辣汤、烧饼等地方名吃，声名远扬。身置其间，能感受到浓浓的皖北农村集镇特有的商业和文化氛围。每逢庙会，怀、蒙、宿、凤等周边地区的粮油、农资、骡马、耕具等农用物资都在此交流贸易，苇编、竹编是龙亢的传统民间工艺。龙亢的饮食文化是龙亢庙会的一大特色，“泡条馓子”制作工艺独特，是龙亢特产。龙亢名菜“改刀鱼”则是“淮上菜系”中的代表佳肴。

第六节　光武古镇　循环经济添绿色

光武镇，一座有着 2000 多年历史的古镇，因东汉光武帝刘秀与王莽征战于此而得名，是全国唯一用皇帝谥号命名的城镇。光武境内现有新阳城、四门八古堆等重点文物遗址和象鼻井、千年古槐等人文景观。1995 年，被原国家体改委、公安部等 11 部委列为全国首批 57 家综合改革试点镇之一。2001

年6月，又被国家小城镇改革发展中心批准进入第二批综合改革试点，相继被确定为国家和省重点中心镇，成为界首颍河以北的经济、文化中心，阜阳唯一的国家级综合改革试点镇。2017年7月，光武镇入选为第二批中国特色小镇名单。

一、光武地名缘于刘秀

光武镇一带有关“王莽赶刘秀”的传说很多，经过以往初步的整理，大致有化古寺的传说、黑虎庙的传说、象鼻井的传说、马歇踢的传说以及赵路口无蚊子的传说等。这些传说大多是围绕当年王莽军队追杀刘秀展开的，根据特定的历史事实，经过群众不断加工、润色，已经不是历史的原貌了，但与神话、民间故事相比，其中历史痕迹更为明显。这反映出的不仅是刘秀早年落难，经过多年努力，成为一代帝王的奋斗史，还是民众对于人生的一种朴素的价值追求。

其实，刘秀兄弟参加绿林起义，是在刘玄更始政权领导之下，和王莽军队在今天的河南、安徽一带征战的。刚开始，更始军队处于劣势，经过一番争夺，逐渐转败为胜，在军事上不断取得胜利。公元23年9月，绿林军攻克洛阳，10月，再克长安，王莽被杀，新朝覆亡。进入长安的更始政权的皇帝刘玄不思进取，政权内部矛盾激化。公元25年，赤眉军攻入长安，刘玄投降，后被处死，更始政权灭亡。刘秀则避开了更始政权内部争斗，而是到河北一带发展，壮大了实力。公元25年，刘秀统一河北后称帝，改元建武，史称东汉，刘秀命军队消灭各地分裂武装，最终成就一代帝业。

当地人为了纪念刘秀在此征战，修建庙宇，以刘秀谥号命名为“光武庙”，光武镇由此得名。

二、新阳古城历史变迁

春秋时期，新阳城为蔡国属地，时称莘邑。《左传·庄公十年》载：“荆败蔡师于莘。”秦置为新阳县，隶陈郡。新阳得名于新水。《水经注·颍水注》：“新沟自颍北东出，县在水北，故应劭曰：县在新水之阳。”“新”“莘”

音同，新水原名当作莘水，秦以莘改置新阳县后，莘水遂改作新水。

楚汉相争，通过垓下之战，刘邦彻底战败了项羽，吕臣及其父吕清率部投奔刘邦。次年刘邦称帝，建立汉朝，遂以新阳县封给吕清为侯国，改属汝南郡。惠帝四年（前191）吕清死，吕臣继为新阳侯。此后历吕义、吕它、吕善、吕谭四世，至武帝元鼎五年（前112）废除，复为新阳县。至成帝鸿嘉二年（前19），五月，又封刘永于此新阳侯国，平帝元始二年（2），其子刘级嗣，旋废，复为新阳县。东汉建武十七年（41），以新阳改隶淮阳国。未久，又封阴就于此为新阳侯国；其子阴丰嗣，至明帝永平二年（59），夏废为新阳县。安帝延光元年（122），新阳县由淮阳国还隶汝南。西晋时县废。

新阳城遗址南北长390米，东西宽330米，现皆为耕地，略高于四周平地，城垣范围清晰可辨。据《界首县文物志》记载，新阳城不仅是政治、军事中心，而且商业也相当繁盛。从该城出土的众多文物中，仅钱币一项，有蚁鼻钱、汉半两、汉五铢、王莽布泉等；还有青铜器皿、饰彩灰陶器、汉砖、筒瓦、汉磨石等。人们由此可依稀看出新阳城当年的辉煌。1982年9月，该城遗址被界首县列入“县级重点文物保护单位”，1998年5月，被安徽省人民政府列入“全省重点文物保护单位”。这也进一步确认了新阳古城的历史价值。

三、“四门八古堆”的传说与历史

相传，新阳城又称姨娘城。皇帝的姨娘住在新阳城内，她外甥曾说过，若有危险，可点烽烟为号，皇帝就会派兵救援。皇帝的姨娘为考验外甥，就点燃了烽火，皇帝就立即发兵救援，结果是一场虚惊。姨娘只是说想念外甥，并无危险，皇帝只好带兵回去。第二次，叛军围城，姨娘赶紧命人点燃烽火，皇帝以为姨娘仍是开玩笑，就没有发兵去救。不久，新阳城被攻破，姨娘也被叛军杀害。

这一传说，明显是褒姒“烽火戏诸侯”故事的翻版。新阳城自秦建县开始，至西晋废县止，先后经历秦汉、三国各朝代，近500年。此城地处中原，是兵家必争之地，屡遭战火洗劫。这个“姨娘城”的传说，恰恰是这座城池在近五百年中数次浩劫中的一次。

“四门八古堆”的传说，与“姨娘城”有关。新阳城被叛军攻破，姨娘被杀，头颅亦被叛军割走，皇帝便给其姨娘镶了个黄金头颅，并赐大量陪葬品。为了防止有人盗墓，迷惑盗墓贼，便同时从四个城门抬出八口棺材，在城四周建了八座墓。因此，就有了“四门八古堆”的传说。

现在，光武镇一带，确有八座古墓，称为“八古堆”，即于、刘、黄、丁古堆，它们呈双座并立，东西横向。其中于、刘、黄古堆位于光武镇西北1至4公里地段，丁古堆在新阳古城遗址东5公里处，今属太和县。于古堆在光武镇于古堆村东首。东座原高7.5米，面积3000平方米，西座高7米，占地2400平方米。今天，于古堆已被夷为平地，成为居民住宅区，此地曾在此出土跪式泥俑一个，高0.7米，造型别致。刘古堆在光武镇刘寨村后100米处，东座高7米，面积3000平方米，因居民取土，现已成为水池。西座高7米，因风雨剥蚀，加上人为取土破坏，现尚存面积880平方米。黄古堆在今天邴集镇黄古堆村后200米处，东座高7.5米，面积1170平方米，西座高7.5米，面积990平方米，两座均保存完好。这三座古堆于1982年9月，被界首县列入“县级重点文物保护单位”。

经专家初步考证，这些古堆是汉代墓葬。笔者认为，“四门八古堆”传说是对光武镇一带八座墓葬所给予的附会解释。这些墓葬应该是历代新阳侯的墓葬群。由于没有进行地下发掘，留下许多的历史谜团：究竟这些古墓墓主人是谁？这些墓主人之间存在怎样的关系？这些墓主人真的死于乱兵吗？这所有的谜底需要经过全面的考古发掘才能揭开。

四、“捡出来的百亿产业”

从20世纪80年代后期开始，光武镇许多农民为了养家糊口，走村串巷收购废品，以塑料制品为主，再进行分拣，简单加工，价格能翻番，于是一部分人在大批量收购后，开始对废旧塑料进行整理、清洗、粉碎和造粒。光武的废旧塑料加工点，并且呈快速发展之势。到20世纪90年代后期，界首市的废旧物资收购队伍发展到两万多人，足迹遍布国内外，加工户有200多户，再生塑料产业“家家收购、户户加工”，一时颇为壮观。

2004年，在国家提倡发展循环经济的背景下，光武镇抓住政策和发展机遇，开始着手打造再生资源产业，2005年成立循环经济产业园。2006年，光武镇再生塑料产业园被列为全省首批80个省级创业基地之一，再生塑料产业发展成为全省174个产业集群之一。

目前，界首市光武循环经济产业园建成区面积达3平方公里，入驻企业300多家，年回收加工废旧塑料180万吨，是全国最大的再生塑料生产基地之一。园区企业紧紧扭住科技牛鼻子，持续加大创新力度，让再生塑料产业活力迸现，光武循环经济产业园也于2019年更名为光武科技园。

光武镇从以换破烂、捡破烂为业的农村乡镇到如今的工业强镇，安徽省界首市光武镇靠“捡破烂”捡出了“百亿产业”，实现了历史跨越和华丽蜕变，探索出了一条具有光武特色的发展之路。2017年7月，界首市光武镇入选为第二批中国特色小镇名单；截至2018年，全镇实现生产总值230亿元；2019年9月11日，又入选“2018中国中部乡镇综合竞争力100强”。

第二章
安徽的历史古镇(下)

本章介绍的安徽历史古镇主要有洄溜集、焦陂、插花、方集、倪邱以及义门。这些古镇，有的曾经是淮河支流上的重要码头，有的是明清时期县域政治副中心，有的是历史人物生活成长或流连忘返之地。它们不但有厚重的历史文化，还出产富有本地特色、远近闻名的美食。

第一节　繁华不再　洄溜为何变容颜

洄溜集，明代地名洄窝溜，因此处颍河急流洄旋，故得名。清乾隆年间兴集，称洄溜集至今。清末民国初，洄溜集因有颍河水路交通之利，商业繁荣，是阜阳县东乡的政治、经济中心。随着公路运输发展，颍河水运式微，洄溜集逐渐衰落。今天，走在狭窄的老街上，两旁斑驳的建筑，似在诉说着历史的沧桑；大石条铺成的街道通往码头，至今仍留下当年车辆碾压的痕迹，由此可以想见当时车水马龙的热闹场景。随着时代的变迁，洄溜集的繁华都被雨打风吹去，湮没在历史长河之中。

一、关于洄溜集地名的传说

洄溜集位于阜阳东南35里的颍河岸边，因濒临颍河转弯处，河水洄流，因而得名。洄溜集名称的由来，传说与乾隆皇帝有关。相传乾隆下江南时，乘龙船途径洄溜集时，见此处颍河水流甚急，且旋转向西洄流。乾隆皇帝因此赐名“洄溜湾”。后来，此处兴集，设立码头，逐渐兴旺发达起来。对于此种传说，笔者认为，当年乾隆皇帝六下江南所走路线基本上是沿运河南下，没有在安徽停留过，也不可能走颍河水路。这是当地民众希望“洄溜”能出自皇帝的“金口玉言”，只是民间一种美好的愿景而已。

有人认为洄溜集兴起于北宋，甚至更早，当地的山陕会馆和庙宇均建于北宋年间。笔者认为这其中有一个基本的史实错误，即山陕会馆是明清时期山陕商人为了经营方便，及时交流商业信息，妥善解决纠纷，维护权利，为满足生活需要和祈福求财的愿望而集资修建具有同乡会性质的聚会场所。如果说洄溜集在北宋已经兴起，但那时山陕商人并未发迹，不可能到此地修建会馆。如果此地有山陕会馆，也应该是在明清时期修建的。

笔者查阅阜阳的相关历史资料，明代的正德《颍州志》中对洄溜集并无记载。清代乾隆《颍州府志》对此地有记载：“洄流集，东乡三十五里。”此书还对当地的洄龙桥有记载：“洄龙桥，洄窝溜集，东乡四十里，居民马坤修。”道光《阜阳县志》对此有两处记载，一是“东三里，洄溜集、留陵口、炉熬店、柳沟村”；二是“洄龙桥，县东三十里，洄溜集。里人马坤修”。由此可以得出，洄溜集的兴起应该在清中后期，这也与前文有关地名由来的传说相印证。

二、昔日的繁华盛景

在传统交通方式下，皖北地区土路崎岖，依靠笨重的畜力车和人力车运载货物，难以满足商业发展的需求，大宗的商品主要依赖水路运输，洄溜集水运条件得天独厚。阜阳三里湾一段，因河道较浅，枯水期难以通行较大吨位的船舶，而洄溜集的颍河大拐弯处河宽水深，湾流回旋，适合船舶通行、停靠，自然成为往来船只的天然良埠。由此向上游，经颍州三里湾、太和税镇、界首，可达河南商业重镇周口；向下游，经颍上，至正阳关入淮河，经蚌埠、临淮关，入洪泽湖，可至南京等地。

清末民国初，洄溜集商业达到鼎盛。当时沿颍河用青石铺成的石条大街上有商行80多家，有大别山茶行、穆印同盐行、竹木行、瓷器行、牛羊行、煤油铺、当铺等。码头上经常停泊着载重数十吨至百吨的船只，把颍州一带的粮、油、棉、麻运出，又将沿海的丝绸、蔗糖、食盐以及六安的竹木、茶叶、山货从此运入，成为皖北地区重要的商品集散地。这里商贾云集，店铺鳞次栉比，一度被称为“小香港”。

今天，洄溜集遗留下来的建筑虽然残破不堪，但其当年的辉煌与气派仍清晰可见，刘家祠堂算是其中的代表。该祠堂大门高大宽敞，有两重院落，祠堂里供奉其祖上牌位，东西厢房则错落有致。这些房屋已呈坍塌状态，其雕梁画栋却美轮美奂，栩栩如生；房梁上的木雕艺术，其雕工之精湛，气势之恢宏，形态之生动，无不令人惊叹。其建筑特点不同于皖北其他地区，具有显著的徽式风格。

笔者采访了当地85岁的刘鼎忠老人。据他回忆，在他小时候，洄溜集河下码头帆樯林立，从上渡口以西，向东绵延二三里，经中渡口一直到下渡口，近二百米宽的河面上，只有中间河道可以行船，两边停满各地的货船。他说洄溜集的兴盛还与阜阳人倪嗣冲有关。民国初年倪嗣冲出任安徽都督兼民政长，他当时让他侄子倪道琅担任凤阳关督办，在淮河及其支流设卡收税。当时颍河沿岸设有两处税卡，一处在三里湾，一处在颍河入淮处的正阳关。这些货船自正阳关纳税后进入颍河，到洄溜集，如果继续上行，到三里湾还要交税。因此，许多货船在此舍舟登陆，进行货物中转交易。上游的周口、界首一带的货船，到三里湾交税后，也会到洄溜集来销售。这样，洄溜集无形中就成为上、下游货船停靠的中转站。对于此种说法，结合当时阜阳一带商业贸易的具体情况，笔者认为有一定道理。

20世纪30年代，洄溜集繁华依旧。据刘鼎忠老人回忆，当年他听父辈说过，由蚌埠等地运来的食盐、煤油等商品十分丰富，有很多六安一带的商人组织挑夫将食盐等运往大别山区。而这一时期共产党在大别山开展革命斗争，由于国民党的封锁，根据地物资匮乏。当时的淮河、淠河水路被封，只有到阜阳的洄溜集购买，再走陆路运往山区。由此可见，洄溜集还与大别山革命有着一定的历史渊源。

商业上的繁荣，使洄溜集的政治地位上升，成为阜阳县东乡的政治、经济中心。当时阜阳县附郭十一乡(镇)直属县政府，东为洄溜区，南为王化集区，西为大田集区，北为王老人集区。洄溜区辖洄溜镇、北照乡、临润乡、袁集镇、夷陵镇、九宫乡、新集镇、致和乡、朱寨乡、张寨乡、正午镇、中流镇、枣庄乡、瓦房乡、炉熬乡、公平乡、润河乡、许堂乡等18个乡镇，共153保。

三、石条街的变迁

据洄溜村村支书穆长军介绍，当年洄溜集商业区主要集中在两条石条大街上，即沿颍河分布的东西大街和通往码头的南北大街，它们分别用等长的三块石条和五块石条依次铺成。商铺、粮行、盐行以及铁匠铺大多在沿河的东西大街，南北大街则分布着牛羊行、木材行、饭店以及浴池等。

关于石条街的铺设还有一个十分感人的故事。这个故事应该发生在清后期。有一何姓乞丐，在洄溜集乞讨多年，见洄溜集地处颍河之畔，地势低洼，一遇阴雨，道路泥泞，出行困难。他出面募集善款，铺设街道。一年后，路款基本筹齐，此人不辞而别，乘船而去。许多人认为他携款出逃，失望之极。时过半载，陆续有大船载运石条而至，街道由此铺设。为了纪念此人，在南北大街和东西大街的街口，立有石碑，将此筹款修路的事迹记载下来。据当地上年纪的人回忆，当时确实立有石碑，但没有注意上面刻写的具体内容，只听老人说是一个要饭的筹款修路的事。这个石碑在"大跃进"中被破坏，连同南北大街上的石条全部被拉走烧石灰去了，现在保存下来的只有东西石条大街了。

四、繁华的逝去

新中国成立后，随着公路运输的发展，许多商品舍舟登陆，颍河水运渐趋衰落。特别是20世纪60年代河南沈丘老节制闸建成后，切断了漯河至界首的营运航线，以致使颍河这条具有2000余年通航历史的省际航线只能分段通航，颍河水运进一步衰落。依靠颍河水运而兴的洄溜集，其交通优势进一步弱化，加之该集镇地处颍河拐弯处，兴修公路较为困难，直至现在，洄溜集仍只有乡间小公路与外界联系。这使洄溜集在乡镇调整过程中不再是乡镇政府的驻地，而日渐被边缘化。1949年4月，阜阳解放，阜阳县下设18个区，256个乡(镇)，洄溜区是18个区之一，仍是区政府的驻地。1958年，撤区、乡，改建人民公社，洄溜集不再是公社驻地，而是改属新设的袁寨公社。1984年，改人民公社为乡镇，洄溜集属袁寨镇。1992年，三十里铺乡成立，洄溜集归属三十里铺乡。1996年，撤阜阳县，设颍州、颍泉、颍东三区，洄溜集属颍州区三十里铺乡，成为颍州区东北角与颍东区袁寨镇隔河相望的一个偏僻行政村。总之，洄溜集的衰落是颍河水运逐步让位于公路运输，从而导致商品运输路线发生变更，交通区位优势逐渐弱化而造成的。

五、"洄溜四宝"

经历繁华的洄溜集，除了留给人们无限的追忆，更多的是洄溜集的美食——"洄溜四宝"。"洄溜四宝"是指咸黄牛肉、烙子绿豆饼、砂缸豆芽、地锅豆腐皮(豆腐)，具备"三原"特点，即纯正原料、原始工艺、原汁原味，可谓天然质朴，在阜阳市闻名遐迩。

多年来，每当颍州区土特产展销时，洄溜四宝均会参展，并被市民抢购一空，这成为当地村民的骄傲。不过，即便如此，由于"四宝"工艺简朴，家家均可加工，当地村民并未意识到"四宝"背后的商业价值。目前，洄溜集上经营洄溜四宝的商户有十余户，主要是自产自销，阜阳市民及周边县市的骑友购买量约占其销量的一半。

洄溜四宝的规模生产、销售之路仍在探索中。2009年，当时的洄溜村的负责人穆长军成立了洄溜四宝农民专业合作社，并于2010年3月在阜城文峰菜市场销售，一时购买者较多，就销售量来说，黄牛肉每天200余斤，其他豆饼、豆芽、豆腐可以销售近千斤。但洄溜四宝的销售点少，难以实现销售量的突破。2011年，因文峰菜市场改造，洄溜四宝一时找不到销售地点而断销。后来，阜城两家超市提供摊位，但由于市民知道者少，销量较之前明显下降。今后，洄溜四宝要在保证质量的前提下，统一质量认证，统一包装，采用合作社+农户的模式，实现规模生产，走出洄溜，走出阜阳，去开拓更大的市场，不断满足广大市民的美食需求。

第二节　美酒飘香　欧公遗爱——焦陂

焦陂是阜南县历史文化名镇，以其美酒、美景闻名，欧阳修曾多次到此，留下脍炙人口的诗篇，反映出当年焦陂的富足与淳朴民风。明清时期颍州、阜阳地方志记载多为椒陂，“椒”“焦”二字互为通假，椒陂亦焦陂。

一、历史悠久古焦陂

据乾隆《颍州府志》记载，周分封列国，春秋时期，今天阜阳境内有胡国、沈国、州来国、蓼国，有颍上邑、慎邑、鸡父邑、焦邑、鹿上邑等，战国时皆并于楚。由此可见，焦陂是当时淮河流域重要城邑之一。公元前560—公元前529年，焦陂城由楚将伍举率兵据守。正德《颍州志》记载：“伍举，仕楚为大夫，食邑于椒(焦)，又名椒(焦)举。”伍举是楚国老将伍参之子。楚庄王时期，伍举随父伍参对北方的宋、郑、陈、晋作战，屡立战功，被封为大夫，并把焦邑城作为伍氏封地赐予伍举。楚平王初年，伍举告老还乡回焦邑城颐养天年，其子伍奢继任为将。伍奢文武兼备，才高品正，被平王大夫，并担任太子老师。伍氏祖孙四代均为楚国名将，楚国把焦邑作为重臣封地，足见焦陂城是楚国的军事要地。

由于军事需要，楚国于公元前530年前后，调集10万民力开挖一条连接淮河、谷河、南北润河、颍河的水上通道，称为通商渠。乾隆《颍州府志》记载：“郡城之南，相传楚灵王自水台西开通商渠，自淮而北，转而西，又折而北，分两脉直抵城下。”该渠从南照集淮河岸边水台西开挖，穿过谷河、南北润河，由焦举城东北上，经八里松过九里沟，分两脉汇入颍河。焦举城居于通商渠中段与南北两润河交汇处，军事、商业地位突出。

《左传》记载，公元前534年，楚国由淮河经通商渠取焦邑，经汝阴，次年灭陈。公元前496年，楚国出兵灭胡国。秦朝，焦举属汝南郡，设有邑宰。西汉时，因有陂塘，焦举改名焦陂，属富陂县。西晋以后，颍州辖焦陂城。据正德《颍州志》记载：“焦陂镇，在州南六十里润河上，前代置镇，有碑存。实宋仁宗宝元二年己卯正月立石。推知置镇又在立碑之前，今镇废而规制尚存。”宋代，焦陂属京西北路汝阴，成为汝阴十大镇之首，是欧阳修、苏轼治理过河道的地方。北宋后期属顺昌。元代属颍州颍水县，元末于镇西柳沟集爆发了界首人刘福通领导的起义，古镇遭元兵焚毁。明代属凤阳府颍州。清代雍乾时期属颍州府阜阳县。民国时期，焦陂为阜阳县第三区王化集区管辖。1954年设焦陂乡，属阜南县。1958年成立公社，1984年改乡，1992年建镇。

二、欧公寄情焦陂

焦陂河道纵横，陂塘成湖，水源丰沛，气候湿润，农业水利开发较早。汉代就有水稻种植的记载。唐宋时期，焦陂农业发达。正德《颍州志》记载:“椒陂塘在州南六十里，广十余顷，溉田万亩。唐刺史柳宝积教民置陂润田，引水入塘，灌溉倍之。”焦陂一带沿清河、润河土地都被改造为良田，稻米、小麦、大麦、高粱、大豆等农产品产量大，这使焦陂酿酒有充足的原料。同时，焦陂城内有古井“奇泉”“九龙泉”等，为酿酒提供优质水源。当时，焦陂居民把酿酒成为一种产业，焦陂美酒远近闻名，吸引文人墨客到此品尝。欧阳修就是其中的典型代表。

欧阳修(1007—1072)，字永叔，号醉翁、六一居士，吉州永丰(今江西省吉安市永丰县)人，北宋政治家、文学家。宋仁宗皇祐元年(1049)二月，欧阳修调任颍州太守。他把赈济灾民、发展生产、兴修水利作为执政要务。欧阳修为调集民力，疏浚河道，开挖陂塘，特奏请朝廷免除颍州征役一万名留颍，便于统一使用。他亲自率民把颍河、大小润河、谷河、洪河、清河等进行疏浚。焦陂一带的诸多陂塘也得到治理，可以植藕养鱼。焦陂变成连天碧野、水美鱼肥的鱼米之乡。焦陂以其美酒、美食、美景得到欧阳修青睐。七年之后，欧阳修做青州知州，仍十分怀念焦陂的美景，于是在新春佳节写下《新春有感寄常夷甫》:

坐惊颜鬓日摧颓,及取新春归去来。

共载一舟浮野水，焦陂四面百花开。

熙宁四年(1071)二月，欧阳修被贬到蔡州做知州，这是其仕途的最后一站。得知皇帝将允许他致仕，其心情较为愉快。回想起当年在焦陂的快乐时光，欧阳修写了他最后一首“思颍诗”——《忆焦陂》：

焦陂荷花照水光，未到十里闻花香。
焦陂八月新酒熟，秋水鱼肥脍如玉。
清河两岸柳鸣蝉，直到焦陂不下船。
笑向渔翁酒家保，金龟可解不须钱。
明日君恩许归去，白头酣咏太平年。

诗歌描绘出水美、鱼肥、祥和美好的太平景象。焦陂，成了欧阳修牵挂、思之地，他的绝笔诗《临薨作》再次提到此地，足见眷恋之深。

冷雨涨焦陂，人去陂寂寞。惟有霜前花，鲜鲜对高阁。

焦陂镇地势平坦，土质肥沃，水质甘甜清冽，矿物质含量丰富，有古井七十二眼。其中一口在今天焦陂酒厂院内，水位恒定，遇暴雨不溢，逢大旱不枯。本地人称它为金沙泉，又名奇泉、九龙泉，取之煮茶，高出杯口而不外溢，用其酿酒，清香扑鼻而浓郁，欧阳修曾留有“九龙泉深一百尺，凭君汲井试烹之”的佳句。有人和曰：“千里酒乡最佳处，一年寒暖奇泉香。”《颍州志》记载，焦陂在西汉时已有酿酒业，宋代有多家酒坊，酿有“银条、风曲”等酒品，清代酿有烧酒、黄酒。1980年在奇泉旁建焦陂酒厂，1982年生产焦陂特曲。伴随欧阳修的诗歌，焦陂美酒名扬天下。

三、苏轼疏通焦陂水

苏轼任颍州知州时间并不长，算起来只有短短半年，可是为颍州办了几件大事，其中一件就是治理颍州西湖，疏通焦陂水。

苏轼来到颍州，正赶上朝廷要征集颍州的民工开挖八丈沟。当时，由于京城开封一带连年水患，地方官吏不究根本，盲目治水，开挖沟渠注水于惠民河，又造成了陈州水患。为了解除灾厄，又有人主张开挖八丈沟，将陈州之水引入颍河。但是，如若施工，将动用民工十八万，需拨钱三十七万贯。至于此举能否解决京城的水患，并没有人做过认真的调查研究，这纯粹是一个想当然的拍脑袋工程。

苏轼到颍州上任之初，就接到朝廷命令，让陈州知州李承之、府界提刑罗适、都水监所差官及本路提刑、转运司，至颍州召开关于开挖八丈沟的会议。由于初来乍到，还不熟悉颍州的情况，苏轼建议先推迟召开关于开挖八丈沟的会议。接着，他走访民众，请教懂得水利的人士，并组织人员进行实地丈量，于九月写出了《申省论八丈沟利害状二首》，上报朝廷。十月，又向朝廷提交了《奏论八丈沟不可开状》，其中说："臣今来到任已两月，体问得颍州境内诸水，但遇淮水涨溢，颍河下口壅遏不得通，则皆横流为害，下冒田庐，上逼城郭，历旬弥月，不减尺寸。但淮水朝落，则颍河暮退，数日之间，千沟百港，一时收缩。以此验之，若淮水不涨，则一颍河泄之足矣。若淮不免涨，则虽复旁开百沟，亦须下入于淮。淮水一涨，百沟皆壅，无益于事，而况一八丈沟乎？"也就是说，由于地势、水势和淮河的泄水能力，在淮河涨水时，即使开挖再多的沟渠，也不可能把水排泄到淮河里去，不但不可能减轻水害，甚至会造成淮河倒灌，带来更大的灾难。他说，如果一定要兴此大役，罗适等所说的民工十八万，钱三十七万贯也是不够用的。

这时朱勃为京西北路转运判官，就开挖八丈沟的事专程来到颍州，与苏轼于颍会面后，完全同意苏轼经过实地调查得来的科学结论，也向朝廷提出了八丈沟不可开挖的申省状。由于苏轼的论述有理有据，加之又是经过实际调查之后得出的科学结论，朝廷终于同意了苏轼的意见，取消了这项劳民伤财、费而不惠的糊涂工程。接着，苏轼又向朝廷请求，奏留开挖黄河的民夫万余人，用来开挖颍州的沟渠，治理颍州西湖，疏通焦陂水，造福于颍州百姓。

可惜的是，没有等到西湖治理工程完工，元祐七年(1092)二月，苏轼就被调到扬州去了。但他时刻牵挂着颍州的工程，当赵令畤向他报告颍州西湖的治理工程已经完工时，他非常高兴，写下了《轼在颍州，与赵德麟同治西湖，未成，改扬州。三月十六日，湖成，德麟有诗见怀，次其韵》。这首诗写得热情洋溢，字里行间充满喜悦之情。接着，他又写了《次韵赵德麟西湖新成见怀绝句》。四月，苏轼作《再次韵赵德麟新开西湖》：

使君不用山鞠穷，饥民自逃泥水中。
欲将百渎起凶岁，免使甑石愁扬雄。
西湖虽小亦西子，萦流作态清而丰。
千夫余力起三闸，焦陂下与长淮通。
十年憔悴尘土窟，清澜一洗啼痕空。
王孙本自有仙骨，平生宿卫明光宫。
一行作吏人不识，正似云月初朦胧。
时临此水照冰雪，莫遣白发生秋风。
定须却致两黄鹄，新与上帝开濯龙。
湖成君归侍帝侧，灯花已缀钗头虫。

在这首诗的“欲将百渎起凶岁，免使甑石愁扬雄”句，作者自注云：“去岁颍州灾伤，予奏乞罢黄河夫万人开本州沟，从之。以余力作三闸，通焦陂水，浚西湖。”苏轼奏请皇帝允许，留下了本来用于治理黄河的万余民夫整修颍州水利。所谓“三闸”，应该是为控制西湖水所建节制水闸。苏轼为什么要“通焦陂水”？欧阳修于1049年曾大规模治理焦陂陂塘，出现了“清河两岸柳鸣蝉，直到焦陂不下船”的美景和通畅水道。近半个世纪后的1091年，因淮河水患，颍州城至焦陂河道淤塞，西湖水下泄不畅，经常内涝，疏浚颍州西湖，疏通焦陂水，显得尤为必要。苏轼此次大规模治理，再次将当时颍州西湖与清河、焦陂水连接起来，直通淮河，是造福颍州的民生工程。

第三节　人文古镇　牛肉飘香——插花镇

插花镇原名吕家铺子，汉代只是一个十多户人家的过路店。清乾隆年间兴集，因附近有历史悠久的插花女庙，故称插花庙集。民国十七年(1928)建镇，隶属阜阳县第五区管辖，抗战胜利后，插花设区，又称新河区，驻地插花庙。1949年10月，插花设区，隶属阜阳县政府。1971年插花人民公社革委会成立。1979年8月插花人民公社革委会改为插花区政府。1992年2月，撤区成立插花镇。该镇为阜阳市东大门，交通便利，集市贸易活跃。1994年被国家建设部批准为全国500家小城镇建设试点镇；阜阳撤地设市后，被市委、市政府批准为副县级建制镇，2000年被省委、省政府批准为中心镇。2009年6月被安徽省委、安徽省人民政府列为第一批扩权强镇试点镇，2014年被国家批准为全国重点镇。

一、关于插花地名的美丽传说

西汉末年，王莽篡权，改国号为新。刘秀起兵讨伐，兵败，单骑逃命至“吕家铺子”，人困马乏，炎热难耐，昏倒在一口水井旁。此时，一位头插鲜花的村妇带着一大一小两个孩子从旁路过，见状便上前施救。村妇从水井中提了两桶水，为刘秀擦拭降温，并饮喂刘秀的战马。刘秀苏醒后，问其姓名以图报恩，村妇答道：“人命天定，你能活过来那是天数，不需报恩。”随手将大一点的孩子背上肩头，用手拽着小一点的孩子转身要走。她这一有悖常理的举动让刘秀十分好奇，追问道：“你应该背小一点的孩子，才合常理啊！”村妇答道：“小一点的孩子是我亲生的，大一点的孩子是邻居家的，他父母因战乱而死，临终前将这小孩托孤于我，我当时答应一定会善待这孩子，比亲生的还要好！”刘秀听后深受感动，在没有任何信物的情况下，望着恩人头上插着的那朵鲜花说道：“以后若汉军征战到此处，请在您家门头上插一朵鲜花，确保您家毫发无损。”刘秀说完策马而去。

公元22年，刘秀兵强马壮，其手下大将邓禹征战到吕家铺子，准备与王莽的一支军队在此地决战。这位村妇得知消息后，想到刘秀曾经说过的话，悄悄地通知大家连夜在门头上插上一朵鲜花。第二天，汉军看到吕家铺子的每家门口都插有一朵鲜花，莫名惊诧。邓禹想起刘秀的号令，于是传令易地决战，使吕家铺子免受战争涂炭而得以保全。不久，该村妇去世，老百姓自发修建了一座庙宇，将这位头插鲜花的村妇塑像供奉在庙宇内，鲜花由老百姓自发地及时予以更换，四季鲜艳！人们用这种朴实方式怀念着那位质朴的村妇，民间尊称这座庙宇为“插花庙”，尊称庙里的村妇塑像为“插花娘娘”。

公元25年6月，刘秀登基称帝，派人到吕家铺子寻访这位村妇，以报救命之恩。钦差大臣来而复返，如实向刘秀禀报：村妇已去世，老百姓为感恩于她，在当地建庙塑像供奉。刘秀听罢，有所感悟：爱民必受民爱，好人必有好报！于是传旨：“赐金花一朵，令邓禹择吉日替朕前往‘插花庙’为‘插花娘娘’塑像佩戴金花。”钦差大臣于公元26年农历二月十九日，在“插花庙”前举行盛大的插(金)花仪式，昭示天下，以示敬仰。在这场举行盛大的插(金)花仪式之后，“插花庙”名声远扬，致使“插花庙”的名称取代“吕家铺子”沿用至今；每年农历二月十九日约定俗成地成为“庙会日”。

二、“淮北教育一枝花”——插花中学

插花中学是一所有着悠久历史的学校。据民国《阜阳县志续编》记载，学校历史可以追溯到清朝同治和光绪年间，清同治九年(1870)董志诚(？—1901，字则明，号九庵)力倡教育救国，捐地115亩，于插花集兴办崇实蒙塾，后又说服族人捐祠产300亩开办崇实义塾；戊戌变法后，1908年董志诚之子董帷书(1882—1944)将崇实蒙塾、崇实义塾改为崇实学堂；1941年4月，董帷书、潘善斋、董曦之、董仲超等校董会成员呈请政府将崇实学堂改为“安徽私立崇正初级中学”(简称为“崇正中学”)，由董帷书任董事长，胡乐菁任校长。

1948年阜阳解放，人民政权建立后，安徽省政府委派赵文衡来阜阳筹建阜阳联合中学，并担任校长，崇正中学初中部并入阜阳联合中学，学校更名

为“阜阳联合中学插花分校”；鹿啸忠先生任教务股长(相当于分校校长)，赵凤居任副股长(相当于分校副校长)。

1952年8月，安徽省委书记曾希圣任命郝维英为校长，学校更名为“安徽省阜阳县第二初级中学”。1957年8月，许广凯任校长。1958年，人民公社成立后，学校改名为“安徽省阜阳县插花中学”，并请郭沫若先生题写了校名。1959年学校创办了高中，首届招收50人，成为完全中学。

1960年，董培生任校长。1962年第一届高中生毕业，教学质量优异。1963年秋季阜阳公署教育局发布的高级中学招生公告，插花中学作为当时阜阳县唯一的高级中学，具有和阜阳一中、阜阳二中等全地区十余所高级中学同样的招生指标。在全省教育格局中当年曾有“南有下塘，北有插花”的赞誉。1963年阜阳专员公署教育局副局长郭学敬兼任校长，教育质量进一步提高，1965年高考升学率达67%，被誉为“淮北教育一枝花”。

“文革”十年，插花中学遭到毁灭性的破坏，学校的人和物也被一分为二(1969年冬在阜阳县正午公社办分校正午中学)。1977年恢复高考制度之后，插花中学属于县管中学，更名为“阜阳县插花中学”。1992年阜阳县与原阜阳市合并后，学校于1993年更名为“阜阳市插花中学”，沿用至今。1996年阜阳撤地设市后，学校系颍东区管理的直属中学。

阜阳市插花中学是一所有着近80年光荣历史的完全中学。插花中学秉承优秀文化传统，博采众家思想精髓，确立了“兴教为民，造福一方，为学生终身发展奠基，办人民满意的学校”的办学理念。从1959年创办高中，有60多年办高中的历史，为国家培养大批人才。

20世纪80年代末，时任阜阳县教育局党组副书记、副局长杨树林曾撰文称，在阜阳干部队伍中，尤其在解放初期，插花籍干部占有相当大的比例，这是众所周知的。当时地、市、县不少单位的领导同志也多是插花人或插花中学毕业的。据不完全统计，仅县处级以上待遇的即有一百二十多人。中共阜阳地委宣传部五位正副部长中插花籍人士占了三人，行署科委正副主任都是插花人。全国不少省份，包括台湾地区在内，以及北京、上海等大城市，以至日本、美国等一些国家都有插花人的足迹。有些人业绩显赫，知名度很高。为什么插花出那么多人才？追根溯源，在于插花的教育，其中插花中学实在可以说是众多英才的摇篮①。

三、享誉南北的名吃——插花牛肉汤

插花牛肉汤起源于清朝道光年间，发展至今已有近200年的历史。创始人为高建才的父亲。高建才原是屠户，以宰牛卖肉为生，由于当时生活条件简陋，所剩牛肉不易存放，高氏父子想方设法制成了现今的高家牛肉汤。最初只是一口锅，直径一米多，上面罩有一口底部凿空的大缸，一次煮数百斤牛肉，煮十几个时辰。牛肉出锅后，汤汁浓郁，香飘十家。汤汁冷却后即成膏状，牛肉却依然保持鲜嫩。由于其工艺独特，该汤得到当地群众的认可，赞不绝口，慢慢地形成了一种特色，在当地有了名气，成了家喻户晓的名吃。如今插花牛肉汤不光在插花和阜阳很有知名度，而且传到了山东、江苏等地，已渐渐成为黄淮地区人民群众日常生活不可缺少的美味佳肴，深受人们的青睐。

插花牛肉汤除了汤好喝之外，上好的粉丝和牛肉自然少不了。要吃时，向店家说好是要大碗还是小碗，老板就会按照分量把粉丝和早已切成薄片的熟牛肉，往锅里那么一烫，捞起，加上早已熬得喷香的汤汁，最后撒上香菜，就是一碗正宗的插花牛肉汤了。吃的时候，按照个人喜好，或多或少的放上店家炸好的红干椒，混合着粉丝的劲道，牛肉的清香，浅尝一口，一会儿香气就填满口腔。

在每一家插花牛肉汤店里，都有一条不成文的规定：如果感觉汤不够喝，可以要求店家续汤。不少食客面对鲜美的牛肉汤，都会忍不住再多喝一点。这就是插花牛肉汤的魅力所在。目前，“插花高家牛肉汤技艺”已被列入颍东区级非物质文化遗产名录。

四、颇具特色的民间舞蹈

插花民间舞蹈起源于插花人民的劳动生活，由人民群众自创自演，反映

---

① 杨树林:《插花中学——培育英才的摇篮》,政协安徽省阜阳县委员会文史资料委员会:《颍州古今》第3辑,1989印刷,第84页。

了插花人民的文化传统、生活习俗及精神风貌。 较有代表性的是插花龙舞、插花“赶犟驴”以及插花鹤蚌舞。

1.插花龙舞

插花龙舞是颍东区民间舞蹈的代表，是由龙灯舞改编而来，表演时气派大，样式新。 传说龙的出现象征着吉祥和丰收，所以每有重大节日活动都少不了龙灯舞。 表演时每节一人持竹棍顶着舞动，龙头前由一人手持“宝珠”引戏巨龙。 巨龙摇头摆尾，蜿蜒起伏，时而上下翻飞，时而卷缩盘结，有时像拍浪戏水，有时像腾云驾雾，多姿多彩，气势雄伟。 它变换多端，场面威武，气势磅礴，在翻舞最高潮时，隆隆的锣鼓声宛如雷鸣，尖锐的口哨声，恰似龙吟。 插花龙舞在表演内容、形式及道具的设计上堪称现阶段龙舞传承创新的代表，在阜阳市艺术节及民舞调研等表演活动中屡获大奖，为龙舞的传承发展作出了重要贡献。

2.插花“赶犟驴”

插花“赶犟驴”分布于插花及周边城镇，取材于广大群众的日常生活。舞蹈早期由两人表演，女子在驴背上，以丑角执鞭赶驴，表演驴儿徐行、奔跑、跳跃、“夫妻走娘家”等生活片段，后经改动和加工，充实内容，改为五人演出，用夸张的舞蹈语言把毛驴的犟劲“奔跑”“卧泥洼”“过桥”，脚夫的急躁情绪，以及刚过门的小媳妇惊慌害怕的情态刻画得十分逼真。“赶犟驴”具有幽默、风趣、滑稽而又适宜表演等特点，因此在重大的节庆日子，都有精彩演出，多少年来经久不衰，深受广大群众喜爱。

3.插花鹤蚌舞

“鹬蚌相争，渔翁得利”，这一寓言故事妇孺皆知。 插花镇的人们将这个故事演绎成舞，给人们带来欢声笑语，满足人们对精神富足的追求与渴望。 明快的锣鼓声中，渔夫肩扛渔网、身挂鱼篓亮相，诙谐滑稽的表演让人捧腹大笑。 雪白的仙鹤摇头摆尾、啄毛擦爪、寻物觅食，萌态十足。 蚌精张开壳衣，珠光熠熠、千姿百媚，轻盈起舞、有张有弛。“鹤蚌舞”集民间故事、经典成语为一炉，被称为流动的活成语，也逐步成为当地人生活中不可或缺的经典民俗。 而“鹤蚌舞”的结局也随着时代的发展而改变，体现出人与自然的和谐相处。“渔夫”最终放掉了“仙鹤”与“蚌精”，故事有了一个完美的结局。

目前，插花龙舞、插花“赶犟驴”被列入阜阳市级非物质文化遗产名录，插花鹤蚌舞被列入颍东区级非物质文化遗产名录。

第四节　明清时期阜阳县的政治“副中心”——方集

方集镇，旧称“方家埠口”“方家集”，又名“滨洪镇”。清代属颍州府阜阳县，今属阜阳市阜南县。该镇兴起于宋，设置于清，地处两省三县交界，雄踞于洪河之阳，水陆交通方便，商业发达，镇内店铺林立，商业兴隆，是颍州西南一带颇负盛名的商业重镇。该镇现为阜南县副县级建制镇。

一、曾经是阜阳县丞驻地

方集镇的兴起，是承继于其西面汝水上游八公里的永安店。永安店位于汝水之滨，水运直贯东西，渡水可通南北，因此唐代曾在此设永安县。在唐以后的100多年里，永安店历经战乱和政权更迭，加之其地理位置不如方家渡口便利，于是永安店从一个繁华的县治变成一个码头集市。永安店的交通枢纽和运输贸易功能逐渐被方家渡口所取代。到宋朝中叶，方家渡口便成为兴旺的集市和重要的转运码头了。由于方家集雄踞于洪河北岸，水陆交通方便，清朝于此设方集镇。当时，方家集是阜阳、太和、界首、亳州一带通往大别山区的交通要道和商品集散地。各地所产的棉花、土布、药材等，在此地转口，销往河南信阳周边等地以及大别山区，而山区的竹、木、茶、桐油及卷烟、大米、土纸等通过方家集运至皖北地区。本街居民十有八九涉足城市商业活动。当地曾流传这两句民谣：“不学八股学算盘，宁做商人不做官。”当时的方家集商贾云集，客栈林立，集市贸易盛极一时。

根据乾隆《颍州府志》记载，阜阳县丞移驻该镇。当时设立了两座文武衙门，并设有盐、铁等税卡，使方家集一跃成为阜阳县政治统治的“副中心”。镇上建有顺河街、东头三里街、西头跑马街、福兴街、石条街、长寿街等街道。围绕集镇修造了许多寺庙，有迎水寺、三宦庙、土地庙、关帝庙、火神庙等。镇上还建有山陕会馆、大戏楼等商业会所和娱乐设施。从清乾隆年间到民国时期，方集镇在阜阳县政治、经济、文化上占有重要地位，是其西南区域的中心。

二、省级重点文物保护单位——陈家祠堂

陈家祠堂原名“陈氏宗祠”，是老街上最古老的建筑，北靠王家营，南邻洪河湾，坐北朝南，三进院落，占地面积 892.3 平方米。祠堂建筑规模之大，原平面布局保留之完整，为皖北地区罕见，具有较高的历史文化价值。2012 年底被批准为省级重点文物保护单位。

据陈氏族谱记载，一世祖陈晓堂于明末清初从六安州郝家洼迁至上蔡县东四十里陈桥居住，后沿洪河顺流而下，行至方家埠口时上岸。三世祖陈起云、陈海云、陈祥云分别在方家埠口开了当铺、香铺和场铺(经营木材)，都是当地富甲一方的大商户。经过近两百年时间的漫长积累，于清乾隆年间，陈氏家族五世祖陈焕斗斥巨资修建了陈氏宗祠，也就是今天的陈家祠堂。省文物考古研究所古建室原主任方威达在《阜南方集陈氏宗祠勘察记略》一文中写道，陈氏宗祠墀头砖雕及抱鼓等门饰手法简洁、造景生动；明伦堂、寝堂构架用“五架梁并前后出单步”法，云板、驼峰、雀替及梁端等饰以木雕，其构图舒展、刀法流畅，属北派建筑木雕精品。建设宗祠所用的木料全部是四川红杉，色泽棕红，耐腐耐火，有些门廊下面的石墩都已风化剥落，廊柱却依旧保存完好。新中国成立后，陈氏宗祠被政府征用，后来作为方集镇供销社收购门市部。2002 年 11 月，由义门陈氏淮颍理事会方集分会以 1.15 万元的价格从方集供销社永久性买断，成为方集陈氏祭祀列祖列宗的重要场所。

2017 年 4 月，阜南县文物部门邀请古建专家为陈家祠堂制订文物修缮方案，由政府出资 120 万元进行保护性开发。方集镇陈氏祠堂修缮工程历时两年多，于 2020 年 1 月 2 日举行修缮工程竣工典礼。

三、方集馓子香飘四方

馓子是一种油炸食品，是由古代寒食节“寒具”演变而来。春秋战国时

期，寒食节禁火时食用的“寒具”即为馓子。那时候，为纪念春秋时期晋国名臣义士介子推，寒食节(清明节前一二日)要禁火三天，于是人们便提前炸好一些环状面食，作为寒食节期间的快餐，即是为寒食节所具，就被叫作“寒具”。北魏贾思勰的《齐民要术》中详细记载了三国两晋南北朝时期寒具的制作方法。唐代刘禹锡曾写过一首名为《寒具》的诗：“纤手搓成玉数寻，碧油煎出嫩黄深。夜来春睡无轻重，压匾佳人缠臂金。”明代李时珍的《本草纲目·谷部》记载：“寒具即食馓也，以糯粉和面，入少盐，牵索纽捻成环钏形……入口即碎，脆如凌雪。”新中国成立后，寒食节逐步与清明节融合，寒食节禁火寒食的风俗也早已遗失，与这个节日有关的馓子却深受世人喜爱。时至今日，馓子仍然是老少皆宜的食品。

方集馓子起源于明末，当时方集叫“方家埠口”，有一卖小吃商人吕具文受麻花启示发明制作馓子。方集吕氏馓子靠精湛手艺，以其独特的匀称馓把、纤细馓条、金黄色泽、香酥口感和味美价廉受到青睐。因当时洪河水运兴旺，外地商贾云集，馓子传遍各地，每逢春节，京城、省城的达官显贵纷纷派人前来采购，州府、县衙的大户豪门用轿子接送吕老人到家加工。康熙年间馓子被列为贡品。后来方集吕氏馓子代代相传至今。

阜南方集馓子是纯手工制作，要用上好的面粉，加少许食盐用水揉成面坯，然后醒面、切条，再搓成条状，环绕排满盆中，上面洒抹一些食用油。待面条在盆中回透，弹拉力恰到好处时，将面条绕在手上，用手来回抻开，撑绷成粗细均匀的馓子条，然后放入油锅，用筷子轻轻翻动，掌握火候煎熬上色，炸成大把或小把金黄焦脆的馓子。

方集馓子一直是一家一户小作坊式生产，没有走出“提篮小卖”的尴尬境地。20世纪七八十年代，不少手艺人带着绝活闯市场，但受资金和观念制约，整个产业始终在低端徘徊。人们只是在春节前后，走亲访友时送一些，打工出门时带一点，很少有人把它当作商品。

方集馓子既然是历史悠久的土特食品，为何不能成为打开致富之门的金钥匙呢？方集人转变思路，近年来成立了馓子协会，统一产品价格、质量，逐步形成规模；积极培育龙头企业，对具有卫生许可证的企业，提供5万元以上的资金支持；参加各地农副产品经销会，帮助产品拓展销路。馓子作坊主也在食品安全上狠下功夫，亲自验收芝麻和油菜籽进行压榨；不断改良产品包装，使易碎的馓子始终保持完整形态；采用真空包装，延长了产品的保质期。如今，方集馓子已经形成产业规模，走进了北京、上海等地的大超市。全镇从事馓子产业的居民现在已有2000多人，镇里形成明康食品等4个龙头企业，产值达2000万元，成为当地从业者致富奔小康的重要产业。

第五节　倪邱古镇　经锄文化世代传

倪邱镇距太和县城约30公里，是皖西北重要的药材基地和产粮大镇，也是太和县副县级建制镇。西汉御史大夫倪宽早年在此耕读，该镇有建于明代的倪公祠、课最堂、经锄楼等文物古迹。

一、倪邱原名孤堆集

孤堆集地名的由来是因为集镇上有一个大孤堆，位于茨河故道南岸，现存遗址高出地面约10米，残存面积约3000平方米。据民国《太和县志》记载，倪丘在县北，西枕茨河。高七仞，周围五亩，河水啮缺其半，为汉倪宽墓。明万历二年(1574)，知县刘玠、耆民张玺建碑。据当地的退休干部张世芳介绍，他两次到山东东营市广饶县进行考察，并结合《汉书》记载，因此他判断，这个倪宽墓应该是人们为了纪念倪宽而修建的衣冠冢。其实，在没有对倪邱孤堆遗址进行考古之前，当地人对此孤堆的具体年代并不明确，更不知道是历史久远的文化遗址。所以，地方志记载此地孤堆为倪宽墓，即倪丘。丘，是孔子之名讳，宋代，引书遇圣讳，皆以“某”代之。清雍正年间，凡涉及“丘”字，凡系姓者，皆加“阝”为“邱”字，凡系地名，更以地名①。倪邱地名由此产生，逐渐被后人接受并传播开来。

倪邱集遗址，俗称“谷堆”或“孤堆”，其全称为“倪邱集史前文化遗址”，系新石器时代晚期聚落遗址。1981年12月，北京大学教授、著名考古学家邹衡带领考古调查组对此遗址作专题调查。1989—1990年春，中国社会

---

① 思良:《鄚丘风土实录》,南方出版社2015年版,第10—11页。

科学院考古研究所安徽文物工作队对该遗址进行重点调查。近几十年来，在历次皖北地区史前遗址调查中，安徽省文物考古所、阜阳博物馆均将倪邱遗址作为重点复查对象。

倪邱集遗址文化堆积自上而下可划分为商周文化层、岳石文化层、龙山文化层和大汶口文化层，其中大汶口文化层的器物最为丰富，包括陶器、石器、骨器、玉器等。陶器以灰陶居多，红陶次之，器形有鼎、豆、钵、罐、杯、陶网坠等；石器有锛、镞、斧等；骨器有笄、针等；玉器有管、环等。考古学家邹衡等认为，倪邱集遗址存续时间长、跨度大、内涵丰富，在淮河流域史前遗址群中具有一定的代表性。同时指出，在皖北、豫东地区，西起河南太康—淮阳—项城—新蔡一线，东至河南柘城—郸城—沈丘—安徽太和（倪邱集）—阜阳之间地域属于距今4000年左右的中原二里头文化和东夷岳石文化接触、交会区。龙山文化层之上发现岳石文化遗存，对于研究东夷岳石文化的向西发展、传播影响以及多种文化交流碰撞区的史前文化复杂面貌，具有十分重要意义①。

二、倪宽故事传美谈

倪宽（前169—前103），山东省广饶县人，幼年时家境贫寒，后随母亲来到倪邱此地。他做佣工时，每当下地劳动，总是把“五经”挂在锄钩上，在干活休息间隙拿来诵读，于是“带经而锄”的故事广为流传。后拜尚书学创始人欧阳生为老师，精心攻读《尚书》。后又投到经学博士孔安国门下研究经学，在《尚书》研究方面有了很深的造诣，被当时的郡国选为博士。后来，倪宽通过答辩考试（即射策），做了掌握礼乐制度的“掌故”（官名）。不久，补为“廷尉文学卒史”（协助廷尉办理文字的官）。

当时，张汤为廷尉，主管刑狱。张汤执法残酷，素有酷吏之称，所用之人，都是些善于施用严法酷刑的人。倪宽为人温良清廉，擅长文学，所以，在廷尉府因不熟悉刑律，不被重用，被派去管理畜牧数年。由于他做事勤恳，牛羊蕃息，成绩卓著。有一次他回廷尉府送汇报材料（畜簿）时，正值廷

① 思良：《郸丘风土实录》，南方出版社2015年版，第15—16页。

尉府有疑案未决，几次奏报，均被汉武帝驳回，主办奏报的人甚为恐慌，不知如何是好。倪宽知道了，便为他重新写了奏章，写完后，读给大家听，众人都很佩服。有人将这件事告诉了张汤，张汤大为惊疑，便亲自召见倪宽谈话，非常惊奇他的才能。倪宽写的奏章送上去后，立刻得到汉武帝的批复。第二天，张汤见到汉武帝，汉武帝问："这次的奏章不是一般俗吏所能写出来的，是谁的手笔？"张汤说："是倪宽所写。"汉武帝说："我早就听说过这个人。"于是张汤提拔倪宽为奏谳掾(专门起草奏章的官)。倪宽说服张汤和廷尉府官吏习读经学，按照《尚书》中《尧典》《舜典》的教义来治理狱讼，表现出非凡的政治才能。后又他多次被提拔重用，官至御史大夫。

倪宽升任御史大夫后，公正廉明，名闻天下，对部属要求严格，有作奸犯科者，决不姑息。有一年，汝南郡(今太和县)茨河沿岸发水灾，地方官奏报后，汉武帝紧急拨款赈灾。可是下拨的粮款多被地方官吏侵吞，土豪劣绅则趁机囤积食粮，分到百姓手里的粮食寥寥无几。倪宽得知后，主动请旨前往查办，惩处贪官，开仓济民。当地百姓为纪念倪宽，修建了倪王庙、经锄楼，塑倪宽像，终年香火不断。

倪宽还是西汉水利专家。元鼎六年(前111)，倪宽建议在郑国渠上游开凿辅渠。汉武帝同意后，倪宽征发民工，在郑国渠上修筑了六条支渠，史称"六辅渠"，也叫"六渠""倪宽渠"。为了避免水利纠纷，合理用水，上下游兼顾，他又颁布了"水令"(中国最早的水法)，使农民按令用水，上下相安，关中地区农业丰收，经济繁荣①。

三、倪公祠修建始末

据太和地方志记载，倪公祠始建于明朝嘉靖年间，其附属建筑为经锄楼、课最堂。明万历二年(1574)，知县刘玠重建，清乾隆四十一年(1776)，知县宋丁奇动员当地乡绅设立经锄书院，并重修部分建筑。

经锄楼现为阜阳市级重点文物保护单位。后人为纪念倪宽，在他幼年读书、生活处建方形两层小楼。因倪宽早年家贫爱学，经常带经而锄，故取名

① 马锦忠:《倪宽墓前》,思良:《鄣丘风土实录》,南方出版社2015年版,第70—71页。

“经锄楼”。“经锄楼”三字为清代书法家梁巘手笔。经锄楼危楼高耸，俯瞰茨河秋夜，月明掩映清绝，为旧时“太和八景”之一，史称“锄楼映月”。

汉相殿是为祭奠倪宽所修，里面供奉有倪宽石像。大殿左右是经锄书院，经锄书院是太和县历史上的三大书院之一，其余两个现已无从查考。它是由知县宋丁奇创办的，宋丁奇并捐献白银二十两作为书院经费。同治五年(1866)由当地人马怀珍重修。清末经锄书院改名为逊师小学，后遭兵乱停办，藏书也没有留存。1929 年改为太和县第七区第二十二初级小学。

四、经锄文化世代传

倪宽的经锄精神一直激励后人，诸多诗人咏诗颂扬。清朝重臣陶澍曾经过倪邱作诗凭吊倪宽：“下马黄阡吊古墟，倪邱风月未全芜。流风一代有都养，繁露几篇传大夫。曲学若宏终厌诈，得师如董定非愚。从来吏事关儒术，记取邦人亦楷模。”(《陶文毅澍过宽故里示阮令诗》)清代诗人王坚也写诗赞颂倪宽经锄精神：“遗经秦火后，古道日榛荒。谊主崇文教，儒臣辟讲堂。锄繁严越畔，辨体莫侵疆。菽粟三冬足，仓箱万卷藏。岂徒观秀实，久已荐蒸尝。瞻仰高楼下，千秋俎豆香。”(《经锄楼诗》)

目前，当地不少学校把“经锄文化”作为学校文化的一部分，激励莘莘学子学习倪宽的刻苦治学的精神。倪邱中心学校认真提炼“经锄文化”精神和内涵。在学校设经锄学堂，老师专门讲授倪宽“带经而锄”的历史故事，践行“经锄合一”的校训，培养学生严谨而刻苦的治学精神，努力传承两千多年的“经锄文化”。

第六节　薹干之乡　伯俞故里——义门

义门古镇位于亳州市涡阳县西北部，漳河与涡河交汇处，历史悠久，资源丰富。义门地理位置优越，交通方便，西邻亳州，南接阜阳，S307 省道、涡河穿镇而过，为皖北重镇。义门又是“中国薹干之乡”、著名的“药材基地”和“桐木产地”，为涡阳县三大副县级建制镇之一。义门镇还是著名的回族聚居地，受回族文化影响较为明显，展现出义门古镇独特的魅力。

一、曾经是真源县治所

据《义门区志》记载，在春秋战国时期，义门为楚国要塞，隶属城父县(今亳州谯城区城父镇)。隋朝时，义门因庙宇多筑而被民间俗称为“庙集”。

乾封元年(666)，唐高宗李治前往老君庙（今涡阳天静宫，当地人称老子庙）朝拜，祭祀老子，封老子为太上玄元皇帝。唐高宗认为，太清宫是先祖老子的诞生地，是真理(道家、道教)的发源地，便在此地设置真源县。据《颍州府志》载:“义门唐时为真源县。”唐天宝十四载(755)，“安史之乱”爆发。天宝十五载(756)，谯郡太守杨万石投降安禄山，叛军逼近真源县。真源县令张巡带领千人团抵抗，不敌，退出真源县。李贲继任县令，宁死不屈，集结队伍，亲自率领全城军民顽强抵抗，最终因兵力悬殊太大，城池失守。整个县城尸体堆积如山，血流成河，十室九空，真源县县衙仅剩一仪门，故后人称此地为“仪门”。

明弘治九年(1496)，设义门巡检司。清同治三年(1864)设涡阳县时，将义门从亳州拨属给涡阳县。清朝末年，为避宣统皇帝溥仪忌讳改“仪门”为“宜门”。中华民国成立后，又称义门，义门一名沿用至今。

二、义门有三宝

义门当地有这样一句广为流传的顺口溜:“义门有三宝：薹干、牛肉、中药草。”那么这三宝又“宝”在哪里呢？下面就让我们来一一“鉴宝”。

1.中国薹干之乡

薹干是一种由莴苣状的植物加工成的半干品条状蔬菜，含有17种氨基酸以及糖、粗蛋白、钙、铁等营养元素，是天然的绿色食品，具有清热、明目、解毒、利五脏、通经脉等功效。义门已有几百年的薹干加工种植历史，清朝康熙和乾隆年间均作为贡品纳入皇宫，故又名为“贡菜”。1958年周总理品尝此菜时，因清脆有声，将其命名为“响菜”，并后来被用作国宴菜品招待外宾。1983年首次出口日本、韩国等东南亚国家，吃起来又有海蜇的响脆声，又以“山蜇菜”名扬海外。1988年获北京农业博览会金奖。1992年获香港国际食品博览会特别奖。1995年义门镇因薹干被命名为“中国薹干(贡菜)之乡”。2006年10月，国家质检总局批准对义门薹干实施地理标志产品保护。

关于义门薹干的由来和神奇功效，当地还流传着一些有趣的传说，意在证实义门薹干种植的悠久历史和神奇功效。相传，在两千多年前，涡阳一带发生一次瘟疫，百姓为避瘟疫，纷纷逃亡。但是居住在天静宫附近的百姓在宫中发现一种草，食之可保人畜安康，老百姓便称之为“神草”，认为这是老子显灵用“神草”来护佑百姓。后百姓称这种“神草”为“薹干”，并广泛种植，以备不时之需。另一个传说：老子曾在天静宫里种植薹干，不做菜吃，专为炼丹药所用。后来，天静宫毁于兵燹，这种植物种子便流到民间，被义门孟园张姓农民所得，种植并加工成贡菜，成了宫廷菜肴。

2.义门熏牛肉

义门作为回族聚居地，自然拥有着众多的清真美食，传统地方小吃，如熏牛肉、壮馍、羊肉包、黏面馍、火烧、马糊子、芙蓉鸡、溜粽子、炒面、缸炉烧饼、清真甜点等独具特色，令人垂涎欲滴。这其中最受欢迎的，当属这三宝之一的“熏牛肉”。

据说，义门熏牛肉不仅与当地回民饮食习惯有关，还与著名孝子韩伯俞密切相连。伯俞为孝敬母亲，每次外出归来都要给母亲买两个烧饼，中间夹上一块牛肉，所以这种牛肉又称为“伯俞孝母肉”。后来，义门一带的百姓将这一善举传承保留了下来，只要是闺女走娘家或者儿子外出归来，都要买上几个烧饼和一块“伯俞孝母肉”，作为孝敬父母的礼物。久而久之，形成风俗，流传开来，义门熏牛肉便应运而生，经久不衰。

义门熏牛肉，选用上等牛腱子肉，经过多重古法熏制，制作出来的牛肉形状整齐、颜色鲜红、香鲜无比，且味透易嚼，入口即化，食之唇齿留香，久久不能忘怀。义门熏牛肉在涡阳乃至皖北地区颇为有名，深受百姓欢迎。

3.中药草

义门因沙质土壤，自古是盛产药材之地，为亳州中药材市场提供优质药材。药材品种有亳菊、白芍、药牡丹等五十多种，尤以所产白芍栽培历史悠久，质地优良，药用价值高，深受客户青睐。现今，义门政府依托中药草打造了集中医养生保健、文化体验、医疗旅游等多功能于一体的药市街，通过本镇的安徽颐生堂中药饮片有限公司、安徽源和堂中药饮片有限公司带动义门药材市场升级，提高义门中药草的地位，扩大义门中草药的市场影响力。

三、丰富的历史遗迹

义门地区，信仰众多，庙宇林立。正所谓多教并行传化，信仰遍地生花。古时，义门镇区范围内，有大小庙宇七十二座，至今仍有千佛阁、玄帝庙、龙王庙、城隍庙、关帝庙、泣杖祠、干柴庙、玉皇庙、清真寺等十余座尚存。

1.玉皇庙——九九归一真源地，化恶得善道人家

玉皇庙位于涡阳县义门镇赵屯集老街北头路东。相传始建于唐代，最初庙宇名称不详。北宋大中祥符年间，宋真宗亲临亳州真源县天静宫朝谒老子，重修天静宫，封老子为“混元上德皇帝”。因老子为道教鼻祖，天静宫为道教祖庭，于是，把此唐代庙宇命名为玉皇庙，供奉玉皇大帝和王母娘娘。后因北宋奸臣秦桧卖国求荣，害死岳飞，元明清历代百姓无不恨之入骨，于是在玉皇庙庭院内塑了秦桧和王氏二人裸身跪像，以彰显玉皇大帝惩恶扬善的神威。2012 年 12 月 27 日，玉皇庙为县级文物重点保护单位。2015 年 3 月，涡阳县文物管理所申请专项资金重修玉皇庙大殿，其面貌为之一新。每年三月的玉皇庙会，百姓齐聚街头，商家小贩叫卖不断，竹马、旱船、舞龙、踩高跷、大班会、棒鼓舞等特色民间艺术接连登场，可谓是锣鼓喧天、人山人海、热闹非凡。

2.清真寺

元朝时期，一批回族同胞由山东迁入义门。元至元十年(1273)始建清真寺，为阿訇给回民讲经和主持教义的场所，占地 3600 平方米，历经元明清三朝，已有 700 多年历史。道光三年(1823)，寺院被洪水冲塌淹没；光绪二十三年又遇战火，大殿被大火焚毁；“文革”期间又遭破坏。现存礼拜大殿 5

间，南北讲堂各5间。1991年被涡阳县政府公布为县级重点文物保护单位，2009年被省宗教局评为安徽省和谐清真寺，2010年被列为安徽省重点文物保护单位。

寺内一井一树，见证千载枯荣。进入清真寺大门，映入眼帘的便是一口古井，古井是元朝青砖砌垒，青石井口盘顶，直径约0.8米，深18米，由于长期取水，井口周围被绳子磨出了很多半尺深的凹槽，后来为保护古井，而将其封闭。迈入清真寺二门，北讲堂东端前有古皂荚树一株，与清真寺同代，树高15米，粗5米。皂荚树枝繁叶茂，郁郁葱葱，覆盖整个寺院的一半。

3.泣杖祠——伯俞奉孝不避杖，千古美名永传扬

伯俞泣杖，二十四孝故事之一。关于泣杖祠，《亳州志》记载："伯俞村在州东南七十里，明亳州知州张珽为立泣杖祠。"[①]明都察院右佥都御史蒋应奎曾为重修韩伯俞祠撰有《重修孝子韩伯俞祠记》的碑文。《义门区志》也有记载："历史上义门集是汉代韩伯俞的故里，古有伯俞村，详址在集西半里许之南窑村东。村有泣杖祠，为表彰大孝子韩伯俞而建。"

韩伯俞，汉代梁州人。生性孝顺，能先意承志，所以深得母亲欢心。只是母亲对他十分严厉，尽管对他非常疼爱，但是偶尔也会因他做错事而发火，用手杖打他。每当这时，他就会低头躬身等着挨打，不加分辩也不哭。直等母亲打完了，气也渐渐消了，他才和颜悦色地低声向母亲谢罪，母亲也就转怒为喜了。到了后来，母亲又因故生气，举杖打他，但是由于年高体弱，打在身上一点也不重，伯俞忽然哭了起来。母亲感到十分奇怪，问他："以前打你时，你总是不言声，也未曾哭泣。现在怎么这样难受，难道是因为我打得太疼吗？"伯俞忙说："不是，不是，以前挨打时，虽然感到很疼，但是因为知道您身体康健，我心中庆幸以后母亲疼爱我的日子还很长，可以常承欢膝下。今天母亲打我，一点儿也不觉得疼，足见母亲已筋力衰退，所以心里悲哀，才情不自禁地哭泣。"韩母听了，将手杖扔在地上，长叹一声，无话可说。后来，官府为弘扬他的孝行，在义门集建孝子祠，名叫"泣杖祠"，以教育后人。

---

① 《涡阳风土记》卷四《古迹》。

第三章
河南、山东、江苏的历史古镇

第一节 中州名镇古槐店 民族团结谱新篇

槐店镇，又称槐坊集或槐坊店，现为槐店回族镇，是中共沈丘县委、县人民政府所在地。该镇位于沈丘县境西北部，沙颍河和蔡河交汇处，水陆交通便利，商贸繁荣，是豫东南与皖西北的交通枢纽和重要的物资集散地。槐店镇历史悠久，是河南省人民政府首批命名的中州名镇之一。该镇还是重要的回族聚居区，1999 年被国务院命名为“全国民族团结进步模范集体”。

一、槐店长期是州县治所

槐店古称“羲之辟壤”“神农稼坊”，为伏羲所开辟，神农屯坊教民稼穑的地方，是夏禹第七代孙帝槐的封疆。周宣王元年(前 827)称此处为“槐方甸”，尔后的“槐坊店”一名应由此嬗变而来。关于槐店的建置沿革与“项”有着密切的联系。槐店于距今三千八百年前的西周初期，即为姬姓封疆项国的国都，此制一直延续到春秋时期。《辞海》是这样做注的：“项县，春秋时项国，后属楚，秦置县。治所在今河南沈丘(槐店回族镇)。”

槐店曾是南北朝时期一些州、府、郡治所。《隋史·地理篇》记载：“项城东魏置扬州，及丹阳郡，秣陵县，梁改曰殷州，东魏又改曰北扬州，后齐改曰信州，后周改曰陈州，开皇初，改秣陵县为项县。十六年分置沈州。大业初州废。又有项城郡，开皇初分立陈郡，三年并废。”元代，黄河多次泛滥，夺淮入海。黄河从开封决口，黄水入颍河，故颍河成为第二小黄河，故史书记载槐坊店位于黄河之滨。项城治所为何移置殄寇镇?《沈丘县志》载:“明洪武三十一年(1398)黄河南徙，古项圮于水，民舍冲没殆尽。”洪水后。将县城移建在河南岸地势高位处(现大闸)。至宣德三年(1428)，黄河再次决口，洪水又将县城城郭及民舍淹没，从此项城治所迁殄寇镇(今项城市老城镇)，此称旧县集，或槐店集。

明弘治十年(1497)复置沈丘县时，县城在殄寇镇，所以由此至新中国成立前夕，槐店作为县城，中断了一段时间。这时期，槐店虽然不是县城，但始终是沈丘北部的一个重镇。由于兵灾水患、新旧政权交替等原因，清至民国时行政区划变动频繁，槐店的建制有时是镇的建制，有时是与县平级的建制。清嘉庆二十四年(1819)，为治理水患，在槐坊店设县丞驻分县衙门。道光二十六年(1846)在槐坊镇设散厅(与县平级)，建分县衙门，槐坊店周围十里以内原属沈丘、项城、淮阳三县辖区，并入散厅版图，由散厅管辖。民国十七年(1928)，在原槐坊厅区域设省直属特别镇作为特别行政区，成立公安局，直属河南省保安处。民国二十八年(1939)改公安局为警察局。1948 年 3 月，槐店镇改为豫、皖、苏行政公署直辖市。豫皖、苏边区党政军领导机关和建国学院、交通总局等，直属机构先后迁驻槐店。1949 年 3 月，撤市复置槐店镇。1950 年 2 月 19 日，经河南省人民政府批准，10 月，沈丘县人民政府迁驻槐店，槐店镇再次成为县城。

二、重要的回族聚居区

1951 年 3 月，槐店镇改设为槐店回族镇，之后曾改为槐店人民公社。1983 年 4 月，槐店恢复为民族镇建制——槐店回族镇。槐店之所以设为回族镇，是因为槐店是河南省重要的回族聚居区。

历史上槐店镇的回民与今当地汉族一样，都是从外地迁入的，规模较大的有三次。元朝至元十年(1273)，穆罕默德·阿李率领一部分信仰伊斯兰教的波斯你沙不儿人被蒙古贵族征迁来槐店定居(之前已由阿尔浑人阿鲁温、康里穆斯林海鼻耳来槐店定居)。他们与当地居民通婚，以经商或务农为业。此为回族首次迁槐。

明隆庆六年(1572)，因沙颍河改道槐店归属沈丘县后，此处成为豫东皖北颍河沿岸上的一座商业繁荣的水陆交通重镇。商业的发展，经济的繁荣，使劳力不足的问题日益突出，同时也吸引着外地的贫苦民众，刺激着他们以卖力换得温饱的愿望。当时山西省洪洞县十年九旱，地瘠民贫。明政府组织大规模移民，该县回民相继迁来此地，这是回民迁入槐店的第二批。

清顺治四年(1647)，河北省荆格答村、山西省枣林庄等地的回族第三批迁入槐店，规模比前两次都大。当时河南连年蝗虫成灾，战祸频仍，人口稀少，土地荒芜，这批回族民众的迁来，对当时槐店经济的恢复和发展无疑起到积极的作用。这次迁来的回民，以李、马、庞、海、刘、倪六姓人口较多，分居在槐店东关各街和附近农村，建30余村落，他们虽贫穷却勤劳智慧，多以经商耕田为业。清康熙年间，槐店出现两支回民商队：一支由马氏族长马延缙率领，另一支由海氏族长海现琳率领。商队南至楚越，北至秦晋燕赵，马、海遂成一方绅衿士商。马延缙在城东建马楼庄园，海现琳在东郊建海楼庄园。他们还出资修缮清真寺，作为伊斯兰教活动场所①。

槐店镇的清真古寺旧称“至元寺”，坐落在东关大十字街西南隅。因创建于元代至元年间而得名，近现代称“老寺”和“清真古寺”。据《沈丘县志》记载，该寺始建于元世祖至元十年(1273)，由元初西征时来华的波斯人阿力所建。该寺坐西面东，呈长方形，属中国殿宇式古典建筑。主要建筑分正门、过殿、礼拜殿、望月楼，排列于一条中轴线上，女殿、讲经堂、阿訇住房、沐浴室对称分布两侧。

正门内南北边墙处立有元、明、清各个历史时期的古碑共十三通，均记载于寺史。过殿三间，中为廊亭，雕梁画栋。正中悬明朝巡抚使巴图鲁·哈速鲁题“道源无极”匾一块。讲经堂排列在礼拜正门外两侧，南北各三间，为长廊出檐厢房式建筑。

主体建筑礼拜殿由卷棚、殿厅、套房、耳房、望月楼浑然构成，建筑面积达900平方米。殿厅内有12根红漆顶柱，下铺地毯，可容纳1000多人礼拜。由大殿北口旋梯可登望月楼，楼高三层，顶层为宣礼阁，楼顶翘角飞

① 沈丘县政协文史委员会编:《沈丘纵横》总第1辑,沈丘县政协文史委员会2007年印刷,第228—229页。

檐，雄伟壮观。

三、槐店的红色记忆

1.大革命失败后党在槐店的斗争

1927 年 7 月，大革命失败后，白色恐怖笼罩全国。1928 年春，共产党员马建农(又名马洪恩、马西山，西华县城人，回族)，受开封农民运动协会党组织派遣，来沈丘县槐店开展农运工作，以从教为掩护，在沈丘县槐店第五小学校任教。不久，马汉卿、袁灵涛、马春亭三名共产党员先后从淮阳来沈丘槐店第五小学校任教。四人成立中共槐店小组，组长马建农。党小组成立后，创办《颍潮》期刊，宣传马列主义，揭露蒋介石背叛革命，屠杀共产党人和革命群众的罪行。同时，积极在教师和学生中发展党员。

1930 年 7 月，中共豫东特委由鹿邑县转移到沈丘县槐店，将中共槐店小组改建成中共沈丘县槐店支部。在发展党员，壮大党的队伍的基础上，于 1930 年冬，将中共槐店支部改为中共沈丘县槐店特支(后称区委)，直属中共豫东特委领导。中共沈丘县槐店特支为反对国民党沈丘县政府横征暴敛，崇洋媚外，组织领导群众开展了反捐税、暴动、砸教堂、驱洋人的反帝反封建的爱国主义斗争。

1931 年春，中共白庙支部发动群众抗烟税，打跑了税务人员，查封了税务所大门。11 月，中共鲁台支部组织木工泥水工、结合红枪会三四百会众，掀起了擒税务、砸税卡的抗捐抗税斗争。他们手持长矛木棒殴打驱散了税务人员，一直坚持斗争三四天时间，得知国民党县政府要出动警察镇压时，才有计划地进行撤退。1932 年 4 月 10 日，槐店党组织在中共豫东特委的直接领导下，发动槐店第五小学校和黎明学校师生数百人上街游行示威，高喊“反对帝国主义瓜分中国”“砸烂教堂，驱逐洋人”“工农兵联合起来”等革命口号。在他们的影响下，市民和商人也参加了游行队伍，先后涌进福音堂和天主教堂，驱逐了洋人，捣毁了教堂，大长了中国人的志气，灭了洋人的威风。但是，这场斗争遭到了国民党政府的疯狂镇压，使沈丘县党组织的活动由高潮转向低潮①。

2.刘邓大军过槐店

1947年6月30日，刘伯承、邓小平领导的晋冀鲁豫野战军主力5个纵队13万人，强渡黄河，向大别山进军，揭开了人民解放军战略反攻的序幕。据当时担任沈(丘)项(城)临(泉)县长兼县大队长的彭亚英回忆，8月上旬，接到豫皖苏军区命令，要求他们组织力量迅速修整道路桥梁，迎接刘邓大军南下。县委同志立即分头发动群众，日夜突击完成任务。

8月中旬，刘邓大军分三路向大别山挺进。左路，纵队沿界首、太和、阜阳等线直奔皖西；右路第一纵队沿周口、城、上蔡等线直奔豫南；中路先头部队前卫旅，进驻槐店。当地军民群情振奋。彭亚英代表全县人民，向部队致敬，表达亲切问候并向周旅长汇报了沙南一带情况。大军虽经长途跋涉，但不顾疲劳，发扬连续作战的精神，吃过午饭，继续南进。当晚，刘伯承司员、邓小平政委率领第二、第六两个纵队以及野战军司、政、后等部属机关和干部大队由槐店渡过沙河，沿沈丘、项城、临泉、新蔡、息等线前进。17日、18日刘伯承和邓小平在槐店东南五里贾寨驻留两天。彭亚英怀着万分激动的心情来到贾寨，先见了刘子厚、刘子久同志和张际春副政委，后由张际春同志带他去见刘伯承、邓小平和李达等同志。彭亚英汇报了沈项临县开辟经过，沙南、淮河沿岸敌情等情况。李达参谋长又带他到后院三间大屋内的军事图前，详细询问：洪河、淮河多深、多宽、多少渡口？各渡口船只大小、若干？蒋军情况如何？等等。

第二天，吃过午饭，彭亚英同县委书记刘运生同志一起去贾寨面见刘邓首长。李达同志遵照刘邓首长的指示，从司令部直属部队抽调五挺机枪，几十只步枪，还有几箱子弹交给他们。天近傍晚，刘伯承、邓小平、李达三位首长与彭亚英握手告别，乘美制小吉普，率领司直机关干部和警卫团出发南进了②。

---

① 中共河南省沈丘县委组织部、中共河南省沈丘县委党史办公室、河南省沈丘县档案局编：《中国共产党河南省沈丘县组织史资料(1928—1987)》，河南人民出版社1991年版，第9页。

② 周口市老区建设促进会编：《周口革命老区》，周口日报社2010年印刷，第443页。

第二节 “填不满的北舞渡”

北舞渡镇又称北舞镇，位于河南中部，今属河南省舞阳县。由于水陆交通的便捷，造就其繁荣的商业，成为清代河南著名的商贸城镇之一。当时民间有“拉不完的赊旗店，填不满的北舞渡”之谚。山陕商人来此地经商并修建了山陕会馆，北舞渡镇繁盛的商业随之带动了金融业的产生与发展。随着时间的变迁，由于近代铁路的兴起，加之战乱匪患的影响，北舞渡镇渐趋衰落。今天的北舞渡镇依托其丰厚的历史遗存，努力打造旅游文化名镇，为经济社会发展注入新的活力。

一、兴盛一时的商业

北舞渡镇位于辉河(灰河)与沙河交汇处，水运条件优越。再加上它西南的赊旗镇位于汉水上游支流唐河沿线，是河南西部乃至山陕二省与湖广地区商货往来的转运码头。它东北的周家口位于淮河上游支流颍水之畔，是河南东部与江南地区商品流通的重要枢纽。北舞渡镇处在赊旗镇与周口镇之间特殊的地理位置上，便成了河南东部与江南地区商品流通的重要枢纽，使北舞渡镇在清代逐渐繁荣并达到鼎盛，成为当时河南南阳府典型的商业转运市镇之一。山陕商人云集此地，镇临汝水(沙河)，西通汝洛，东下江淮，南连荆楚，北通郑汴，江南百杂商货，沿海芦盐水产由此吐吞中转。北舞渡临水建成围寨式城郭，设九门九关、七十二条街、三十六隔门，曾有“北舞渡日进斗金”“九门九关小北京”的赞誉。据道光六年(1826)北舞渡山陕会馆《创建牌坊碑》记载：“南阳之舞阳县有北舞渡，恃水陆并进，商贾云集，无穷之重镇也。”

粮食是北舞渡山陕商人往来贩运的重要商货，麻油和菜油是北舞渡输出的重要商品之一。油坊业也是山陕商人经营的重要行业，油业商人曾单独集资修建老君庙。参与集资的商号，嘉庆十六年共有 15 家，都是本镇的油店。杂货也应是北舞渡商人往来贩运的大宗商品，杂货行是山陕商人经营的最重要的行业。北舞渡位于沙河上游，其杂货来源中无疑会有很大部分是从周口溯沙河而至的，也有一部分杂货来自赊旗，如道光十六年，山西“天义正记”商号在湖南购入洋糖、冰糖、纸张等货，经汉口、樊城水运抵赊旗。在赊旗雇马车、牛车将货物陆运至北舞渡，再从北舞渡雇船水运至周口出售。清中叶鼎盛时期，北舞渡的行商、坐商等各类商号合计可达四五百家。

北舞渡繁荣的商业促进了该地区金融业的产生和发展。北舞渡镇繁荣的商业贸易是该地区金融业产生与发展的前提和基础。清代北舞渡镇商业繁荣、发展的必然结果是促使该镇金融业的产生，金融业的产生又会进一步促进商业的繁荣，两者是一种相互促进的关系。清代北舞渡镇的金融业主要有当铺和票号两种金融机构组成。

在今北舞渡老街中段，仍然留存着清代当铺遗迹，此当铺建于道光八年（1828），如今保存基本完好，现在被作为天主教堂供礼拜使用，并有专人看护。据说此当铺为一个山西商人在北舞渡所建，此当铺可能属于“代当”一类，也就是山西商人雇请经纪人，携款到北舞渡镇经营以扩大营业范围，并从中获利。当铺这类具有商业性质的金融机构的存在，确实是北舞渡镇商业繁荣的表现。

在北舞渡镇山陕会馆中的碑刻中，其中咸丰二年《创建老君圣庙碑记》、同治六年《重建关帝庙正殿并补修各殿碑记》等数石记载了有关北舞渡镇票号的情况。如山西平遥的著名票号蔚盛长，捐钱3000文；山西榆次常氏家族的茶叶字号独慎玉，捐钱2000文。除了蔚盛长一类的山陕外埠票商外，北舞渡镇本地票号也随之产生，同治六年《重建关帝庙正殿并补修各殿碑记》中显示，在北舞渡本地捐款中捐钱最多者为原合兴号。原合兴号在嘉庆十六年已是一家颇具实力的油店，道光中叶，这家字号可能已转业金融，或是兼营金融业，从嘉庆到同治的六七十年间，原合兴号的经营规模有了很大发展，其经营领域也有较大转变。

二、山陕会馆

北舞渡镇由于特殊的地理位置加之交通便利，遂成为水陆交通要道与货物集散地，吸引了大批客商尤其是山陕商人来此经商。山陕商人经过一段时间的经营之后，逐渐在此定居，因“以叙乡谊，通商情，安旅故”的需要，在异地他乡，以乡贯为纽带自动联合起来，结成商帮，自筹资金，在北舞渡建立了商业会馆，即山陕会馆。

北舞渡镇的山陕会馆，又名关帝庙。有该会馆乾隆三年(1738)创建碑文《敬献供器与买地碑记》载：“北舞渡，舞阳县之巨镇也。行不数武，东南巽地有关圣帝行宫焉……创建乃山陕商人慷慨捐财，虔诚募化者也。肇于康熙六十年十二月。今正殿则翚飞鸟革，焜耀已成；享殿则鸠工庀材，辉煌告竣；至于两廊歌舞台亦轮奂俱美，巍巍乎诚舞渡之雄观也。”由此可知，北舞渡山陕会馆的创建始于康熙六十年(1721)，在此经商的山、陕两省商人共同捐资筹建，至乾隆三年(1738)初具规模。其后，该会馆在乾隆至同治年间陆续进行了多次增修、扩建。乾隆十八年(1753)修补大殿、拜殿，增修殿前甬路。至此，北舞渡山陕会馆的建设基本竣工，山陕会馆有春秋楼、大戏楼、大拜殿、卷棚、铁旗杆、配殿、廊庑、钟鼓楼、照壁、客堂等。其中，建于清道光五年(1825)的彩牌楼，轻灵中自有厚重，华丽间透着庄严，巍峨壮观，光彩照人，着实展现了我国古代建筑的优良风范和独特风格，被誉为河南清代牌楼建筑之冠。然而，咸丰九年(1859)，皖北捻军孙葵心等部在北舞渡与南阳镇总兵邱联恩3000人展开激战，山陕会馆数遭战乱，损毁严重。山陕商人于同治六年(1867)，重建关帝庙正殿、并补修各殿，这可能是该会馆最后一次重修。清末，随着北舞渡市镇商业的衰败，山陕商人再无力捐资建设会馆了。北舞渡山陕会馆的诸多建筑，大都被后人所毁，目前保留下来的只有彩牌楼和大拜殿。山陕会馆的出现与兴衰，记录了清代山陕商人在北舞渡镇经商的足迹，也是该镇变迁的一个重要的标志。

三、近代以来的历史变迁

回顾北舞渡镇的历史沿革，该镇在元代时已经有繁荣的迹象。据北舞渡二郎庙内，刻于元顺帝至正三年(1343)的碑文《护国圣烈惠灵佑仕重修庙记》中说：“去县北六十里，有镇曰北舞，地跨隐水，南北二镇，千有余家。”明代，北舞渡镇的经济逐渐发展起来，到清代达到鼎盛。清代修钟鼓楼记上说：“南阳舞阳之北舞渡，为舞阳一大都会，山陕之人，行商于南，云至而雨集。”据乾隆《舞阳县志》记载，北舞渡“因水陆适中，停泊投憩，秦晋吴楚商货往来，陆行者易舟，水行者易车。先时设牙置厂，以为招集怀远之计。本镇既五方杂处，而陆路河岸，赶纤卸载之夫，复逐日云集”。虽然北舞渡在建制上是舞阳县的一个镇，但在经济地位已超过县城。清乾隆十一年(1746)，北舞渡设墩台一座，兵营一所，拨兵四名，巡哨河岸，以加强军事管理。清代朝廷派兵驻守北舞渡镇，足见当时北舞渡市镇商业繁荣和地理位置的重要性，北舞渡成为当时区域性的经济中心。

北舞渡的商业繁荣不是建立在发达的手工业基础上，主要依靠水陆交通进行转运，一旦丧失便利的交通条件，商路变迁，商业衰落在所难免。光绪三十二年(1906)京汉铁路通车，距离北舞渡镇较近的漯河镇开始建设车站，许多聚集于此的商业开始将资本转移到京广铁路所途经漯河等地。再加上因沙河流量减少而商路不畅，铁路运输严重冲击沙颍河的水路运输地位，这导致北舞渡镇的商业一落千丈。

四、北舞渡胡辣汤

明清时期，晋商崛起，足迹遍布大江南北，山陕两省与湖广地区商货往来频繁，北舞渡作为周口与赊旗两大商镇之间的水陆过载码头，商品往来范围十分广阔，在此经商的山陕商人捐资修建山陕会馆，经常聚会交流。关于北舞渡胡辣汤的形成，据说起源于清道光五年(1825)。当年山陕会馆建成时大宴宾客，太原府的一名大厨做了一道汤，深受名流绅士称赞，这道汤便是胡辣汤。之后，胡辣汤逐渐在北舞渡流传开来，成为当地代表性的特色饮食。

北舞渡胡辣汤店的名字一般不直接叫北舞渡胡辣汤，而是在胡辣汤前加个姓氏，姓李的开的店叫北舞渡李记胡辣汤，姓张的开的店叫北舞渡张记胡辣汤，依此类推，此种格式的名字十分普遍，也有在姓氏后加上“家”字或“氏”字而命名的。经过两百多年的发展，现在北舞渡的胡辣汤分为闪、丁、吕、宛四家，其中又以北舞渡闪记胡辣汤最为有名，他们门店向外扩张，生意红火，在胡辣汤市场独树一帜。

胡辣汤的用料最常见的有牛(羊)肉、面筋、海带丝、粉丝、千张丝、花生米、香菜、姜末、榨菜、胡椒粉等。根据节令和地域的不同，还会有黄豆、木耳、黄花菜、菠菜、萝卜条、葱花等。做的时候，要先将面团揉出面筋，把盐掺入小麦面粉中，加少许水搅揉成团，然后不断加水，不停地揉洗，直到面团分离成了两部分，一部分是黏稠而有弹性的面筋，一部分是面与水融合在一起的面水。当然，现在有了面筋加工机，就不用这么费事地洗面筋了，但人们还是很喜欢手工做成的面筋，一如人们对手工面条的喜爱。据说北舞渡胡辣汤是三十几种中草药加上炖肉、胡椒、辣椒、花椒、八角等熬制的。做胡辣汤，胡椒、辣椒是不可少的，这是汤的主要调料，但到底放多少，何时放，可能各家各有绝招。

胡辣汤分牛肉、羊肉两种，牛肉胡辣汤用牛肉汤做，汤中肉用牛肉；羊肉的胡辣汤用羊肉汤做，汤中肉用羊肉。不管是牛肉胡辣汤还是羊肉胡辣汤，都要用鲜牛羊肉煮成新鲜的肉汤，煮时应该加有牛羊骨，这样汤味才会更加鲜美。将洗出面筋的面水倒入滚开的牛肉或羊肉汤中，汤自然就滑爽可口了，用小麦面加水搅开倒入滚开的牛羊肉汤中是不会有这种口感的。加入淀粉糊前是要把面筋先加入锅中煮熟的，小火烧至汤汁黏稠，再放入香菜、菠菜、粉条、海带丝、葱、姜末、精盐、胡椒粉，旺火烧沸即成。

从汤色上看，北舞渡的胡辣汤呈浅一点的咖啡色，显得十分凝重，十分有古意，仿佛承载着北舞渡镇厚重的历史。辣、香、润、滑、绵是其味道特色。

有着“中原名小吃”美誉的北舞渡胡辣汤，是中原地区小吃系列中的一绝。它源于清代，兴于民国初年，之后花样不断翻新。至今若行走在北舞渡的大街小巷口，随处都能见到它的身影。它以大众化的品位和低廉的价格，始终是人们早餐的首选。

第三节　“汉兴之地”——芒山镇

芒山镇位于苏、鲁、豫、皖四省交界处的永城市，位于河南省永城市新城区北部32公里处，地处两省四县(市)结合部，东与安徽省萧县相邻，南与薛湖镇接壤，西与河南夏邑县毗邻，北与条河乡为邻。芒山镇历史悠久，尤以厚重的汉代文化闻名，被看作汉代文化的发祥地。今日的芒山镇，凭借丰厚的汉文化历史遗存，努力打造历史文化旅游名镇。

一、汉兴之地

芒山镇历史悠久。商周时，芒砀山就有人聚居，有砀邑。春秋时属于宋国，秦置砀郡，汉置砀县，唐称凤凰城、保安镇，清代更名为山城集。1949年设雨亭区隶属安徽砀山县，1952年划归河南永城，1953年更名芒山区，1986年撤乡设芒山镇至今。芒山镇历史悠久，物产丰富，民风淳朴，被为豫东之重镇，中州名镇。

芒砀山是汉兴之地，《史记》中说：“始皇帝常曰，东南有天子气。”让始皇帝寝食难安的“天子气”就是来自芒砀山。据《史记》记载：汉高祖刘邦，时任沛县泗水亭亭长，奉命带领民夫到骊山给秦始皇筑皇陵，途经芒砀山时，有一条大蛇挡住去路，刘邦随之将白蛇一斩两半，后有一妇人说刘邦为赤帝之子，斩杀的白蛇乃是白帝之子。刘邦斩白蛇后随即扯旗造反，在芒砀山一带招兵买马，经数年征战，在公元前202年建立西汉王朝，成为汉朝的开国君主。后人为纪念汉高祖刘邦斩蛇起义，在此地立有汉高祖斩蛇碑。

“刘邦斩蛇碑”已成为无数热爱观光的人们梦寐一睹其风采的天下一大奇观。与此同时，散落在芒砀诸峰中的紫气岩、皇藏峪、高祖庙、龙泉等，以及吕雉寻夫、刘邦斩蛇、刘邦遇娇娥等生动传说，也已成为芒砀山作为“汉兴之地”的美丽“证言”。著名作家二月河写了一篇《汉风浩荡兮芒砀山》的文章刊载《人民日报·海外版》，结尾处说：“芒砀山是不能小觑的地方，已开发的和未开发的20余座汉墓都聚集在这里，品相如此优良，知名度如此之高，汉代的人文典型密集到如此地步，是我见到空前的一处。世人了解汉民族，不往芒砀山，对他会是一件很遗憾的事。”“芒”是一种水草，“砀”是一种可以制砚的石头，“芒砀”是水和山的结合词。芒砀山，作为汉兴之地，注定与大汉王朝有着不解之缘。芒砀山既无黄山之奇丽，更无泰山之雄奇，远远望去只不过是突兀拔起在黄淮平原上的几座石山丘陵而已。就是这片普普通通的山丘，因在秦汉之际曾发生过改变中国历史进程的重要事件，从古至今天下闻名。

二、汉墓文化

芒砀山西汉梁王陵墓群是目前中国所发现的年代最早、规模最大的汉墓群。西汉梁王墓地位于河南省永城市东北方向的芒山镇，该墓群埋葬着梁孝王刘武及其以后的西汉梁国八代九王、王后、嫔妃、大臣等，形成了地下宫殿群，被誉为“天下石室第一陵”。正如史学界所说，惊现于芒砀群山中的汉梁王墓葬是一个强盛的诸侯王国的历史见证。经考古调查，西汉梁王陵墓主要分布在保安山、李山头、夫子山、南山、僖山、黄土山、窑山等八座山头上，形成了一处较为集中的西汉梁国诸侯王家族墓地。由墓内出土的汉代壁画、金缕玉衣、鎏金车马器、骑马俑及大量精美的玉器，更是堪称稀世之宝。这些“斩山为廊、穿石为藏”的墓宫，工程浩大，规模宏伟。

如此声势浩大的墓葬，也就引来了盗墓贼的觊觎。宋代人陈纲在《芒砀山石壁留题》中叹道：“山名芒砀势穹崇，汉祖严祠翠霭中。紫气应时胜碧落，素灵何处泣秋风。狐鸣陈胜孤坟坏，金尽梁王石室空。毕竟乾坤归有道，谩夸扛鼎力英雄。”《曹操别传》记载：东汉末年，三国征战，曹操兵饷奇缺，便“引兵入砀，发梁孝王冢，破棺收金宝数万斤”。至今，芒砀山已发现并出土了大小汉墓二十余座，出土了文物两万余件。《四神图》彩色大型壁画，是我国目前发现的唯一一幅西汉早期墓中壁画，研究价值极高，在美术考古中占有极为重要的地位。它的年代早于敦煌壁画630多年，被专家赞誉为“敦煌前的敦煌”。

在这个庞大的汉墓群中，最著名的墓葬是梁孝王的陵墓。梁孝王墓位于芒砀山南脉保安山东侧山腰。梁孝王名刘武，汉文帝次子，汉景帝之弟，初封代王，后封淮阳王，文帝十二年(前168)改封为梁王，史称梁孝王，曾坐拥三百里江山，富可敌国，死后葬于此。其墓斩山为椁，穿石而藏，墓门向东，墓长56.62米。梁孝王墓葬与其他梁王墓葬最大的不同在于，梁孝王墓葬的东边配有庞大的寝园建筑。依据汉朝制度，在当时只有帝王的陵墓方有资格建筑寝园，由此可以看出，梁孝王的墓葬是按照汉代皇帝的级别与规格来建造的。

其次是梁孝王王后墓。王后墓的面积比梁孝王的墓葬还要大，李王后的墓葬级别同梁孝王的墓葬几乎一样，同样是“斩山为廊、穿石为藏”的庞大的岩洞墓，规模庞大，结构复杂。该墓是一个由两条墓道、三条甬道、前庭、前室、后室、隧道、排水系统和34个侧室等部分构成的庞大地下建筑群。李王后墓自东向西总长度为210.5米，最宽之处可达72.6米，墓内最高处4.4米。其后室是主体建筑部分，前室的西部有一斜坡甬道与回廊和后室即主室相连通，后室北壁凿有棺床室、侧室和过道，周围有回廊环绕，通往过道的西壁有两个小侧室，北侧室为厕所，南侧室为浴室。厕所内设有便池和扶手等，这也许是我国坐便器最初的原始形态。更为特别的是，南回廊的东段南侧有一仿楼阁式侧室，即“储冰室”，据说这是我国最早的“冰箱”。因为这个墓从东到西贯穿了整整一座山，所以当地老百姓用这样一句话来形容李王后墓葬的庞大：“从山东到山西。”该墓建造时长20多年。

总之，在汉梁王墓葬群中，每一座都是宝库。对芒砀山汉代梁国王室墓群，国家非常重视，1991年国家文物局下发《关于永城芒砀山文物保护工作的意见》，永城芒砀山为汉代梁国王室陵墓所在地，从已掌握的资料看，墓地规模宏大，墓室结构复杂，是我国乃至世界罕见的大型石室陵墓群，具有极为重要的历史、艺术、科学研究价值。

三、独具特色的芒山庙会

芒山古庙会是豫、鲁、苏、皖四省结合部数百公里内最大的千年古庙会，素有中原庙会第一乡的美誉，集商贸、旅游、文化、宗教、美食于一体，充满浓厚地方特色的汉族民俗文化盛会。芒山古庙会起始于唐，兴于宋，至今已有一千多年的历史。庙会一年四次，以农历三月廿日开始的春季庙会最为著名，会期均为十天左右。古代庙会以敬神上香、求子祈福为主要活动，芒砀山庙会主要是文化旅游活动，庙会上各种传统的民间手工艺品、土特产品、民间特色小吃、民间绝活等具有古汉文化性质的娱乐活动，庙会期间推出各种汉文化礼仪展演活动。在芒山庙会上可以吃到芒山镇各种特色小吃，如牛肉煎包、卤羊头、蒸槐花等。除此，芒砀山开发了钟馗醉酒、关公祭刀、“汉傩舞之合二神”、奎星等脍炙人口的节目，其中，汉傩被誉为“中国舞蹈活化石”。

芒山庙会不仅为各路商贾、游人、香客提供了一个增进友谊、交流合作的平台，在苏、鲁、豫、皖四省具有较大的影响，对于传统汉家文化的传承与发扬也有很大的帮助，是豫、鲁、苏、皖四省结合部历史最悠久，规模最大的物资集散地和民间艺术节。

四、豫东旅游名镇

近年来，芒山镇在立足汉文化富集的资源优势，围绕做大做强汉文化旅游业，发展特色旅游经济，以新农村建设、旅游区开发和小城镇建设为载体，着力把芒山镇打造成一个以发展旅游业、商贸业以及相关服务型第三产业为主导的富有汉文化特色的区域性旅游风情古镇。目前，芒山镇旅游开发初具规模，芒山镇境内的芒砀山旅游区，是国家 AAAAA 级旅游景区、中国汉文化研究基地、国家港澳青少年内地游学基地、全国重点文物保护单位、国家级服务业标准化试点单位、河南省研学旅游示范基地、河南省钻石级智慧景区。

芒砀山旅游区是集山水观光、文化观赏、生态休闲于一体的综合性旅游景区，面积为 14 平方公里，群峰争秀，风光旖旎，历史厚重，文化神秘。这里有世界上规模最大的地下西汉梁王陵墓群——汉梁王陵景区、汉高祖刘邦斩蛇处、大汉雄风景区、芒砀山地质公园、陈胜园景区、夫子山景区、僖山景区等主要景点。西汉梁王陵内出土的国宝级文物“四神云气图彩绘壁画”

“金缕玉衣”等中华瑰宝交相生辉。

芒砀山旅游区文化内涵厚重，人文景观遍布，作为大汉王朝的起始地，芒砀山曾是西汉三百里梁园最精华的部分。十三连峰的地表景致与地下宫殿的人文遗存，共同构成了芒砀旅游由自然风光到人文历史的立体图样。

芒山镇已成为豫东旅游历史名镇，拥有众多的桂冠，成为“全国小城镇建设试点镇”、第三批“全国发展改革试点镇”、河南省“奔小康科普示范镇”、河南省“十二五”期间十大文化产业集聚区之一，河南省“特色文化产业镇”“历史文化名镇”，是永城市“汉兴之地、能源之城、面粉之都、生态之市”四张名片之“汉兴之地”，永城的副中心城。

第四节　“天下第一庄”——台儿庄

台儿庄位于山东省最南部，地处鲁苏交界处，素有山东南大门之称，历来成为兵家的必争之地。台儿庄的名字始见于《明史》和明两代碑文，明正德年间立于泰山庙中的碑文称“台家庄集”。《明史·河渠志》云：“与台家庄、侯家湾、良城诸处，皆山冈高阜，多砂礓、石块，极难为工。”明崇祯十二年(1639)，扬州道在台儿庄东南黄林庄村前立河防碑一通，戴有“南自清河县起、北至台儿庄止，此三百余里之内尤为灌薮”。综上，当时有“台儿庄”“台家庄”两种不同的名称。

一、因运河而兴的商贸重镇

明清时期的台儿庄，水路南通沪杭，北上京津，交通便捷，地理位置重要，素有“天下第一庄”之称，为运河沿岸重要的商贸城镇。

明朝万历二十一年(1593)，为摆脱黄河泛滥淤塞对京杭大运河的影响，朝廷下令对运河治理改道，由济宁经微山湖向东经台儿庄南下，这段运河全长40余公里，是整个京杭大运河中唯一完全东西流向的一段。台儿庄依托京杭大运河的航运条件，迅速崛起。万历三十四年(1606)，台儿庄设立巡检司，领韩庄至邳州运河段260余里之河务，兼理地方社会治安。《明史·地理志》记载:“又东南有台庄巡检司,万历三十四年置。”继之设县丞署、官运亨通备署。人口多至数万,成为峄县40集镇之首。

清乾隆、嘉庆年间(1736—1820),台儿庄运河漕运进入鼎盛时期。台儿庄不但成为南北漕运枢纽、水旱码头,而且成了沟通鲁苏豫皖乃至江淮浙沪的重要货物集散地,人流、物流空前活跃。康熙、乾隆两位皇帝每每乘船经运河到江南巡视时,都要在台儿庄登岸下榻或巡察,留下了种种风雅传说。《清史稿》记载,康熙四十六年初,颁下圣旨:“南巡阅河,往返舟楫,不御室庐。所过勿得供亿。”开始了他的最后一次南巡,等御舟到了台儿庄,男女老少皆跪伏舟边,献上吃食,请康熙上岸稍作休息,康熙召集老百姓询问农田作物和生活,殷切问候之后方才出发。另据《峄县志·宦绩》卷载:“康熙间,黄河决,花山徐邳宵,漕运中梗。”康熙南巡,“驾驻河上”,一位名叫曹自新的乡宦率数十万士民迎銮朝见,“口析水患数千言”。康熙“即敕河臣覆勘,给币修筑”。皇帝亲自接待“群体上访”,此举可见其政风之一斑,颇有千古明君的气度。另一位热衷南巡的皇帝乾隆曾六下江南,台儿庄自是水路的必经之地,到乾隆皇帝第四次下江南由杭州返回时,途经台儿庄,并于码头登岸入城,御笔亲题“天下第一庄”。

由乾隆至嘉庆年间,台儿庄一直是鲁南苏北交通贸易重镇,“繁荣富庶,以致商旅所萃,居民饶给。村镇之大,甲于一邑”(《峄县志》)。商号、店铺如雨后春笋,多至数十家,大多集中在繁荣街、丁字街和月河街。清末秀才、台儿庄人胡小鲁《啸庐诗文》中说:“约台之民,商贾过半。”诸商号、店铺为了便于从水上装卸货物,便在运河北岸修建了一些石阶码头。从台儿庄西门到小南门,建有典当、四十万、郁家、双巷、王公桥、骆家等10余处码头。城内衙门大街(繁荣街)、丁字街、月河街、顺河街、鱼市街等12条街道,1公里长的后大路接车大路,连接西门、小北门、大北门、东门和大南门。城内有5000户人家,24300余人,房屋约2000间。当时的台儿庄,“商贾迤逦。入夜,一河渔火,歌声十里,夜不罢市。”《峄县志·古迹考》上说:“台庄濒运河,商贾辐辏,阛阓栉比,亦徐(州)兖(州)间一都会也。”

二、“天下第一庄”——台儿庄古城

清顺治四年(1647)，兖东道兵备副使蒋鸣玉议建台儿庄土城，“上下咸协无异”，委托峄县县丞雷炷主持此项工程，以峄县的赋税钱粮以及当地士绅的捐资辅助，翌年竣工。《峄县志·建置》载：“台庄城，(峄)县东南六十里，顺治四年兖东道蒋鸣玉议建，祝思信继之，县丞雷炷督其役，逾年工始竣，今已废。乱时，居民因旧基筑圩以守。”土城南傍运河而建，东西长 2.5 公里，南北宽 1.25 公里。城墙高 4 米，护城河宽 10 米，深 2 米，首尾衔接运河。这时，峄县管河县丞署移至台儿庄大南门里 100 米处，占地 1 亩，有瓦房 7 间，俗称“小衙门”。康熙二十二年(1683)，沂州镇标前营移驻台儿庄，改称台儿庄营，始设参将署，为三品参将行署，在繁荣街西段街北、箭道街西，占地 4416 平方米，砖墙瓦房 50 间，建筑面积 684 平方米，大门朝南，东、西各建花门一个，俗称“大衙门”，直至宣统元年(1909)撤销。参将署左侧(东侧)为守备署，占地约 4 亩半，房屋近百间，其中瓦房 30 间，其余为草房；右侧(西侧)为总兵行署，占地 1 亩 3 分，四合房，大门朝东，有门楼照壁，瓦房 15 间，为总兵起居、办公处，俗称“大局子”。参将署后边有箭道，城西部有演兵场和校场。台儿庄土城后来屡经农民起义军攻掠，已无护城作用。

清咸丰七年(1857)，由地方圩练长尤训光发起，各地募捐，再次修筑台儿庄城墙，西城墙东移 1 公里。至此，台儿庄城东西长 1.5 公里，南北宽 1.25 公里。城墙底部为土台子，墙高 4 米，上砌垛口。城墙自底沿而上向内倾斜，砖墙内筑土坯，上宽近 3 米，可在城墙上拉大车。建城门 6 座：东门曰仰生，西门曰台城旧志，北门曰中正，小北门曰承恩建露，南门曰惠迪吉，小南门曰迎祥。东、西、南、北 4 门各建有两层门楼，高约 7 米，上有岗楼，下为通道，可行大车。

台儿庄地处要津，历来为兵家必争之地。清咸丰八年(1858)秋，捻军首领张乐行、刘天福探知“台(儿)庄为峄巨镇，商贾辐辏，富于县数倍”(《峄县志·大事记》)，为筹措军饷，遂率兵数万，自丁庙闸渡过运河，直攻台儿庄。清参将营老弱士兵仅数百人，又多空额，仓促不能应战，遂弃城逃遁。捻军长驱直入，唾手得城，三日后离去。咸丰十年(1860)，“北汉王”刘平亲率10万辐军攻下台儿庄，并在这里设立军营。1938年春夏之交发生的中日台儿庄大战，既使英雄的台儿庄名扬世界，被誉为中华民族扬威不屈之地，也使古老文明的台儿庄城变为一片焦土。曾参加清扫战场的别志南先生，有诗记录下当时的惨景：“三千人家十里街，连日烽火化尘埃。伤心几株红芍药，犹傍瓦砾惨淡开。”

为纪念台儿庄大捷，国民党中央政府准备将已变成一片废墟的台儿庄改建为一座模范城市。国民党中央社1938年5月7日播发了《战后台儿庄将改建为模范城市》的新闻电讯稿，报道说：“行政院战区赈济专员曹仰植对中央社记者谈，中央为纪念最近之大捷起见，准备将已成废墟之台儿庄改建为一模范城市，现不久即将开始募款为建设之费用。最近中央拨款15万元，救济台儿庄战区之难民。此款不敷远甚，故此款虽即将平均分配各难民，但仍聆各方能热心捐助，救济该地之难民云。据曹氏统计，台儿庄原有居民二万人，而台儿庄至临沂之间，居民达十万人，此辈现均无家可归。”这段报道记者通过采访行政院战区赈济专员，证实国民党中央政府计划将战后台儿庄改建为一座模范城市，并已拨款救济难民。可是由于连年战乱，国民党中央政府“将战后台儿庄改建为模范城市”的愿望一直没有实现①。

新中国成立后，政府对大运河进行了大规模整修，使其重新发挥航运、灌溉、防洪和排涝的多种作用，部分河段已进行拓宽加深，裁弯取直，新建了许多现代化码头和船闸，航运条件有所改善。江苏邳县以南的660多千米航道，500吨的船队可以畅通无阻。1988年底建成的京杭运河和钱塘江沟通工程已将江、河、海衔接起来，这为台儿庄复建创造条件。2008年4月8日，在纪念台儿庄大战胜利七十周年的活动上，枣庄市人民政府正式宣布，启动台儿庄古城重建工作。2013年8月5日，古城重建项目全面竣工。

台儿庄古城具有千年运河上最完整的运河文化遗产体系，台儿庄是京杭大运河上迄今为止唯一村庄类的遗产。复建后的古城区内仍保留长达3公里

---

① 《台儿庄战后复建实录》，http://news.sina.com.cn/o/2017-01-10/doc-ifxzkfuh6471664.shtml.

的古运河河道及明清时期的街巷、码头等遗址，古城城市肌理、道路和水系框架基本完整，台儿庄是中国最后一座“活”着的运河古城。台儿庄运河又被称为“活着的古运河”“京杭大运河仅存的明清文化遗产”。丹麦旅游专家彼德森说：“我梦寐以求的中国大运河就该是这个样子。”台儿庄是运河文化的典型代表，它南北交融、中西合璧，徽商、晋商、浙商、闽商、粤商等各路商贾纷纷云集于此，定居经商，带来了不同的文化。城内建有晋派、徽派、闽南等八种建筑风格的商铺、民居、书院，荟萃了包括道教、佛教、伊斯兰教、基督教、天主教等世界主要五大宗教，以及文昌阁、关帝庙、泰山娘娘庙、妈祖庙等中国主要民间信仰的72座庙宇，衍生了江米鸡、黄花牛肉面等南北风格交融的特色饮食，形成了3000里运河沿线独有的文化特征。现在的台儿庄，已经成为全国第一座二战纪念城市、全国首家海峡两岸交流基地、美丽的东方古水城，国家AAAAA级景区。

三、抗战史上光辉的一页——台儿庄大捷

台儿庄是徐州东北运河岸边的战略要地，位于津浦线台枣(庄)支线及台潍(坊)公路的交会点，扼运河的咽喉，是徐州的门户，在军事上有着重要的地位。1938年3月23日至4月8日，日军攻陷了南京，急欲打通津浦线，夺取徐州，然后循陇海线西进，取道郑州南下，占领中国抗战的中心城市——武汉。为了阻止日军的进攻，中国军事当局调集了七八万军队，于1937年10月12日任命李宗仁为第五战区司令长官，驻节徐州，指挥津浦线的防御战，

台儿庄战役，又称台儿庄会战或鲁南会战。它由临沂阻击战、滕县保卫战和血战台儿庄等一系列战役战斗组成。临沂阻击战是台儿庄战役的序幕战。1938年1月下旬至2月初，日军第五师团沿胶济路西进至潍县，然后一路南下，直扑鲁南重镇临沂，其意图是要配合沿津浦路南下的日军第十师团，形成在北线攻击徐州的左右两臂，从中路和东路两面包抄合击徐州。

临沂为鲁南重镇，为徐州东北之屏障，得失关系全局。李宗仁急调驻守东海、连云港一带的第三军团庞炳勋部，火速赶到临沂，固守县城，堵截敌

人前进。3月10日，日军第五师团约2万人在坦克、飞机与炮兵火力掩护下，向临沂猛攻。国民党第三军团只有5个团据城死守，伤亡极大，连电告急。李宗仁即令张自忠之第五十九军紧急驰援临沂。张、庞原都属冯玉祥的西北军，因中原大战冯部失败，庞炳勋趁机想以武力兼并张自忠部而结怨，但经李宗仁劝导，晓以大义，张自忠表示："绝对服从命令。"3月14日，张自忠率第五十九军强渡沂河，与庞炳勋守军合力夹击，激战5昼夜，重创日军，迫敌于3月18日向莒县逃窜。临沂阻击战，中国守军以伤亡3000余人的代价，毙伤日军精锐师团3000余人，从而粉碎了日军第五、第十两师团在台儿庄会师的计划。

沿津浦路南犯的日军第十师团濑谷支队，于3月14日开始由邹县以南向滕县进攻，中国守军第二十二集团军第四十一军英勇抗击。3月15日，日军围困滕县城，次日凌晨在炮火和飞机轰炸下发起总攻。驻守滕县的中国军队是国民党第四十一军孙震部的川军，在代军长兼一二二师师长王铭章的指挥下，中国守军连续打退日军6次进攻，坚守整日，誓与城池共存亡。3月17日上午，日军又以50多门大炮和20余架飞机轰炸滕县城，全城一片火海。3月18日，滕县失守，师长王铭章在指挥战斗中不幸中弹牺牲，中国守城官兵5000余人壮烈殉国，日军死伤2000余人，这就是著名的滕县保卫战。中国守军一二二师以寡敌众，阻敌南下，为国民党第五战区调集部队守卫台儿庄的战略部署赢得了时间，谱写了川军史上悲壮的一页。临沂阻击战和滕县保卫战有效地阻击了日伪军向台儿庄的快速集结，挫败了日军由津浦路和临沂两路夹击台儿庄的计划，奠定了整个台儿庄战役胜利的基础。

1938年3月20日，日军第十师团濑谷支队在连陷临城、枣庄、韩庄后，不顾第五师团和第十师团长濑支队在两侧进攻受阻，孤军深入，向台儿庄突进，企图一举攻占徐州。李宗仁为保卫徐州，令孙连仲第二集团军的3个师扼守台儿庄；令汤恩伯的第二十军团让开津浦路正面，转入侧后的抱犊崮东南山区，诱敌深入，待日军主力直扑台儿庄时，即行南下击敌之背，协同孙部将敌围而歼之。3月24日，日军濑谷支队在飞机、炮火与坦克的掩护下，猛攻三昼夜，冲入城内，与中国守军第二集团军展开激烈争夺战。至3月27日，中国守军第二集团军已伤亡过半，指挥官三十一师师长池峰城率部与敌展开了激烈肉搏巷战，战况惨烈。3月28日至29日，守军与日军展开反复拉锯战，予敌以重大杀伤。日军不断增兵，战斗形成胶着状态。

3月29日，蒋介石下达了死守台儿庄的命令。李宗仁即令第二集团军死守台儿庄阵地。同时再次严令二十军团主力向台儿庄机动，协助第二集团军夹击台儿庄之敌。日军为解台儿庄正面之围，令正在攻击临沂的第五师团坂本支队停止攻击，转向台儿庄驰援。坂本支队31日进至向城、爱曲地区，即被守军第二十军团第五十二军卷击包围，救援濑谷支队的计划落空。

李宗仁根据战局发展，于4月2日下达合围歼灭台儿庄地区日军的命令：以第二十军团为右翼兵团，向台儿庄左侧背之敌攻击；第二集团军为左翼兵团，消灭台儿庄之敌；第三集团军为堵击兵团，进至枣庄、临城以北，断敌后路。

4月3日，中国守军向台儿庄之日军发起全线反攻，激战4天，歼灭日军濑谷支队大部、坂本支队一部，其余日军残部于4月7日分向峄县、枣庄撤退。

在历时近一个月的激战中，中国守军歼灭日军机械化部队第十师团与第五师团11000余人，俘获719人，缴获战车50余辆，击落敌飞机2架，大炮31门，各种枪支万余支，沉重打击了日本侵略者的嚣张气焰，粉碎了日军“三个月灭亡中国”的计划，再次打破了“日军不可战胜”的神话，极大地鼓舞了全国军民坚持抗战的必胜信心，在中国抗日战争史上写下了光辉的一页。中国军队参战部队共6万余人，伤亡近2万人。

台儿庄战役期间，中共山东党组织积极组织广大军民配合正面战场作战。沛县人民抗日义勇队三次袭击临城日军，多次破袭津浦铁路及临枣支线，割断大量敌军电话线使敌交通通信中断。山东西区人民抗敌自卫团派出三个大队，炸毁万德车站附近的铁路桥和公路桥，并在北集坡车站附近设伏，炸毁敌军车一列，使日军半月之内无法通车。冀鲁边区八路军一一五师永兴支队和一二九师津浦支队，在津浦路德州以北地段进行破袭战，攻克乐陵、庆云县城；清河和鲁中的八路军第三支队与第四支队在胶济路西段进行破袭战，破坏铁路数十里，毁机车3台，并一度攻克淄川的洪山矿区，同时配合国民党地方军孟昭进部攻打济南。聊城的范筑先部也派出部队逼近济南一带英勇抗敌，从而为台儿庄战役的胜利做出重要贡献，显示了以国共两党为主体的抗日民族统一战线的强大威力。

毛泽东在《论持久战》中写道：“每个月打得一个较大的胜仗，如像平型关、台儿庄一类的，就能大大地沮丧敌人的精神，振起我军的士气，号召世界的声援。”周恩来也评价说：“这次战役，虽然在一个地方，但它的意义却在影响战斗全局、影响全国、影响敌人、影响世界。”李宗仁回忆道：“台儿庄区区之地，经此一战之后，几成民族复兴的新象征。我军得此鼓励，无不精神百倍，各处断壁颓垣之上，都现出一片欢乐之情，为抗战发动以来的第一快事。”

台儿庄大捷，不仅极大地鼓舞了全国人民抗战必胜的信心，在国内外产生了巨大影响，也使日本侵略者为之胆寒，不得不承认中国守军的英勇顽强。台儿庄之战的胜利，主要是第五战区指挥得当，广大官兵浴血奋战的结果。同时，广大人民群众的支援也起了有力的配合作用。此战的胜利，是全国军民同仇敌忾，誓死御敌，决心为保卫祖国流尽最后一滴血的英雄气概的充分体现。

台儿庄在这场战争中一战成名，扬威天下，但也使这座繁华古镇房无完房，墙无完墙，两万多间房屋建筑“无半掌之壁不饮弹”，两平方公里的城区“无方寸之土不沃血”。台儿庄被誉为“中华民族扬威不屈之地”。

四、美食与非遗

台儿庄的美食花样繁多，琳琅满目，五味杂陈，来到台儿庄可要好好品尝一下当地的特色美食，欣赏当地的“非遗”。

1.辣子鸡

台儿庄地处南北文化交汇之处，不同品类的家鸡随着外来人口汇集台儿庄，经过自然杂交，形成了相对定型的鲁南鸡种，为辣子鸡的开发奠定了基础。相传，辣子鸡在乾隆年间就已经在餐馆、酒店出现，成为独具特色的美食。在台儿庄吃饭，辣子鸡是餐桌上必备的一道美食，可见人们对辣子鸡的喜爱。辣子鸡需选用农家小公鸡，经过爆炒，肉质鲜嫩可口，色香味俱全，这时再吃上两个大烧饼，这滋味辣而不腻，还能驱寒除湿。

2.菜煎饼

在台儿庄的大街上，“菜煎饼”的招牌随处可见，是当地的特色小吃。菜煎饼制作简单，主要原料有：白菜、胡萝卜、韭菜、粉丝等日常生活中常见的蔬菜，有十几种菜品由食客根据其口味选择，现做现卖热煎热吃，食用方便且美味可口。菜煎饼呈现长方形，做好的菜煎饼有着金黄色的光泽，外酥里软，咬一口，浓浓的香味就会绕在齿颊间。台儿庄的菜煎饼比别的地方略有不同，在传统菜煎饼的基础上，又开发了新的品种，特别是卷上辣子鸡的口味煎饼格外受到顾客的喜爱，将两者结合在一起后，便形成了更加独特的口感，既有了辣子鸡的辣，也有菜煎饼的淳香，香喷喷的菜煎饼让人胃口大开。

3.四孔鲤鱼

来了台儿庄，自然还要吃一吃四孔鲤鱼。此鱼在清朝曾受到乾隆皇帝的赞誉，毛泽东主席也称赞“名不虚传”，因此，四孔鲤鱼名扬天下。四孔鲤鱼古代为朝廷的贡品，现在时常作为国宴。其为微山湖特产，“四孔鲤”跟别的鲤鱼的最大不同，就是生有四个鼻孔，既好看又好吃，是鱼中的极品。用四孔鲤鱼做的“糖醋鱼”吃起来外酥里嫩，“红烧鱼”吃起来外润里嫩，“香辣鲤鱼”配上特有的辣汁，既入味又保留了鱼的鲜味，让人回味无穷。

台儿庄的美食品种多样，衍生了江米鸡、黄花牛肉面等南北风格交融的特色饮食，还有张家狗肉、赵家鸡、冯家驴肉等美食，会感受到绝佳的味蕾体验。这些特色美食是台儿庄的历史，也是独一无二的地域文化。

4.鲁南皮影

“一口叙说千古事，双手对舞百万兵”，这是人们对于皮影艺术的赞叹，台儿庄城内的鲁南皮影戏起源于清朝末年，流传至今已有一百多年的历史，鲁南山花皮影作为皮影唱腔众多流派中的一种，于2013年被列为国家级非物质文化遗产保护项目。皮影的操作对手艺人有着极高的要求，只有手指灵活屈伸自如才能让一个个小皮影活起来，一块幕布，几个小人以丰富的表情、灵活的动作，将人们生活中喜闻乐见的、书中巧妙绝伦的故事都在手艺人的手下展现得淋漓尽致，让人叹为观止。

5.运河大鼓

运河大鼓是大鼓演奏的一种形式，具有400多年的发展历史，运河大鼓的伴奏乐器是一面大鼓，一副钢板，左手持钢板，右手敲鼓。艺人以坐唱为主，唱到激昂处，也要站起来手舞足蹈。在过去很长的时间里，靠大鼓卖艺杂耍的人丰富着当时人们的生活，是人们在农耕空闲之后喜闻乐见的方式，大鼓手艺者的受追捧程度不亚于现在当红的影视艺人，运河大鼓也入选2007年山东省第一批省级非物质文化遗产。

第五节　昔日繁华胜地　今为旅游重镇——河下镇

河下位于淮安市楚州城区西北隅，古邗沟入淮处的古末口，曾名北辰镇，是淮安历史文化名城的核心保护区之一。2002年7月，河下古镇被国家建设部、文化部评定为首批全国30个重点保护历史街区。2015年10月，河下古镇作为周恩来故里景区被评定为国家5A级旅游景区。

一、明清时期的商贸重镇

河下古镇的历史有2500年之久。公元前486年，吴王夫差开凿了沟通长江和淮河的邗沟，在淮安城北河下(当时称末口)与淮河相接，以利于向北方运送军队和粮草。605年，隋炀帝又开凿了大运河(当时称山阳渎)，沟通江淮的水路交通。周世宗伐南唐以后，即于此建满浦关以通水路。后又建坝筑闸，更将闸改为坝。宋隆兴中(1163—1164)，魏胜与金人打仗，即由此调兵运粮。韩世忠、梁红玉曾驻兵于此，与金兵对抗。在元朝时，山阳县儒学就建在河下，到了明朝洪武年间才迁入县城。明中期以后，淮北盐运分司署迁移到淮安河下，而淮北批验盐引所改驻河下镇大绳巷，负责护盐的淮北巡检则移驻河下乌沙河。淮河“产盐地在海州，掣盐场在山阳”，河下遂成为淮北盐的必经之地。可见明朝时期盐业的发展是促进河下镇发展的重要因素。盐业的兴隆，使河下聚集了众多盐商。这些徽商迁居河下，使得河下镇迅速崛起，成为繁荣的城镇。

清代朝廷特派盐运使驻于淮安河下，主管盐政，并分巡各盐场。沿海各地所产淮盐，全部运到河下，经检验抽税后再分运各地销售，由此可见河下镇地位重要。据清同治《山阳县志》记载："城西北关厢之盛，独为一冠邑。"此处的城西北关厢，就是河下镇。河下镇是明清时期两淮运河沿岸著名市镇，是山阳县内第一大城镇。河下镇在最为繁荣时有22条街、91条巷、13坊，街衢繁密。有史料记载，这里"高堂曲榭，第宅连云"。徽商程氏"以满浦一铺街为商贾辐辏之地，地崎岖，不便往来，捐白金八百两，购石板铺砌，由是继成善举者指不胜屈。郡城之外，悉成坦途"。这些铺街的石板多是徽商从各地运来。盐业的兴盛使得河下一带的商店林立，市场繁荣，如西湖嘴市、相家湾市、姜桥市、罗家桥市、米市、柴市、西义桥市等。与人文蔚起相对应，修建园林成为徽商的一种时尚，经过多年不断经营，河下园林有近七十座之多，其中以曲江楼、菰蒲曲、荻庄尤负盛名，皆为徽商园林别墅。繁荣的河下吸引了各地的商人，先后建有新安会馆、福建会馆、润州会馆、定阳会馆、四明会馆、江宁会馆、江西会馆、湖北公所等。

《淮安河下志》曾记载河下镇东山的繁华商业盛景："方盐策盛时，诸商声华煊赫，几如金、张、崇、恺，下至舆台厮养，莫不璧衣锦绮，食厌珍错；阛阓之间，肩摩毂击，袂帏汗雨，园亭花石之胜，斗巧炫奇，比于洛下。每当元旦、元夕、社节、花朝、端午、中元、中秋、腠腊，街衢巷陌之间，以及东湖之滨，锦绣幕天，笙歌聒耳，游赏几无虚日。而其间风雅之士倡文社，执牛耳，招集四方知名之士，联吟谈艺，坛站之盛，甲于大江南北好行其德者，又复振贫济弱，日以任恤赠济为怀，远近之挟寸长、求嘘植，及茕独之夫，望风而趋，若龙鱼之走大壑，迹其繁盛，不啻如《东京梦华录》《武林旧事》之所叙述，猗欤盛哉。"明弘治年间，邱浚写了一首《过山阳县》诗："十里朱旗两岸舟，夜深歌舞几曾休。扬州千载繁华景，移在西湖嘴上头。"西湖嘴在运河东岸，即指河下。河下的繁华可见一斑。鼎盛时期河下有44座桥梁，102处园林，63座牌坊，55座祠庙。

二、古镇文脉

1.西游文化

被誉为中国古典四大名著之一的《西游记》就诞生在河下古镇。《西游记》作者吴承恩为明代山阳县人，其故居即坐落在河下古镇打铜巷。吴承恩出生于一个亦儒亦商的家庭，其曾祖、祖父是读书人并做过县学教官，父亲是一位小商人。吴承恩从小发愤读书，“髫龄，即以文鸣于淮”。然而，他几次参加科举考试，均场场败北。有学者研究认为，吴承恩少年时代即非常喜爱通俗古典文学，特别是神话故事，加上他一生好学，“读尽天下书”，文学功底坚实深厚，使其在文学方面取得了巨大成就。

《西游记》被学者称为一种耐人寻味的文化现象。它是架构在中国传统文化的深厚土壤之上的，所依据的社会背景、所反映的思想文化氛围是广阔而深邃的。它足以展现中华民族的文化精神，显示中华优秀传统文化的神奇魅力，从而也就具有了十足的征服力和影响力。它征服了一代一代中国人的心，甚至也为海外大众所倾倒、所痴迷。吴承恩以现实社会为背景，巧妙地将历史本事与神话传说、民间故事结合起来，赋予了强烈的浪漫主义色彩，《西游记》中淮安地方民间传说和方言特色得到了淋漓展现。

2.科举文化

经济基础决定上层建筑，来自各地的商人在河下经商富裕之后，非常重视自己的子弟教育，延请宿儒名师为其子弟授课。数百年间，河下人文蔚起，据史料记载，仅明清两代，这里就出过67名进士、123名举人、12名翰林，而且状元、榜眼、探花“三鼎甲”齐全，有“进士之乡”之美誉。

据现有资料考证，河下古镇所出的第一位进士应为唐代诗人赵嘏，其于唐会昌二年中进士，官至渭南县尉。《全唐诗》收录了赵嘏《渭南集》，称其“为诗赡美”。至明嘉靖二十年(1541)，河下古镇出了第一个状元——沈坤，官至国子监祭酒。沈坤还是吴承恩少年时期的同窗以及儿女亲家。嘉靖三十五年秋，其母病故，辞官归葬，在家守制。其时，适逢倭寇来犯，沈坤拿出全部积蓄，组成“状元兵”，开展抗倭斗争，被誉为“抗倭状元”。明崇祯四年(1631)，河下古镇19岁的夏日瑚中“探花”，崇祯七年封江川王。

清乾隆五十四年(1789)，出生于河下古镇一破落盐商家庭的汪廷珍高中“榜眼”，授编修，官至礼部尚书，协办大学士，加太子太保，赠太子太师，升任“上书房总师傅”，为道光皇帝“御先生”，著有《实事求是斋诗文集》。更为传奇的是，汪廷珍的学生及同乡李宗昉也于清嘉庆六年(1801)高中“榜眼”。汪、李被称为“师徒榜眼”。

明清时期，河下古镇还出现过“进士家族”。从明宣德年间、天顺年间到成化年间，河下读书人沈翼及其子沈宝、其孙沈纯，“祖孙三代”都先后高中进士，被传为美谈。

3.美食文化

河下古镇作为运河之都淮安的一个重镇，到隋唐时期已经是相当繁华的消费集中地带，特别是明清两代，由于漕运、盐运的空前发展，大批南来北往的商贾名流在此定居，经济和文化都十分繁荣，也逐步形成了南北口味兼容、独具特色的淮菜佳肴，并成为淮扬菜系的一个重要发源地。

淮扬菜与鲁菜、川菜、粤菜并称为中国传统四大菜系。据史料记载，淮扬菜始于春秋，兴于隋唐，盛于明清，并逐步发展为全国著名的淮扬菜系，素有“东南第一佳味，天下之至美”的美誉。淮扬菜发源于处在我国南北分界线上的淮安，其风味咸甜适中、南北皆宜。因而一直被作为中国“国宴”的主要菜品。早在1949年10月1日晚于北京饭店举行的盛大国宴上，就选用了淮扬菜，因而淮菜也被誉为“开国第一宴”。

在淮扬菜中有许多名菜便起源于河下古镇，如被誉为“江苏十大名菜之首”的“淮安软兜长鱼(鳝鱼)”。据《淮安府志》记载，清咸丰元年(1851)，河下宴乐饭店厨师张恺创制出名扬海内外、有108道不同做法的“长鱼席”，其中就包括“软兜长鱼”。

早在2002年，就被国家评为“中国名菜”的淮安蒲菜(亦叫“淮笋”)也在此“发明”。据《山阳县志》记载，韩世忠、梁红玉夫妇镇守楚州抗金时，三万将士即以清香入口、去热解渴的蒲根充饥，故蒲菜又被称为“抗金菜”。

坐落在河下古镇的百年老店——文楼，因出产“文楼汤包”而闻名遐迩。

据记载，清道光年间，文楼厨师陈海仙选用蟹黄、虾米、鸡丁等 20 多种原料，精制成“尽汤馅水调面”的汤包。其特点是：皮薄透明而不破，口张汤满而不溢，蟹黄鲜美，爽滑不腻。1997 年，文楼汤包被中国烹饪协会授予“中华名小吃”称号①。

三、因运而兴，因运而衰

河下主要是依靠运河转运纲盐而兴，再带动其他商业聚集，繁盛一时。纲盐法创行于明万历四十五年，它是把商人所领盐引编为纲册，凡纲册有名者，就具有永久性和垄断性，无名者不得加入。这对于解决当时产销矛盾，方便商运，疏销积引，曾起到积极作用。

清代承明末纲盐法，略有损益。至乾隆时期，淮盐的生产和销售进入黄金时代。到清朝中后期，由于盐税逐步加征，各级官吏不断盘剥，加之捐输报效频繁和行盐中的舞弊，特别是纲盐商人占据窝本后，逐渐成为子孙世袭，进又转租而坐收渔利，形成一个寄生阶层，严重影响淮北盐的产、运、销。由于盐价太高，致私盐猖獗，至道光初年，原先被淮商垄断的 6 省 250 州县的淮盐销售市场丧失殆尽，淮盐产大于销，大量积压。而引地民众的日常食盐大受影响，造成民怨沸腾。

道光年间，两江总督陶澍深知其弊，创行票盐法于淮北，规定凡富有之民，带资到淮北分司领取盐票，按引地行销。此举便把纲盐商人垄断的特权和暴利尽行剥夺。这釜底抽薪之策使纲盐商人顿时陷入困境，他们痛恨陶澍，肆意诋毁，阻挠新盐法推行。陶澍决意改革盐法，毅然将盐务机构由河下迁到三十里外的王家营西坝，河下不再是淮北盐的集散地，河下盐商的生意一落千丈，纷纷破产。据《金壶浪墨》记载：“改票后不及十年，高台倾，曲池平，子孙流落有不忍言者。旧日繁华，剩有寒菜一畦，垂柳几树而已。”咸丰十年(1860)捻军占领河下，焚掠一空，河下几成废墟一片。河下昔日的辉煌一去不复返了。

---

① 淮安市历史文化研究会编:《淮安运河文化研究文集》(第 2 辑)，河海大学出版社 2011 年版，第 217—218 页。

如今的河下古镇，古朴幽深的街巷和石板路，曲折回环的文渠和萧湖，瓦椽不整、隔扇半朽的古民居和古店面，淳厚儒雅的民风民俗和生活情致，以及盈耳触目、无处不在的独特文化气息，仍在执着地昭示其不同寻常的历史履痕①。目前，河下正是立足丰富文化资源，将河下古镇的建筑风貌、名人典故、美食文化等方面进行创意开发，努力打造古镇旅游的新名片。

第六节　千年窑湾古镇　今为旅游热地

窑湾古镇坐落于江苏省新沂市境内，位于徐、宿交界处，距县城约 30 公里。窑湾古镇的历史可上溯至春秋，自武德元年(618)建置，已有 1400 多年历史。

一、因水运而兴的商业城镇

窑湾镇位于江苏省徐州市所属新沂市的西南边缘，京杭大运河及骆马湖交汇处，三面环水，与宿迁、睢宁、邳州三市县一水相连，素有“东望于海，西顾彭城，南瞰淮泗，北瞻泰岱”和“鸡鸣听三县”之描述。历史上频发的山洪裹挟而来的大量泥沙成了当地村民烧制陶器的最佳材料，形成规模不等的窑场，加上地处京杭大运河拐弯处，故称窑湾。窑湾与运河有着非常密切的联系，它由河而生，因河而兴，沿河而筑，随河而衰。

自元代疏通大运河之后，大运河从老沂河拦腰冲过，在窑湾附近转了三道弯子。由于河道弯曲，流速减慢，再加上周边自然岛屿的遮蔽，水面波澜不惊，有利于船舶的避风和靠泊，使得窑湾成为天然的避风良港。1681—1688 年，清朝于黄河东侧，约由今骆马湖以北至淮阴开中河、皂河近 200 里，北接韩庄运河，南接里运河，使运河路线完全与黄河河道分开，形成了今天经过窑湾和骆马湖的中运河。中运河开通后，窑湾由于独特的运河地理位置，商业价值得到了巨大提升。窑湾古镇位于中运河中段，大运河在此东拐与骆马湖交汇，由于运河与湖水存在落差，水流湍急，逆水需拉纤行船，舟船不宜夜

① 荀德麟:《历史文化名镇淮安河下》,《江苏地方志》,2002 年第 6 期。

行。窑湾古镇又处于中运河航程中点，南来北往商船均要在此停泊休憩、补充给养。窑湾古镇扼南北水路之要津，其商业地理价值十分突出，被称为大运河的黄金拐点。

优越的航运条件，使窑湾很快就成为京杭大运河的主要码头、南北水运枢纽和重要的商品集散地。全国各地的货物依托窑湾码头实现南北流通，有的还远销南洋、日本等地，"日过桅帆千杆，夜泊舟船十里"。水运的兴盛带动了窑湾工商业的迅速繁荣。该镇的"夜猫子集"可窥其商业发展之一斑。"夜猫子"即为猫头鹰，因其昼伏夜出，以此比喻该集市夜聚晨散的特点。"夜猫子集"是为适应船民夜泊晨航、购物补给的习惯而逐渐发展形成的。在窑湾停泊的时候，船家为了补充生活必需品和购办货物，通常半夜匆匆上集，购齐货物即返而不误第二天的行程，因此窑湾的集市店铺于半夜即开门掌灯营业。当地的农民为向船民出售农副产品，同样也星夜赶集，黎明即归，这样一来不误当日农活，也乐于随例。当夜猫子集成为常例，集市店铺的规模日益扩大，遍布于各大街巷，窑湾古镇的商品市场也渐具规模。当地所产的商品粮食大都南运宁、沪、杭销售，南来的煤油、卷烟、火柴南杂、棉纱、棉布、百货、碱粉等"洋广杂货"，又在窑湾古镇卸货北销。运输装卸行业、商业、服务业、农副产品加工业得以发展。

窑湾商业繁盛一时，诗人张承启《窑湾赋》写道："窑湾借长堤而筑室，楼阁耸峙，店铺云密。"镇内古街道经纬交错，青石铺路，深巷小道，纵横相连，总长5000余米，沿街店房多为明清走廊式建筑雕梁画栋，鳞次栉比，呈现"楼头对窗可碰杯，街心置桌可对弈"之状。南北和东西长街相交处，建有过街楼阁，造型典雅，装点秀美。古有"西有长街又转南，桅牙相接线天；市招飘摇遮晴日，无怪行人肩并肩"的描绘。据1931—1933年民国时期资料，全镇有店铺、行栈、作坊365家，建有山西、江西、福建和本省苏、镇、扬多家会馆。商贸以粮食为最，有5处粮市10家陆栋行，36家班斗行，日成交粮食约2000石。一度成为辐射方圆百里的南北百货、杂品和农副产品的集散交易中心。

二、古镇特色旅游

窑湾古镇历史积淀深厚，人文景观较多。早在明清时期，窑湾就是苏北商业重镇，市井繁华，人气旺盛，全国有18个省的商人在此设立商会，筑店经营，世界上有10个国家的商人和传教士在此建商号、教堂，经商传教。明末清初形成的两条主街道，至今仍保持原有风貌，现存古民居群834间，商会馆、古庙、碑亭、古桥、古槐、古松等人文自然景观20多处，被专家和媒体称为“南有周庄、北有窑湾”。

窑湾古镇西依大运河，东临骆马湖，自然风光十分秀丽。骆马湖烟波浩渺，碧波万顷，水草丰茂，岛屿星罗棋布，为省级湿地保护公园，加之丰富的湖产、风味独特的小吃，吸引了众多游客。窑湾古镇通过三年多来的保护和开发，集古韵景观、水韵景观与人文景观于一体，极具游览、科普、休闲、考古价值，古镇店铺栉比，商旅云集，人气旺盛。特别是吴家大院、赵信隆酱园店、窑湾典当史话馆、窑湾民俗博物馆、大清窑湾邮局、“文革”记忆馆、山西会馆、江西会馆、天主教堂、过街楼、界牌楼、南哨门、北门等多个景点使人流连忘返。2010年10月，窑湾古镇被省政府评定为“历史文化名镇”；被国家住建部、旅游局评定为“全国特色景观旅游名镇”；2010年12月，荣膺“最受徐州市民喜爱旅游景区”称号；古镇特产绿豆烧酒、窑湾甜油等被入列非物质文化遗产保护名录；2012年10月，被国家旅游局批准为国家4A级景区；同年，被中国古镇网评为“最具潜力的古镇”；2014年被江苏省名牌战略推进委员会评定为“省级服务业名牌”；2016年4月，窑湾古镇景区荣获2015年度中国旅游总评榜“年度最具潜力景区品牌”。

参考文献

马启俊:《名人与寿县文化》,安徽大学出版社 2016 年版。

西汉司马迁:《史记》,中华书局 2006 年版。

凤阳县地方志编纂委员会:《凤阳县志》,方志出版社 1999 年版。

亳州市地方志编纂委员会:《亳州市志》,黄山书社 1996 年版。

阜阳市委党史研究室:《安徽省革命遗址通览・阜阳市》,安徽美术出版社 2013 年版。

中共阜阳县委党史办:《皖北阜阳四九起义》,安徽人民出版社 1986 年版。

吴庭美、夏玉润:《凤阳古今》,黄山书社 1986 年版。

赵光:《安徽地方戏》,黄山书社 2012 年版。

刘玉杰:《华商之源——商丘》,河南科技出版社 2018 年版。

张万明、张新斌:《中原文化系列丛书・信阳豫风楚韵》,河南科学技术出版社 2010 年版。

宋效忠:《信阳历史文化丛书・地名卷》,中州古籍出版社 2017 年版。

周口市博物馆编:《周口关帝庙》,华夏出版社 1993 年版。

山东省出版总社临沂办事处编:《临沂风物志》,山东人民出版社 1985 年版。

唐士文等:《临沂纵横》,山东人民出版社 1990 年版。

韩广浩:《菏泽文化大览》,山东友谊出版社,2002 年版。

《徐州》编委会著:《徐州》,当代中国出版社 2015 年版。

王健:《徐州简史》,商务印书馆 2015 年版。

赵良宇:《环境·经济·社会——近代徐州社会变迁研究》,山东大学博士学位论文,2007 年。

淮安编委会:《淮安》,当代中国出版社 2012 年版。

《正阳关古镇研究》,安徽大学硕士论文,2019 年。

王贤友、杨静:《民俗安徽》,合肥工业大学出版社 2015 年版。

濉溪县地方志编纂委员会:《濉溪县志》,上海社会科学院出版社 1989 年版。

临涣区志编写组:《临涣区志》,1989 年印刷。

杨登孝:《淮北大运河文化丛书·淮北新韵》,安徽人民出版社出版 2007 年版。

政协濉溪县文史文员会:《临涣史话》,准印编号:皖 MAS-2018-07 号,2018 年印刷。

李胜田:《符离史话》,中国文史出版社 2010 年版。

政协怀远县委员会文史资料研究委员会:《荆涂春秋(第二辑)》,皖非正式出版字(89)第 33 号,1989 年印刷。

思良:《鄞丘风土实录》,南方出版社 2015 年版。

政协安徽省阜阳县委员会文史资料委员会:《颍州古今》第 3 辑,1989 印刷。

政协安徽省阜南县委员会:《淮上明珠——阜南》,安徽省内部资料出版物〔Fy(2010)18 号〕2012 年印刷。

阜阳市颍东区地方志编纂委员会:《阜阳市颍东区志(1996—2010)》,黄山书社 2014 年版。

《义门区志》编写组:《义门区志》,1983 印刷。

〔清〕王敛福:《颍州府志》,黄山书社 2006 年版。

〔清〕宗能征、〔清〕钟泰:光绪《亳州志》,黄山书社 2015 年版。

郑清森:《商丘的考古发现与初步研究》,中国广播电视出版社 2005 年版。

刘征远:《中国城镇·河南卷》,中国城市出版社 1992 年版。

政协台儿庄区委会出版社:《台儿庄运河文化》,人民日报出版社 2002

年版。

淮安市政协文史委员会，楚州区政协文史委员会：《古镇河下》，中国文史出版社 2005 年版。

陆振球：《古镇窑湾》，中国矿业大学出版社 2008 年版。

徐家久：《寿县古城墙溯源》，《大众文艺》，2008 年第 8 期。

李强：《明至民国亳州交通与商业发展》，《阜阳师范学院学报（社会科学版）》，2012 年第 5 期。

李强：《明清以来凤阳城市地位的历史变迁》，《合肥师范学院学报》，2018 年第 1 期。

李强：《明清以来阜阳交通与商业发展》，《阜阳师范学院学报（社会科学版）》，2016 年第 6 期。

李强：《近代皖北交通中心变迁再探》，《安徽史学》2016 年第 4 期。

尤岩、吉祥：《朱元璋籍贯考》，《南京师大学报（社会科学版）》，1994 年第 2 期。

张清改：《北宋时期河南信阳茶路考》，《农业考古》，2019 年第 2 期。

杨飞：《河南周口山陕会馆及其戏楼考述》，《中原戏曲》第 50 辑。

孔祥雷：《论菏泽历史文化与开发》，《菏泽学院学报》，2007 年第 1 期。

于旭锋：《商路、山陕会馆与市镇变迁》，《濮阳职业技术学院学报》，2013 年第 4 期。

王琳：《清代河南北舞渡镇的金融业——以新见碑刻为中心的考察》，《陕西师范大学学报（哲学社会科学版）》，2012 年第 3 期。

许檀：《清代河南的北舞渡镇——以山陕会馆碑刻资料为中心的考察》，《清史研究》，2004 年第 1 期。

谭经龙：《通江达海：明清时期中原商镇与水运网络的兴衰研究》，中国海洋大学研究生学位论文，2008 年 6 月。

王良田：《试论芒山汉梁王陵的发现及其重大意义》，《黄淮学刊》，1996 年 3 月。

吴海涛、王大庆：《明代时期的颍州》，《阜阳师范学院学报（社会科学版）》，2015 年第 1 期。

关传友:《论寿县正阳关镇的历史地位》,《淮南师范学院学报》, 2017 年第 6 期。

王汝涛:《书圣王羲之与王羲之故里故居》,《杭州师范学院学报(社会科学版)》, 1991 年第 4 期。

韩延明:《沂蒙文化生成与演进的历史分期摭探》,《山东师范大学学报(人文社会科学版)》, 2015 年第 1 期。

闫文晟:《从菏泽堌堆遗址探讨鲁西南古地理环境》,《内蒙古农业大学学报(社会科学版)》, 2012 年第 3 期。

山东省菏泽市志编纂委员会编:《菏泽市志》, 齐鲁书社 1993 年版。

李倩、程杰、徐业龙:《淮安运河文化遗产现状调查和价值评估》,《淮阴师范学院学报(哲学社会科学版)》, 2010 年第 5 期。

张强:《京杭大运河淮安段的历史与现状》,《淮阴师范学院学报(哲学社会科学版)》, 2014 年第 3 期。

赵海洋:《千年古镇临淮关》,《中国地名》, 2019 年第 2 期。

安涛:《台儿庄大战战争遗存的文化价值》,《枣庄学院学报》, 2012 年第 3 期。

刘立豪、余佳:《新沂窑湾古镇景区智慧旅游的建设研究》,《旅游纵览》, 2016 年第 8 期。

后记

淮河流域是人类文明的发源地之一，在长期历史发展中孕育出辉煌灿烂的淮河文化。城镇文化是淮河文化的重要组成部分。从古至今，淮河流域由原始聚落到繁华的城镇，人们不断将先进技术、文化及思想观念融入城镇建设之中，创造出自己的理想生活空间环境。几千年的文化传承和历史变迁，在淮河流域留下了许多各具特色的名城古镇。这些城镇不仅反映了生活在这块土地上的人们空间环境建设的成果，更体现了他们的文化思想与艺术观念，是淮河文化发展的重要标志。对淮河流域的名城古镇相关历史文化进行挖掘，以此展现它们的独特魅力，分享与读者，是一件有意义的事情。

《淮河流域名城古镇》是淮河文化系列丛书之一，主要介绍淮河流域安徽、河南、山东、江苏的名城古镇。从内容上来看，本书介绍了安徽四个历史名城、十二个古镇，河南三个历史名城、三个古镇，山东两个历史名城、一个古镇，江苏两个历史名城、两个古镇。之所以侧重介绍安徽的名城古镇，一方面安徽皖北地区是淮河流域的核心区域，淮河文化的特征更为明显；另一方面可能与笔者所在高校位于皖北地区，对安徽名城古镇在研究基础、资料搜集以及前期调研等方面有一定的学术积累有关。从结构上来看，本书分上、下编，将历史名城和古镇分开来介绍。鉴于下编的安徽历史古镇数量较多，将其分为两章来写，每章介绍六个，这样显得结构均衡一些。此外，下编介绍的历史古镇中，并非现在都是“镇”的行政建制。有个别历史古镇曾经是镇建制，但由于交通变迁等原因，逐渐衰落为村集，比如洄流集。还有的历史古镇，现在已超出镇的建制，发展成为县级的区，比如台儿庄。这里均将它们纳入历史古镇来介绍。

在编写过程中，本人指导的学生2019级历史学专业硕士研究生郝宇佳、钟春霞，2017级历史学专业本科生黄政、张士林、黄宇莉、刘娜、张文泰、吕亚洲等，在前期资料搜集、文字整理方面做了不少的基础性工作；马曼曼老师在书稿整理、文字编辑等方面也付出努力。此外，本书还得到阜阳师范大学吴海涛、李良玉、梁家贵等教授的关心与指导。在此一并说明，表达谢意。

本书参考借鉴了大量的研究成果，恕未能一一列出，在此谨致感谢。由于本人学力水平有限，书中难免有不足甚至错误之处，敬请读者批评、指正。

李强

2020年3月于阜阳师范大学萃贤苑